新时代证券投资书系

无门问禅 著

顿悟股道

龙头战法的逻辑、体系与策略

上海财经大学出版社
SHANGHAI UNIVERSITY OF FINANCE & ECONOMICS PRESS

图书在版编目(CIP)数据

顿悟股道:龙头战法的逻辑、体系与策略 / 无门问禅著. -- 上海:上海财经大学出版社, 2025.7. (新时代证券投资书系). -- ISBN 978-7-5642-4676-1

Ⅰ. F830.91

中国国家版本馆 CIP 数据核字第 2025LQ2940 号

□ 策划编辑　王永长
□ 责任编辑　杨　闯
□ 封面设计　贺加贝

顿悟股道
龙头战法的逻辑、体系与策略
无门问禅　著

上海财经大学出版社出版发行
(上海市中山北一路369号　邮编 200083)
网　　址:http://www.sufep.com
电子邮箱:webmaster@sufep.com
全国新华书店经销
上海锦佳印刷有限公司印刷装订
2025年7月第1版　2025年8月第2次印刷

710mm×1000mm　1/16　17.5印张(插页:2)　276千字
定价:89.00元

前言
PREFACE

窄　门

本书是对原《游资板学》资料的整理,保持了原书的核心内容,新增了股市悟道的讲解。

整理本书时,恰逢2024年9月末一轮历史级暴涨行情到来。9月24日前,市场还处于熊市困境中,市场弥漫着熊市思维与情绪,每天的市场成交量为6 000亿~7 000亿元,要突破万亿元很艰难。

9月24日开始,行情突然暴发,数千只股票涨停,各大指数也涨停,成交量接连突破1万亿、2万亿、3万亿元,短期暴涨幅度为近30年罕见。

整个市场的氛围被激活,很多20CM的个股4天实现翻倍,一轮牛市似乎已经呼之欲出。多年的熊市思维、熊市情绪在极度赚钱效应中荡然无存,市场情绪瞬间由熊转牛。

牛市让交易变得美丽,股民开户数激增。新股民认为在牛市只要买入,只要胆大,赚钱就是必然的事。市场中到处充斥着股市将改变命运的声音,日赚几十万元、上百万元甚至千万元的故事,在网络快速流传!

但事实上,这并不是股市的全貌。

我们切不能被一时的行情所蒙蔽。

A股牛短熊长,大多数时间都处于熊市之中。从2001年到2023年的22年间,发生牛市的时间是2006—2007年、2014—2015年、2019—2022年,其他时段都处于熊市。

在牛市中多数人能赚到钱,熊市中只有少数人能赚钱。熊市中赚钱将变得非常困难,亏钱变得非常容易。所以,不要把牛市的经验用于整个股市。

在牛市中多数赚了钱的人在牛市结束后都会亏钱。只有牛市结束,才会知道谁真正赚到了钱。

为什么多数人会亏钱?

这是由股市自身的性质决定的。

股市交易输赢是零和游戏,这决定了股市不创造财富,只分配财富,有人大赚,必然有人大亏。股市注定是一场只有少数人才能赢的游戏。

零和游戏的本质,决定了股市之巅确实存在财富暴增的密码。

但要成功进入股山取宝,则如千军万马过独木桥。

真正能过去的人是少数,多数人会葬身于桥底。

所以,股市赚钱其实是一道窄门。

窄门的窄,不仅反映在规则上,更反映在认知与技能上。

老话说得好:交易是为认知埋单。

A股数千只股票中,值得投资的股票是很少的。多数股票在股市中只具有投机功能,即多数股票在股市中,只能做交易(投机)。A股市场的投机现象非常严重!这是市场资金的自然选择,投资机会少,必然会投机。

但是,多数股民认识不到这一点。多数人对交易机会的认知只停留在对个股基本面、业绩面、技术面、题材面研究的层次上,就很容易将投机股当作投资股处理。

对投资股而言,长线是金,短线是银;对投机股而言,短线是银,长线是套!在熊长牛短的市场中,在漫长的熊市中,多数人长期被套就是难以避免的事情。其交易的核心都是择时择机问题,就是所谓的市场周期问题。投资与投机,都必须选择合适的时机才能开展。

我们经常这样提问:

市场不好时,是不是业绩漂亮、基本面很好的股票也要下跌?市场强势时,是不是烂鱼烂虾、一大堆垃圾股都会大涨?答案是肯定的。

那么,市场交易的到底是什么呢?是个股的业绩、价值,还是市场周期?很明显,当市场交易周期出现时,所有个股均会雨露均沾,都会上涨。而当市场处于主跌趋势时,几乎所有个股都难逃劫数。基本面好的、坏的,泥沙俱下,一样下跌。所以,市场周期才是股票交易的灵魂所在。

股票交易的核心是对交易周期的把握,而不能完全着眼于个股的基本面、技术面、逻辑面等问题。

周期到了,主力资金群体就能结合个股的基本面、技术面、逻辑面制造交易机会,这样个股的因素就会充分发挥作用,其重要性才会尽可能凸显。周期不对,没有主力资金群体进入,个股的条件也就失去了价值。所以,股票交易是建立在正确理解市场周期、分析市场周期基础上的。

市场周期代表了"择时"。只有具备技术周期与情绪周期的分析技能,才能完成择时的分析。

择时是所有股票交易的基础,也是股票交易人需要掌握的核心技能。

交易的目的是什么？答案是获利！交易是资金群体为了获取利益所采取的博弈行为。这种行为的核心是"择机",也就是在大势支撑(市场周期)的情况下,主力资金群体如何选择板块与个股制造行情收割市场财富的问题。"时"是大势,是市场交易周期;"机"是板块、是龙头,是市场交易热点。

股市这座魔幻之山的财富密码是什么？答案是掌握与运用择时择机的能力,但仅仅具备了择时择机的能力仍然是不够的,股市是资金利益的博弈场！

当很多技术水平与交易能力接近的人在斗智斗勇时,输赢的关键就不取决于技术而是心态了,高超的交易技术只是一个基础条件,高手过招,最后比拼的是心境！

股市是一座魔幻的财富之山,具有满足普通人财富梦想的密码！但是要能攀登上这座股山,绝非易事！资本市场是最直接、最赤裸的金钱游戏！这道游戏之门非常窄！闯进去了,市场就是提款机！但是一路上,你会发现两边早已堆满了前人的白骨！所以,千万不要把炒股想得太简单,千万别把牛市的经验当作全部。

牛市就如顺水行舟,你不划桨,舟也会轻松向前;熊市则是逆水行舟,不具备优秀的技能,根本划不动舟。所以,牛市容易出股神,并不是真有股神,实际是大势够强而已！站在风口上,猪也能飞上天！

在股市中,要如何才能获得财富？唯有在个人认知与技能上具备择时择机的能力,才能逆水行舟。

目录 CONTENTS

第一章 股市悟道/001

第一节 破执：逻辑正确与事实错误/003

第二节 股道：掌握运作逻辑即悟道/007

第三节 模式：巴菲特与索罗斯之争/018

第四节 抱团：主力收割市场的手段/023

第五节 周期：股票交易的灵魂/030

第二章 板学逻辑/051

第一节 大局观/053

第二节 操盘术/086

第三节 寻龙诀/125

第三章 趋势战法/201

第一节 认识机构趋势龙头/203

第二节 掌握趋势战法理念/208

第三节　趋势牛股交易策略/222

第四节　牛就是牛,熊就是熊/231

第五节　熊底与牛市选股思考/237

第四章　炒股即炒心/245

第一节　炒股心态的修炼/247

第二节　理解"炒作"的真义/262

第三节　案例分析/266

第一章

股市悟道

第一节 破执：逻辑正确与事实错误

一、股市真相

很多人炒了多年股也未真正想透过这个问题。

股票的传统认识逻辑是：股票代表了上市公司的股份，买股票就等于投资这家公司，股票收益与公司业绩和利润紧密相关。

传统认识带来了以下疑惑：一个业绩非常好的企业，股价表现却很差；一个业绩很差的企业，股价有时却可以一飞冲天。而同一个企业的股价在业绩不理想时，可能比业绩非常好时表现更好。

这些真实的现象反映了一个多数炒股人没有意识到并看清的问题，即传统的认识是一个"看似逻辑正确，却是事实错误"的命题！

有时我在想，人与人之间为何有很大差别，尤其是股市。因为很多人一直守着一些"逻辑正确，事实错误"的观念与认识在前行，因为长时间走在错误的道路上，再怎么努力也不能成功，或许这就是所谓的"真理只掌握在少数人手中"吧。

股市的真相究竟是什么？

我的回答是：一级市场玩价值投资，二级市场玩价值投机。一级市场是指未上市的实体股份企业。当你成为一家未上市实体股份公司的股东时，你入股获得的利益绝对与该公司的业绩和利润紧密相关，因为你所能分得的每分钱，只能来自企业的利润，你的确赚的是企业经营的钱，公司有钱赚，你才可能有钱分！

二级市场是指已经上市的企业。当你买入一家上市公司的股票后，你炒股赚的钱并不主要来自企业的利润，而是来自股价波动形成的买入与卖出的价差。即炒股赚的钱本质上与企业的利润没有直接关系，也不直接来自企业的经营发展。所以，企业的利润与你炒股赚的钱是没有直接关系的，企业的利润可以一分钱都不流入股市。

因此，你在股市赚的钱与企业赚的钱是两种不同的钱，是没有直接联系的钱。或者说两者可以根本不发生关系（是否发生关系，取决于炒作资金的态度）！

所以，股市的钱和企业的利润是两种不同的钱！即，企业可能赚了很多钱，产生了很大的利润，但是对于持有股票的人，可能完全没有关系。同样，企业可能没有赚到钱，但是持有股票的人可能通过股票赚到钱！

那么，股价的波动和什么钱有关？它只和股市里面的钱有直接关系，股价的波动是由进入股市资金的供需关系导致的。所以，企业的业绩与利润和股价的波动并不是紧密联系的，它们是一种虚拟的连接关系。这种关系可以紧密，也可以不紧密，这取决于股市炒作资金的认知与态度。

在这种虚拟链接的关系下，企业的业绩与利润可以影响股价的波动，也可以不影响股价的波动，因为它们是两套钱！

把这个关系理顺了，就应该明白，企业的业绩与利润并不是导致股价发生波动的直接原因。股价波动的直接原因是股市里面自身资金供需关系的变化。炒股票重点要关注和研究的是，影响股市自身资金供需关系的因素是什么。一只股票，只要资金的买入大于筹码的卖出，不管这个企业有多烂，业绩有多差，股价必然会涨。同理，一只股票，只要没有大量的资金买入，这个企业业绩再好，利润再高也不会涨。

有人会问，一个很烂的企业为什么会有资金大量买入，一个很好的企业为什么没有资金买入，这个逻辑是不是有错？事实上，在股市里就是如此，再烂的企业也会有资金炒作，很好的企业也可能没有资金愿意买。原因其实很简单，股市中炒作资金关心的并不是企业基本面的好坏，而是自身的利益关系。即买入这个企业是否有利可图，这才是资金买入的标准！

如果企业很烂，但具有短线炒作的价值，这个很烂的企业就会有资金群体炒作，就能炒成"龙妖股"。如果企业基本面很好，但是不具备炒作的条件，当下没有炒作的价值，那就等于无利可图，自然就不会有资金群体炒作。对于炒作资金而言，企业的价值是炒作价值，而不是实际价值。

所以，就一级市场而言，一定要做一名坚定的价值投资者。因为你能分到的每一分钱一定是来自企业的利润。但是，在二级市场玩股票不一样。股价的波动并不是直接受企业的利润与业绩影响。它更多是受市场自身的内在规律影响，即股市有其自身的运作规则。这些规则才是股市最底层的交易逻辑。

二、涨跌逻辑

仅知道最底层的交易逻辑是不够的，还要在此基础上深入参悟股市。而要深入参悟股市，首先需要回答关于炒作资金的三个问题：(1)股市参与者进入股市的目的是什么？(2)主导性的资金如何才能达到目的？(3)如何才能实现低买高卖？

第一个答案很简单，绝大多数参与者进入股市的目的只有一个，就是赚钱！不论是小股民或是大机构均是如此。大家进入股市基本不是为了争夺公司股权与管理权，而主要是为了赚钱。

那么，怎么才能在股市赚钱？

但是，要想在股市中赚钱是艰难的。通过入股优质企业与之成长，与之共谋利的想法是丰满的，股市零和游戏的现实是骨感的。

在股市中，确实有一些企业可以通过持有其股权，通过企业的发展获得利益。但是，这种企业在股市中是稀缺的。

所以，在股市中赚的这个钱，有很大可能既不是来自企业的发展，也不是来自企业的利润，而是来自体现为"低买高卖"的价格波动。

因此，研究透如何才能"低买高卖"是所有股市参与者最基本的动机，这才是股市交易的本来面貌。从这个角度讲，股票交易的本质就是资金博弈。不论你是自认为价值投资派、情绪投机派，还是经典技术派，进入股市的目的都是赚钱，要赚钱就必须要低买高卖，这是股市永恒不变的规则。

那么，如何才能实现低买高卖？

首先必须让股价产生大的波动。只有股价形成了大的波动，才会形成价差，才能完成低买高卖的行为。所以，第一，要有足够的资金与故事能够引导股票涨上去。第二，当股价大涨后还要能让更多的资金愿意买入成为高位接盘者，这样才能实现财富的再分配。

股票的博弈实际就是围绕这两个内容做文章。

纵观人类的证券史，各类资金大鳄都是在这两个内容上绞尽脑汁、花样百出地做文章。

第一代资金大鳄叫"庄家"。庄家是最直接呈现上述两个内容的资本。先以绝对的资金优势打压并收集筹码,收完筹码后快速拉升股价脱离成本区,然后勾结上市公司不断释放利好,编制故事,牢牢抓住大众人性贪婪的弱点,在情绪上引诱股民认为股价还有新高,从而诱导大量股民在高位接盘。

每一只庄股在庄家的操纵下,最后都是一地鸡毛,对于股市的生态破坏极大。随着证券监管越来越严格,对庄家操纵行为的打击力度越来越大,庄股时代已经成为证券市场发展的过去时。

新的操纵形式已经进化为合法的抱团炒作。不论是所谓的游资接力,或是机构抱团都属于这种性质。游资抱团市场称之为情绪炒作,机构抱团市场称之为价值投机或趋势炒作,实际都是资本的炒作形式。

这里要特别提醒,我们不是引导大家在股市里丢弃价值投资的理念,而是引导大家在看清交易实质的同时,也应该看到价值在当下市场的重要性。原因有两点:

第一,主力炒作时,公司的价值问题仍然是一个重要方向,尤其是机构资金在炒作时,仍很重视基本面问题。因为价值问题是散户最易接受的交易意念。当市场炒实不炒虚时,基本面仍会是主力关注的重点之一。

第二,A股巨大的股票数量与有限的资金供需决定了多数时候多数股票都不值得中长线持有。除了牛市外,其他时间都不适合中长线持股。在这种市场环境下,如果你持有一只垃圾股,或者基本面平庸的股票,股价的长期趋势必然是向下的,甚至走向退市,那么中长期持有这样的股票就是灾难。不少股票直到退市,可能都不会有资金炒作。相反,持有基本面良好的股票,就要相对安全些,基本面良好的股票,跌多后,资金关注与抄底的可能性远高于垃圾股。

所以,若非股票处于题材炒作或处于主线炒作中,除非有了投机的机会,切勿轻易碰基本面平庸的个股。这类个股只能在出现短线或超短线机会时才可以交易,机会一去,就要撤离,绝不可留恋。买到优质股被套后,可能还有机会回本,买了垃圾股不及时退出,可能就一直套到退市了。

总之,股价上涨最根本的决定因素是资金的供需关系,理解股市要从最底层的逻辑去认识市场。实际上,引起资金供需变化与导致股价波动的因素是复杂的。公司业绩在特定的时候也会起重要作用,在特定的时候是必须重视的。一切都要结合实际情况而定。

所以,炒股票不能执迷于任何单一的因素,比如只看业绩、只看利润、只看情绪、只看技术指标等,都是执念,都有缺陷,都可能给交易带来很大的风险。

一定不要把实体企业本身作为影响股价波动的唯一原因,还有比这更重要的原因存在。有这样的意识,才能突破传统认识中根深蒂固的认知瓶颈。

第二节 股道:掌握运作逻辑即悟道

什么是股市悟道?从市场自身的运作逻辑理解与分析市场就是悟道。

真正影响股市涨跌的根本原因是什么呢?其实,就是股市本身的运作逻辑。实体企业的情况对于股票的影响是虚拟联接,而股市本身的运作逻辑对于股票的影响就是直接联接。什么是股市自身的运作逻辑?在我个人的交易体系里,这个逻辑存在三个互为影响的因素,即股市趋势结构、股市参与者心理、股市资金的真实供需关系。

一、股市趋势结构

股市的大趋势、小趋势及其市场性质与运行形态统称为趋势结构,或称为市场周期。

这是股市最重要的内在逻辑,也是影响最大的内在逻辑,自然也就是分析市场的首要因素。

大趋势是指股市的性质是牛市还是熊市,是快牛快熊,还是慢牛慢熊。小趋势是指市场所处牛熊的阶段属于什么浪,即处于波浪结构的什么阶段。

市场是按周期性运行的,所以在市场里趋势的力量最大。趋势结构也最能反映市场大众的普遍心理、资金供需关系与行情特征。

如果趋势结构处于熊市主跌段,无论行业基本面多好,个股的基本面多好,都会受到趋势的影响而下跌,甚至暴跌。如果趋势结构处于牛市主升段,基本面很差的行业与个股多数都会上涨。因为趋势结构是影响股市变化最直接的内因。实体行业、企业、政治、经济因素等是外因。外因是条件，内因是根据，外因通过内因起变化，内因是最根本的因素，这一原理同样适用于股市。

趋势结构分析又称大势结构分析，是股票分析的首要因素。对于多数人而言，不能掌握专业的分析技术、技巧与理念，很难完成大势结构的分析，在市场生存的难度就会比较大。

股市的趋势结构呈周期性变化，主要受自然法则、大众群体心理与资金供需作用影响。

自然法则是宇宙间一切存在和运动的、固有的、本质的基本法则，它不以人的意志为转移。不以人的意志为转移是自然法则的基本特点。

很多人不相信股市受自然法则作用，这是愚蠢的想法。宇宙间一切运动的事物都受自然法则所作用，作为经济运行市场之一，以人为主体的股市也不例外。

在这一分析领域，产生了一些大师级人物，他们提出了影响深远的理论体系。比如艾略特的波浪理论，江恩的市场几何学，斐波纳契的黄金比例等，它们充分证明了市场是受自然法则作用的。

在趋势结构里，大趋势影响中长线的走势，小趋势影响短线走势，而趋势的运行呈周期性波浪式变化，在形态上就会形成大大小小的压力位与支撑位。因此，在熊市大趋势之下，股市就会出现短期的反弹走势；而在牛市的大趋势之下，也会产生短期的回调走势。市场在牛熊趋势之下也经常会出现短期方向不明确的震荡走势。这些大小趋势与形态，对于个股趋势的影响很大，对多数个股的影响是决定性的。

所以，如果不能明白或不能掌握大势的分析方法，在股市里交易就会缺乏大局观。没有大局观的指导，就会带来交易行为的短视和机会分析上的重大缺陷。

二、股市参与者心理

股市是自然形态与社会形态的综合产物。自然形态受自然法则支配，社会形态受大众群体的人性及行为模式影响。所以股市是一个集科学与艺术于一体的复杂行为市场。科学代表了可完全量化，艺术代表了不可以量化。所以，股市的运行很复杂,因为人这个因素的复杂性使其不能完全量化。市场表现为时而量化会很有效,时而量化不起作用,原因就在于此。

自然形态的存在,是因为股市遵循宇宙间一切存在和运动固有的、本质的基本法则。社会形态的存在,是因为股市是由为了明确的利益而来的形形色色的人群所组成的一个特殊形态的社会群体。一个社会群体对其行为影响最大的因素是群体心理与认知,故股市具有的另一个重要特点是:市场也是群体心理的产物。

群体心理、情绪与认知对股市波动的影响仅次于趋势结构。二者实际上并不是独立存在的,而是相互影响的。二者一致时会强化趋势的运行,二者不一致时,会干扰趋势的运行。长期看,二者保持一致的时间长,所以趋势一旦形成就不容易改变。

股市的波动为什么是心理与情绪的产物?因为引起市场波动与个股波动的直接因素是筹码与资金供需关系的变化。这个变化由人们的买卖行为引起,而造成人们买卖行为的关键因素,就是人的心理、情绪与认知。

所以,市场心理因素包含三个层面:心理、情绪与认知。三个层面对于市场都会产生重要影响。这三个层面又包含了客观的自然性与主观的人为性两个方面。

客观的自然性是指市场趋势自然带来的群体心理反应,比如在熊市之中人们都比较悲观,在牛市之中则相对比较乐观。又如,没有抓住市场机会会有踏空的恐惧,而大赚一笔之后会放大自信与贪婪的心理等。自然性还包括人们在认知上对于投资价值属性上的自然认可等。

主观的人为性是指可以人为制造的市场心理与认知因素。因为市场的本质是利益关系与博弈关系,为了利益,为了博弈的成功,就会出现人为制造消息、事件与情绪引导市场心理与认知因素的问题。比如游资炒作热点题材以及吸引散户参与短线博弈、机构抱团行业龙头股制造中长线的价值投资效应,还有主力资金为了吸筹人为打压股价形成个股恐慌性的逼空暴跌,主力为了卖出筹码快速拉升股价诱多散户等。

所以,市场心理因素是市场分析中最复杂多变的因素。

下面对市场心理因素的作用与表现做一个简单分析:

一是自然性影响的心理。当市场处于牛熊市中,大众群体会普遍自然的具有对应看多与看空的趋势心理。这种心理受市场牛熊性质影响,是强化趋势发展的主要力量。但在趋势中,群体心理的发生往往又滞后于实际趋势,且在关键位置还常常出现群体性判断错误。

实际趋势的发生取决于趋势结构、筹码结构与市场位置的根本性改变。趋势结构与筹码结构的变化是隐性的,肉眼不可见。在其发生反转后,群体总是后知后觉,只有在趋势明朗后才会发现趋势已反转。导致群体经常在顶部或底部的关键位置,由于惯性思维而发生误判——在顶部会贪婪兴奋地认为还会一直涨,在底部会恐惧地认为市场可能会跌没了。同时,群体一旦正确认识到趋势的改变,又会反过来强化趋势运行,与趋势保持一致。

二是政策、消息与事件对于市场心理的影响很大。这种影响产生的力量会强化与干扰原有趋势的运行。从性质上看,政策、消息与事件均属于外部因素,市场结构是内部因素。原则上内因是根本,外因是推动力,当内因与外因一致时,外因就会助涨或助跌原有趋势。当其不一致时,就会出现对市场原有趋势结构的干扰,如果外因异常强大,也可能影响市场结构并使其发生反转。比如,加息、降准、疫情就属于政策与事件,它们的发生将对市场心理产生一定影响,从而造成股价波动。

有些政策,比如降息,虽然资金并未真正进入股市,但是政策公布后,会立即使市场心理层面出现预期性的反应,必然会带来市场的波动。所以,心理因素在交易中非常重要。如果市场信心崩溃,即使与事实有出入,对于市场的伤害也是很深的!

俗语说:人言可畏!市场里的谣言,有时同样会对市场产生重大的负面影响,造成难以弥补的伤害。近年来,管理层对散布虚假消息的打击力度越来越大,就是这个原因。

三是情绪方面。情绪是理智的对立面,体现了人性的弱点。情绪和心理有时很难严格区分,情绪有其独特之处,情绪可以认为是心理最特殊的部分。情绪在市场中最主要的体现是贪婪与恐惧,它能导致人们失去正常的分析能力,产生不理智的交易行为。所以,情绪是被主力资金经常利用的工具之一。

在正常情况下,市场持续上涨,人们就有买入的冲动。而市场持续下跌,人们就会产生卖出股票回避风险的意愿。而人们认为市场跌得够深了,认为个股已经跌出了价值范围,就可能会产生买入的想法。

但是,在实际博弈中,尤其是特殊情况下,群体对于情绪的反应会很糟糕,人性的弱点在市场中会快速放大。嫉妒、贪婪、恐惧的心理在市场中会异常突出。市场流传一句话:"一根阳线改变情绪,二根阳线改变观点,三根阳线改变信仰,四根阳线后悔没在一根阳线时买入。"这句话充分体现了情绪的危险性,也反映出情绪是主力博弈与收割散户最喜欢利用的工具之一。股票的涨跌,尤其是涨停与跌停都极易引发散户产生非常不理智的行为。一个涨停板能诱发群体的贪婪心理,一个跌停板也能让群体产生异常的恐惧!有时一个涨停板的出现会让群体感觉恐高,而四个涨停板的出现则会让群体迫不及待地想参与。

情绪是主力利用的工具,也是股市最复杂的组成部分。自然法则存在规律性,而群体心理的变化在短期内很难预测。

作为人类最聪明大脑之一的牛顿就是一个例子。这位大科学家也曾是股市的热心参与者,最后在市场的疯狂中近乎破产。他总结道,自己可以计算天体运行的轨迹,却无法预测人性的疯狂。他说的人性疯狂,不单说别人,也包括自己。巴菲特也曾说,他无法判断市场短期的涨跌!原因就在于散户心理的变化可能在一分钟前看空,一分钟后因为一个涨停板的出现就可能看多。

19世纪末的法国心理学家古斯塔夫·勒庞指出,一个群体最显著的特征是:不管构成这个群体的个体是谁,也不管他们的生活方式、职业、性格或智力是否相同,有一个是不争的事实——他们被改造成了群体的一员后,就与这个群体拥有共同思维,使得他们的情感、思维和行为模式,完全不同于他们在孤立状态下的情感、思维和行为模式。即一个孤立状态下的人可能很理智,而一个在群体中受群体影响的人则可能很愚蠢。

心理学家威廉·麦克格尔对于群体的描述是:群体像一个没有教养的孩子,极度容易感情化,易于冲动,反复无常,前后不一,又容易走极端,极易受外部影响所干扰,粗心大意,判断草率,思维推理方式简单而且漏洞百出。

实际上,大众股民在股市里就像这样一类群体。

四是认知问题。市场认知是一种群体性共识,并包括很多层面的认知,而市场最普遍的认知是对价值投资的执念。

市场中的一切东西都可以被利用，也都会被利用，这是博弈的法则。

股市是一个完全充满金钱味的地方，这里没有怜悯，只有自救，只有自赎！只有成为强者，才能在博弈中成为胜者！

对于价值投资与基本面的执念，在股市里不是时时都会有效的，这里涉及一个群体认知与被利用的问题。

是否需要坚守价值投资一直是股市的热门话题。

一个简单的问题被市场反复讨论，说明多数大众对于这个问题一直没有透彻的认识。

投资的本质是价值投资。投资，投的就应该是企业价值，股价本应与企业的成长与利润同向而行。所以，价值投资是社会的共同认识，也是最朴素的投资理念，被社会与大众广泛接受。

几乎所有普通股民都是带着这个认识进入市场，这个认识也成为这个市场中最大的执念！

但是，理论也好，共识也罢，与现实之间的确存在着巨大的差距。对于这个问题的答案，不是简单地讲"是与否"的问题。而应该结合市场环境、资金性质、市场自身的逻辑、市场趋势与主力利益的问题思考，找答案。

虽然影响股价的根本原因是筹码与资金的供需关系，但是大众的认知也是影响资金供需关系最重要的原因之一。

对大规模的机构资金而言，围绕价值做投资是其宗旨。规模越大的资金，在股市玩投机的难度会越大，也就越需要坚守价值投资的理念，但是坚守这个理念能否真正赚到钱，又是另一个层面的问题。

可以说，坚守价值投资是大机构资金的宗旨，也是遮羞布，坚守价值投资的理念就算亏了，也是合理的亏。如果是因为投机而亏，就是千刀万剐的事。所以，对于机构资金而言，这不仅是一个模式问题，还是一个方向问题和策略问题。

但不管什么模式与理念，要在股市中赚钱，唯有实现低买高卖，不管你认为是在投资，或是在投机，均是如此。所以，在股市这个二级市场，价值投资更多时候可能只是一种理念，只是一种认知。但是这种理念或认知是会被主力所利用的。

在市场中，被短线资金利用最多的是情绪，而被机构资金利用最多的可能就是价值投资的执念。

情绪也好，价值也好，只要在市场中能形成共识，就能够被更多资金接力或持续抱团炒作出人气，有了人气就有了钱，就能为主力获取财富创造条件。股市的利益来自财富再分配与收割的本质不会改变。

因此，在真实的市场中，股票交易已经不是一个简单的价值投资或投机问题，而是一个更为复杂的交易与博弈的问题。

股市交易涉及的市场经验与经济知识广而深，它包含对大众心理与人性的理解、对博弈技术的把握以及对个人人性弱点的自我管理等。

股市既是投机者的赌场，又是价值投资者的战场。

所以，对于想进入股市的朋友，不要把股市看得太简单。而对于已经进入股市的老股民，更需要擦亮双眼，看清事实。

股市交易的成败，从根本上讲，都是对个人的认知埋单。在个人认知上，股市容不得半点虚假。没有硬功夫，最后都会是一场空。

如果在市场的认知上不成熟，即使偶然因运气而大赚，最后也会连本带利吐出去，这是股市的可恨之处，也是现实。

在一级市场价值投资是正道，但在二级股票交易市场，博弈才是王道，在这个市场里，真正有效地运用价值投资，可能比投机更难。

当然，如果真能践行价值投资的理念，有比较强的基本面分析能力和大势判断能力，能守住内心的孤独，多年后或许也能走进不一样的天地。

但是，只谈价值投资很容易误导股民，让他们错误地认为，股市里只有价值投资。

《证券分析》一书被称为价值投资的圣经。它的作者是巴菲特的启蒙老师本杰明·格雷厄姆。本杰明·格雷厄姆曾说："无论价格有多高，好股票都可以作为稳健的投资工具的说法，不过是一种以投资为名，狂热地进行金融赌博行为的托词罢了。"现在股市的现象就是如此，便宜的东西已经很少了。

另一位有50年交易经验的美国著名投资家、《股市奇才》的作者沃尔特·迪默说得更直白："过去50年，华尔街发生了两大变化。第一，股票发行的角色，已经从融资工具变成了套现工具。第二，投资者的角色，已经从投资者变为了投机者。有时,甚至从投机者变成了赌徒。"

所以,当下的股票市场,不论是投资理论成熟的美国股市或是尚年轻的中国股市,实际上都已经成为一个投资、投机与资金博弈互赌的复杂市场。

股市早已经不是很多普通股民认为的投资天堂,里面充满了尔虞我诈,阴谋阳谋。

2022年巴菲特股东大会上,作为价值投资教父级人物的巴菲特与芒格均直言:"在过去两年当中,股市像赌场一样,大家都在里面疯狂地赌博,很快地买、很快地卖,看起来真的不美好。"他们痛批市场投机情绪严重,看到的几乎都是投机狂潮。

这就是股市的真相。

交易,不论对于机构与个人投资者而言,追求的并不是投资理论上的正统性,最重要的只有一条:利益。交易要能持续地赚钱,赚不了钱,一切理论或理念都是空洞无力的。没钱赚,机构与个人投资者都不能生存。

所以,利益才是市场中所有人共同的目标。

为了利益,在股市中,强势者就会用尽手段争取与掠夺财富。纵观整过证券的发展史,股票操纵案、老鼠仓等违法与违规的故事不绝于耳,一切都是利益使然。

比上述行为更可耻的是,某些国家的政府也可以参与其中操纵股价。2022年美国的中概股暴跌就是典型例子。2022年受美国政府对中资企业的恶意打压与做空势力的配合,阿里巴巴的股价又回到了8年前发行价的附近。

所以,股市比常人所理解的要复杂很多。投资、投机与赌博,如何理解,如何决策,仁者见仁,智者见智。但对于市场群体心理、情绪与认知的研究与利用,的确是股市非常重要的课题。

"在众人恐惧中做多,在众人狂欢时离场"是巴菲特最著名的金句之一,这凸显了观察市场心理的重要性。因为市场群体心理与认知背后,映射出的正是市场筹码与资金供需关系的变化。

三、股市资金的真实供需关系

第三个影响市场的核心因素是市场资金的真实供需关系,就是通常讲的存量资金与增量资金问题。存量资金是指市场内已经进入的资金。而增量资金是指市场之外要新进入的资金。

市场结构与市场心理在影响股市的同时,市场真实的资金供需关系也在直接影响市场趋势的变化,二者是同样重要的力量。

市场结构再好,市场心理再有利,如果市场资金供不上,股民手里没钱,股民没有信心,没有新增资金入场,只有存量资金在里面折腾,市场是不可能大涨的,但会存在局部的结构性机会。

同样,如果市场外有大量的增量资金入市,但是新股发行在大扩容,增量资金被大量的新股摊薄,市场失血严重,市场也难大涨上去。如果市场本身就缺乏资金,新股的扩容却还在继续,这对于市场就是灾难。

2023 年股市进入困境,上证指数徘徊在 3 000 点上下,尽管各种政策性的利好不断,为什么市场一时难以突破?看一下数据就明白了,近十年市场已经不止一次在讲 3 000 点保卫战,2010 年前,3 000 点时的总市值可能在 30 万亿元以下,而 2023 年 3 000 点时的总市值已经达 80 万亿元。80 万亿元市值的市场仍在 3 000 点,这是什么概念?巨量的钱都被 IPO 了,被再融资了,被减持了。80 万亿元的市场要普涨上去谈何容易!未来很长时间内决定股市常态化的机会只会是结构性机会!市场不能再严重失血了,需要回到健康的发展状态!

所以,必须对市场真实的资金供求关系有深刻的洞察。不能一叶障目,只看市场结构、只观察市场心理,而忽视了市场资金的真实供需情况。特别是在一些阶段性的顶部、底部等关键的位置,忽视真实的市场资金情况,往往会带来策略上的误判。市场资金不充足,市场就不可能有整体性的机会,任何分析的最后一步,都要关注市场资金的真实强度。

初入市场的人常常没有市场资金概念,他们醉心于分析自认为无所不能的主力资金。实际上,市场资金经常是非常有限的,这是市场难以发生大行情的主要原因之一,也是市场持续下跌的主要原因之一。

再好的结构形态,再好的逻辑判断,如果没有资金的支撑,一切都是零。

市场的管理政策为什么重要?

因为政策会对市场的资金供需关系形成直接的影响。新股扩容就是人为的

最典型、最直接、最严重的影响。在市场真实资金的分析上,需要关注几个问题:

第一,市场新股扩容情况。

新股扩容是目前影响市场资金量最重要的因素。每年几百只新股上市,大量分流了存量与增量资金,是造成市场没有普涨大行情,只有局部性、结构性行情的重要原因之一。

一定要学会思考新股上市数量、增量资金情况与市场结构之间的关系。如果扩容的速度不减,而场外资金入场的积极性很低(比如新基金卖不动),而市场的结构形态处于高位或下跌趋势中,就不要对行情抱有太大的希望。我们要从关系真实资金现状的整体性去思考市场的风险与机会。市场只要资金供需差,流动性就会差,流动性差,行情就会差!

第二,情绪、位置与政策。

要密切关注市场的情绪与大盘所在的位置对场外资金是否有吸引力。一个市场如果赚钱效应差,市场内的存量资金的情绪低落,是很难吸引场外资金入场的,只有具有持续赚钱效应的市场,才容易吸引场外资金关注。

市场位置是吸引场外资金关注的另一个关键因素。如果市场持续下跌并达到了场外资金认可的位置,那么也可能吸引场外增量资金入场。

政策也是影响增量资金入场的重要因素。政策的影响有两个方面:一是可以直接带来资金,比如加大印钱与持续的降息,或鼓励社保等资金直接入市。二是提振投资者信心,从政策上给予场外资本明确的做多信号等。

第三,跨界市场的吸引力。

从全球视野的角度观察,你会明白全球的投机资金是有限的,一个市场的强盛,必然会影响其他市场的资金情况。比如,如果房地产市场持续火热,那么热钱就一定会从其他市场流入房地产。同样,股票市场大热,必然会影响房地产等其他市场的投资。2023年美元加息导致人民币大幅贬值,让大量热钱流出去炒作美元。所以,观察市场投机资金的情况,有时需要站在一个更大的角度思考。

第四,关键位置的成交量。

观察与判断具体的成交量数据是重要的参考依据之一,尤其是关键位置上的成交量情况。

2018年是一个典型案例。2018年中美贸易战摩擦开始,股市在见顶后持续下跌,出现了极度缺钱的现象。上证指数的日成交量长期低于2 000亿元,下跌中期甚至低于1 500亿元,下跌后期多次破1 000亿元,持续出现低成交量。而在持续一年的下跌周期中,上证指数多次在技术指标与形态上出现明显的底部技术性特征,而且从管理层到股民思涨的心理与情绪都很重,但这些技术性底部的反弹都失败了,因为没有钱,什么技术指标都不好使。股市从根本上讲,就是钱干上去的,钱就是根本!

所以,对于技术指标不能太迷信、太依赖,要看清大局!

因为缺钱,2018年后市场的持续下跌也没有能吸引到场外增量资金的参与。直到2019年1月,上证指数从2018年底的3 500点跌到2 440点,在管理层持续释放重大利好救市政策的大环境下,市场信心才又重新树立起来。有了管理层坚定信心的背书,才吸引了大量的增量资金入场。上证指数在反弹期间单日成交量突破5 000亿元,较最低时增加了4倍,市场由熊转牛,情绪调动,信心恢复,又造就了一波强势大涨行情。

所以,钱才是推动市场上涨最根本的原因。市场的钱如何来,有没有钱来,是每一个关键的转折期需要仔细观察与思考的问题。

当然钱的概念也是相对的。比如说,在一个相对的底部区域,A股总市值在50万亿元,每天1万亿元的成交量可能就能让市场大涨,而在相对的顶部区域,A股总市值在80万亿~100万亿元,每天1万亿元的成交量也涨不了。

这就是股市的真相与涨跌逻辑。

只有充分了解市场的真相,我们才能正确把握股市的本质。只有了解股市的本质是博弈,我们才能明白市场运行的规律。明白了市场的运行规律,就做到了所谓的参悟股道。

股道并不是什么高深莫测的东西,它其实是对市场进行溯源并理解它。

参悟股道不难,难的是如何做到知行合一。禅宗祖师云:理可顿悟,事须渐修。

知"道"只是万里长征第一步,而"了"道才是万里长征的结果。顿悟解决的是"知"的问题,实战解决"行"的问题,唯有实现知行合一,持续在市场中潜下心来修行,才能达到"了"道的彼岸。所以,"知"在修行中,只是代表找到了修行的门，也代表了修行才算正式开始。

第三节　模式：巴菲特与索罗斯之争

所谓巴菲特与索罗斯之争，其实就是模式之争，是关于在股市应该做投资还是投机的争论。

股票市场的交易哲学主要有两类：一类是以巴菲特为主的长期交易哲学，被称为价值投资派，又叫称重机派。所谓"称重机"，是指用秤去称公司的重量，以此发现与把握被严重低估公司的长期机会。另一类是以索罗斯为主的短期交易哲学，被称为趋势投机派，又叫投票器派。他们主要研究大众如何出现集体错误，并跟踪这个错误在被推到极致后，及时把握其中趋势扭转的关键，以此获得重要的交易机会。索罗斯是灵活的趋势捕捉者。

巴菲特是价值投资派的宗师，索罗斯是市场投机派的宗师。两人早已功成名就，这充分说明投机与投资两种模式在市场中都有非常成功的案例。投机与投资就好比市场这只手的两个面。

但是，投机与投资在操作上还是有难度的区别。在股市里做投资容易还是做投机容易？

称重机与投票器都是重要的交易理念。在股票市场里，大多数人心里认可与喜欢的是巴菲特的价值投资哲学，因为大家觉得投资才是正道。但在实际交易中又经常体现出想赚快钱的投机思维。所以，多数股民的模式与认知是错乱的，这就导致认知与行动会出现巨大的偏差！

客观地讲，要实践巴菲特的价值投资理念是非常困难的。

很多人在学习与实践了巴菲特的价投理念后，得出的结论是：不可复制！为什么不可复制？

下面简要剖析一下价值投资分析的难点。

价值投资的核心是判断一个企业的估值与未来。因此，要从概念上理解价值投资的理念不难，也容易懂，因为符合大众的思维！

价值投资就两种形式：一种是买企业的未来。就是你要在一个很有发展潜力的企业的成长初期发现它并进入。另一种是一个质量非常好的企业出现严重的价格错误或严重低估时捡到便宜。所以,做价值投资必须具有上述两种类型的判断能力。说起来简单,但实际操作起来非常困难!

第一,伟大企业是少数。伟大企业的出现,不仅公司创业者要具有非凡的能力,而且与时代的脉搏共振。不论是房地产巨头企业、科技巨头企业或是互联网巨头企业,我们都能看到时代给了巨大的机会!按某大佬的话说,就是抓住了时代潮流的红利,踏到了巨大的行业发展风口上。而要能参与这样的公司,不仅要生在那样的时代,还需要运气,需要具备一双能看到未来的慧眼。事实上,这些伟大公司的成长之路也并非一帆风顺,在那个时代,即使有一双慧眼,又有几人能等待到公司的辉煌时刻?

第二,有些公司上市时股价已严重透支企业未来。还有一些企业在成名后才开始上市。因为它们都是名副其实的优质企业,很多人以为自己发现了巨大的机会,实际却是大坑。企业确实是好企业,大家都看在眼里,但多数人却不懂股价与估值的关系。

比如,A股中中石油、工业富联的上市,都是在功成名就后上市,上市后,股价就已经到了近几年甚至十几年估值的天花板,严重透支了未来的价格。让所有满怀信心的买入者都变成了高位接盘侠,结果一套就是很多年!

第三,未来存在巨大的不确定性。十年前,二十年前,甚至三十年前,全球很多企业都迎来了巨大的发展空间与红利,实现了腾飞,巴菲特的财富增长与美国的经济发展紧密相关。

但是,近十年呢?世界从繁荣走向萧条的边缘,从和平走向大局部战争,整个世界充满了非常大的不确定性,这也给企业的命运带来了不可预知的未来。

三年疫情之后,全球的很多中小企业消失了,曾经辉煌一时的企业败落了,很多产业由盛转衰。用一句话简要概括:很多上市企业的老板都不知道未来是什么样,会怎么样,很多企业目前最急迫的问题是生存!而我们很多股民,对很多上市企业的分析,却能说得头头是道,其实是在自欺欺人。

普通股民是很难掌握一家企业的真实信息的,不管是真实的财务现状,还是公司的运营管理。

第四，捡漏并不是那么容易。一个企业的股价要被严重错杀，最常见的是两种情况：一种是经历大熊市，在大熊市中泥沙俱下。熊市的时间会很长，企业股价重新起来需要的时间也很长。另一种是企业面临巨大的危机，造成股价暴跌，后来企业涅槃重生，股价又重返高点。两种情况的判断均需要时间与智慧，都不是普通交易者能承受和掌握的。

第五，企业的股权结构可能比想象的复杂。在很多人看来，金融是高利润行业。我认识不少人刚进股市时，第一只股买的就是银行股，因为大家觉得银行利润高，自己最了解，也最有安全感！但是，他们不知道股价的上涨有时是要靠炒作的，是要靠资金向上推动的。炒作就涉及里面筹码卖出与买入资金的博弈问题，并不是简单的基本面问题。很多有名的上市企业，里面的套牢盘是一叠一叠的，整个股权结构也很复杂，要炒作它们面临的复杂性比很多人想象的要大很多，光看企业的基本面信息显然是不够的。

所以，在股市中玩价值投资并非易事，需要很多因素与条件，这就是巴菲特的经验难以复制的原因！仅仅一个时间维度，就可以劝退很多人。

再看市场投机的问题。

就 A 股的市场环境而言，多年来，一些成功的职业股民其实都是以投机为核心，践行的主要是索罗斯的投机哲学。索罗斯认为市场经常是不理性的，市场是受投资者情绪、预期和市场本身相互影响的，每个人的选择（买入与卖出）就是对市场结果的投票。而市场价格经常处于错误的状态，因为价格反映的是投资者的预期而非事物真实的状态，投机者的任务就是通过纠正市场预期与内在规律之间的偏差来获取利润（去把握趋势扭转的关键因素而获利）。所以，他认为深刻理解市场心理及泡沫的形成非常重要。

那什么是金融投机？索罗斯讲过一段非常有名的话：金融是一场基于假象和谎言的游戏。要获得财富，就得认识其假象，并敢于投入其中，在假象和谎言被公众认识之前退出游戏获利！

这段话说破了交易投机的真相。

下面用一个真实的故事，带大家参悟这段话。这个故事来自价值投资之父格雷厄姆经典著作《聪明的投资者》中讲的一个案例，主角是 AAA 公司。

1965 年，大学生威廉姆斯建立了自己的公司，从事出售活动房屋业务。当年他售出了580万美元的活动房屋,赚取了6.1万美元的利润。1968年,他加入了"特许经营"这一行业,向其他人出售特许经营权,允许别人用他公司的名称来出售活动房屋,并准备公开发行股份。

他发现美国的股票交易所都愿意承办他的上市业务。他成功于1969年3月在交易所以每股13美元的价格向公众发售了50万股AAA公司的股份(分别以个人和公司名义发售)。这笔交易使其个人筹集到了240万美元的资金。公司上市后快速成为炒作热点,股价立即涨到每股28美元,此时该股票的售价达到了其当期每股最大利润的115倍。

而威廉姆斯之所以选择AAA公司这个名称,是为了使公司能在电话簿及黄页中排在第一位。随后的结果是,公司名称果然排在了标准普尔《股票指南》第一的位置,这也更容易引起大众的关注与炒作。

这家公司的实际情况为,在1968年之前,该公司的最大利润只有可笑的每股7美分。当然,公司对未来有着雄心勃勃的计划,大众如果要相信这些计划,就必须在事先支付沉重的代价(每股13美元发行价)。发行后不久,AAA公司的股价就上涨了一倍,经纪公司和每一位买入的客户都获得了一笔可观的利润。

成功上市融资后,AAA公司也开展了两项新的业务:一是1969年建立了地毯连锁店,二是收购了一家生产活动房屋的工厂,当年每股的利润达到了22美分。但是,随后几个月的情况令人难以置信,公司亏损了436万美元,即每股亏损1.49美元。这使得融资前后所得的所有资本以及1969年前9个月报告的利润化为泡影,给公司股民们仅留下了可怜的24.2万美元资产,即每股8美分。在上市7个月后,股价跌到了8美元。

人们不会相信,公司在1969年1—9月实际盈利为68万美元,然后在年底剩下的3个月中却亏损了436万美元。与13美元的初始发行价以及成为"热门股"后暴涨至28美元的最高价相比,1969年年底收盘时8美元的股价显然很寒碜,它充分证明了股票市场的价格是完全缺乏理性的。

到1970年上半年,该公司报告显示又亏损了100万美元,公司出现了巨额的资本赤字,但还没有破产,因为威廉姆斯先生又获得了总额达250万美元的贷款。直到1971年1月,AAA公司才最终提出了破产申请,股票价格跌至50

美分,虽然市值仍有 150 万美元。显然,该股票已经成为一堆废纸。

格雷厄姆把这家公司作为案例,是想向大家证明,投机持有这样一家毫无价值可言的公司(或是泡沫严重的公司)是非常危险的,选择投机的结果必然是非常糟糕的,因此他鼓励大家要擦亮双眼,坚定地走价值投资之路!

同时,他也认识到,这家公司出现的每股 13 美元和 28 美元两种报价是以人们的热情和希望为基础的。虽然与现实和常识相去甚远,但这种现象在现实中是存在的。在市场中的投机大众往往是顽固不化的,且没有耐心。如果有某些"情况"正在发生,他们就会不计代价购买任何一种股票。比如,当一个概念成为某一种潮流时(例如特许经营、计算机、电子、科技等),他们就会被具有这些炒作概念的公司吸引。而明智的投资者不应该这么愚蠢。

上述例子是从价值投资者的视角与公司最终的结果看问题。这个视角或模式有问题吗?没有任何的问题,因为市场中的多数大众,都不懂投机,都是用热情与希望在参与市场,更直接地说,就是用情绪在参与市场,最终的结果自然是悲剧。

所以,从这个角度鼓励普通大众不要投机是正确的。

同样是这个案例,如果换成索罗斯的交易理念,又会产生什么样的结果呢?

这个案例在市场上具有普遍性,因为太多的上市公司都不具备投资的价值。从 AAA 公司的发展与财务报表的表现看,大家是不是很怀疑这样的公司怎么能上市?这样的公司的股价怎么能达到 13 美元?这样的公司的股价怎么能涨到 28 美元?已经到了破产的边缘,威廉姆斯先生怎么还能获得总额达 250 万美元的贷款?

这一串质疑对于交易并没有多大的意义!这样的公司在股市中大量存在,这就是事实!因为这是资本市场。

如果我们理解了索罗斯的投机真言,一切就很好解释了:

其一,金融是一场基于假象和谎言的游戏。

这家公司的上市不就是一场基于假象与谎言的游戏吗?

其二,要获得财富,就得认识其假象,并敢于投入其中。

记住"游戏"二字,股票交易其实就是一场资金的博弈游戏而已。博弈的是什么?是大众的信息差、认知差与人性弱点。

对于投机而言,这家公司未来会怎样,值不值13美元,值不值28美元,并不重要。因为投机关注的是当下,只要它能炒作到13美元,炒到28美元,它就具有巨大的投机价值。所以,投机看到的是短期的、当下的利益。因此,明知这是一个皮包公司,我们早已经认识到这个假象,但我们仍然会参与其中,因为它有利可图,因为参与能带来财富,因为投机的过程本身就是一个群体博傻的过程。

其三,在假象和谎言被公众认识之前退出游戏获利!

参与的关键是,一定要在假象和谎言被公众识破之前退出游戏,这样就能确保获利。所以,当这家公司炒到28元美元,不再创新高时,就需要快速退出,不管是28美元、26美元、24美元,还是20美元,及时退出都能获利!

看清真假,理解机会,勇敢参与,及时退出,这就是投机!这也是两大模式的重要区别。

所有的炒作,都是一场基于假象与谎言的游戏。所以在炒作结束后才会是一地鸡毛!但是,它们能给深谙投机之道的投机者带来巨大的利益!如果你看不透AAA公司的假象,盲目相信它宏伟远大的计划,不懂这是资金的博弈游戏,就得承受股价从13美元到最后50美分的破产悲剧!但是,如果你知道这是一个假象,还知道会有很多大众盲目相信,这个假象就会是交易的机会。

第四节　抱团:主力收割市场的手段

市场投机的本质是什么?实际就是群体博傻。

在AAA公司的案例中,一家每股利润只有7美分的公司,能够以13美元上市,能够涨到28元的高价,就是群体博傻行为。

在此案例中,能以13美元发行,能将股价做局推高到28美元的人,只会是主力群体,就是索罗斯所说的"要获得财富,就得认识其假象,并敢于投入其中的人"。而相信AAA公司宏伟计划故事的人都是接盘者,是普通股民!

谁是傻子?如果没有人高位接盘,做局者就是傻子。有人高位接盘,相信假象,接盘者就是傻子,投机就这么回事!

朋友相聚时,总会有人问,某只股票的价格贵不贵,某只股票值多少钱?我只能笑笑,不做回答!通过 AAA 公司股票的案例,大家应该清楚,一只股票应该值多少钱?这是没有办法回答的,或者是没有标准答案的。因为股票的"价格"经常不是来自它真正的"价值",而是人们评价给予的"价值",和现实与常识可能相去甚远。所以,股价具有时效性,它会受市场环境、大众情绪及主力群体的炒作的影响。

什么是股市行情?

在零和游戏的规则之下,一切所谓的行情,其实都是强势资金收割市场资金的游戏。不能深刻理解这一点,就不能理解股市行情的本质。

只有理解了炒作概念股、绩差股的行情本质是收割散户,我们才能知道当行情见顶时,当市场太兴奋时,要有意识地及时知止,及时从市场中止盈出来,否则就会沦为被收割者。这就是理解行情本质是收割的意义。

主力群体如何才能实现收割?只有一种方法和两种形式:一种方法即以"低买高卖"完成财富的转移。两种形式即做庄和抱团。

低买高卖的概念前面已经讲过,重点讲一下做庄与抱团。做庄是最原始、最赤裸裸的股价操纵方式。即通过打压股价收集筹码,再通过编造故事、制造事件、放出消息,给大众灌迷魂汤,诱导大众在高位接盘,从而实现财富收割。跟庄是最早的炒股思维,也给大众留下了非常深刻的印象!

另外,在大众通常的思维中,庄家即主力。过去这么理解没有问题。现在这么理解就是错误的。

现在有没有庄家?不能说完全没有了,只要利益足够大,还是有一些上市企业敢冒险。但是已经非常少了。因为做庄是违法的,一旦被监管部门发现,会被罚得倾家荡产!因此,现在炒股票,一定要丢弃庄家思维!

除此以外,还要破除主力阴谋论与主力至上论。

所谓主力阴谋论,是指似乎所有的个股中都有主力。这样的想法是不是很傻?但是在每一个股票论坛我们都能发现,每一只个股下都会有人在讨论主力又如何、庄家又如何,又在玩什么阴谋,等等。大家要清楚,在市场中能称得上主力资金的群体与规模是有限的。市场中多数个股在多数时间都不会有主力群体参与。这就意味着,多数时间,多数个股都没有分析与参与的价值。

所谓主力至上论,是指每一只个股的赢家一定是主力,主力是相互认识与勾结的一群人或组织。主力是对有一定实力资金群体的称谓。市场中的博弈，不仅发生在主力与散户之间，而且发生在市场、主力与散户之间。真正的王者是市场，主力群体被市场虐的案例很多，消失的主力也很多。所以，不要相信主力在市场中就一定是赢家，也不要相信有主力大量买入的个股，就一定会涨。上一个季度有资金大量买入，在下一个季度跌得惨不忍睹的个股多的是。庄家股与反弹股的主力群体可能是相互认识与勾结的一群人，而市场合力龙妖股的主力群体是不需要认识与勾结的。所以，别把主力群体给神化了！

既然做庄不可能，那么机构或者游资目前最重要的炒作方式就只有抱团了。

什么是抱团？抱团的原理和做庄其实是一样的，但性质完全不同。二者的目的都是通过买入力量的股票形成强大合力，以提升买入资金的绝对优势，从而改变买入资金与卖出筹码的供需关系，达到推动股价大涨的目的。任何个股上涨最关键的原因，就是买入要大于卖出。强势的买入力量，必然引发股价的强势上涨。而要出现强势的买入力量，只有主力群体抱团才能实现！

抱团能解决两个问题：第一是驱动股价上涨。只有形成价差，主力群体才有低买高卖的机会实现利益。第二是炒作性质问题。做庄是违法行为，但资金群体抱团炒作是不违法的，尤其是相互不认识无联系的资金群体抱团炒作。所以，抱团成为主力群体制造行情、推动股价上涨、实现财富收割最有效最直接的方式。

抱团还有一个更好听的名字叫市场合力。抱团本质上是主力群体实现本身利益的一种需要。为什么在龙妖股的炒作中，不同的游资群体在不同的板位愿意去接力，因为有共同的利益需要。所以，理解主力群体的利益需要，是理解市场各类炒作现象的关键。只会盯住个股基本面与技术面分析的人，很难明白市场中的各种炒作现象。主力群体的共同利益，往往是市场分析的核心所在。

那么，相互不认识无联系的主力资金群体如何能自觉抱团呢？热点、题材热点的出现就是无声的集结号！

我们经常能在股市听到一个词：抱团取暖。主力群体在市场好时会抱团，在市场不好时也会抱团。

这个词很形象。游资群体在市场不好时，喜欢集中炒作某一只股票，把它炒成妖股。比如，2024年9月24日前，市场进入大级别的冰点期，市场大部分个股都处于不断阴跌阶段。保变电气这只股却妖气十足,其体现的就是主力群体的抱团取暖。

在一个冰冷的市场里,如果大家各行其是,散沙一堆,还不如抱在一起去炒作某只股票,这样还可能有点热气,有些机会。所有的炒作现象与目的,都是建立在共同利益之上的。

抱团炒作最重要的特征是什么?答案是:炒出热点。主力群体抱团在市场中体现出的最突出的特征就是热点!大家经常听到热点板块、热点题材就是抱团炒作的结果与现象。

要更好地理解主力群体的抱团行为,还需要认识抱团主力的性质与特征。

按炒作资本的性质划分,市场有两大主力群体:机构与游资。而所谓龙妖,就是两大主力群体炒作的产物!游资是以合力接力的方式,在短时间内暴拉股票,实现"低买高卖"。机构则是以长期抱团的方式,在中长期内合力推动股票上涨,实现"低买高卖"。游资喜欢接力炒题材,机构喜欢抱团玩趋势。

游资规模相对小,是市场最活跃、最灵活的主力资金。游资重点以短线炒作为主,所以游资喜欢炒题材,业绩好不好不是重点,短线炒作的东西不一定需要业绩,短线的要点就在一个"炒"字。参悟"炒"字是理解游资行为的要点。游资喜欢炒小市值的股票,因为游资资金规模小,炒小市值股票才炒得动,也才容易炒出空间。

游资通常不喜欢碰机构持股比例高的股票,这种股票多为中大市值,中大市值的股票只有在市场强势时才有机会上涨,它们在熊市、震荡市、调整市中机会小,如果去炒作,很容易被机构出货,这是游资不愿意碰的原因之一。

但是,如果市场比较强盛,或处于熊转牛的底部、机构股机会较大时,游资就会愿意与机构一起炒作中大市值的个股,形成"机游"共炒。

机构资金则不一样,机构的资金庞大,建仓与卖出均慢。机构不能赚快钱,也难赚快钱。所以,机构喜欢走中长线趋势的路线,抱团炒作具有一定基本面支撑的中大市值个股,炒作业绩预期、成长预期、估值预期等较好的板块与个股。所以,机构喜欢炒"实"与炒"大",实是指有基本面支撑,大是指中大市值个股。

因此,两类主力在交易上所对应的环境、风格与炒作形式会有很大区别。

游资注重合力与接力,善于玩以题材为主的短线炒作,对于环境的要求没有机构那么高。可以说，即使是在熊市或调整市中，只要市场短线走强或有一段相对稳定的行情，游资就敢玩，以爆炒爆拉快速完成盈利。因为短线炒作某些板块对市场资金量的需求相对不大，游资炒作的频率比较高。所以，大家会感觉到游资炒作无时不在，只要有一点行情，好像游资就在炒题材。但是，炒作效果的差别会很大，这里面的玄机就在于对时与机的理解。也就是说，在大盘趋势给机会的情况下，将题材成功炒作成热点的成功率会比较高，基本都有龙妖产生。

但是，如果时机不对，炒作成功的概率就会降低。所以，炒游资股打涨停板最重要的是审视时机，其次才是题材。时机不对，题材再好，也难有所作为。但是时机成熟，哪怕题材弱一点，也可以炒出龙妖。因此，对于时机的认识是交易的重点。

所以，时机是核心，题材只是锦上添花！

打板的人很喜欢讨论情绪，讲情绪的冰点期。讨论的就是时机的问题，情绪冰点期对应的就是时机。短线炒作的条件相对趋势炒作来说要简单些。因此，题材炒作在熊市或者大级别的回调浪里，都能捕捉到参与的时机，都有参与的机会。

过去，游资牛股的玩法基本是追涨停板，在20CM的注册制度下，连续炒作上涨的形式已经不限于涨停板。

游资有无孔不入的嗜血本能，在平时只要有板块存在反弹，板块之下就会有个股被拉涨停，甚至出现连涨，所以游资是市场最活跃的资金。

游资炒作有热点型与技术型之别。热点型是产生龙妖股最重要的环境，与市场的时机关系密切，通常在市场时机成熟时才会出现热点型炒作。技术型是板块在技术面有反弹需求时出现的炒作，其炒作力度、情绪与合力同热点型相比不是一个级别，常出现板块轮动上涨的现象，上涨的时间短，打板的坑就会很多。

在短线龙妖股启动之前就能正确判断谁是龙妖是有难度的，或者说是不切实际的。所以，很多游资只做接力，不会主动发起攻击，他们等实力强的资金拉首板进行攻击后，再选择二板、三板，甚至四板、五板参与进去，或者等三浪、五浪的趋势将形成后再参与接力。一只龙头股的形成是走出来的，是需要其他游资与散户认可接力，并在合力中推出来的，因此提前预判龙头是伪命题。龙妖股通常由具有实力的资金发动行情，其他游资认可配合接力，市场情绪发酵，再到后面散户大量参与。龙妖股是市场合力往上推，在时机的配合下，越往上推，大众的炒作情绪会越高，龙妖股就是这样形成的。但是，也可能首板行情发动后，得不到市场认可，情绪调动不起来，这个炒作就会失败。

游资对个股基本面的判断和机构不一样，游资是纯炒作资金，它们对基本面的认识是从炒作的角度理解的。也就是说，游资股的基本面要基于炒作的需要分析，而不是基于个股的主业与业绩面分析。如果不从炒作的角度理解基本面问题，就很难搞懂游资炒作的个股为什么大涨。

另外，实力主力群体对题材的炒作有先知与突发两种情况。前一类是实力资金提前知道消息或能预判事件后提前埋伏。后一类是事件突发引发题材炒作，炒作资金处于同一时间段内，没有提前埋伏。第一类埋伏型参与的难度很大（就是所谓的庄股类型），潜伏主力往往会无量一字拉涨停，炒上高位后才开始放量换手出货，给参与机会时，往往就是坑。突发型基本是呈连续高换手接力方式炒上去的。从第一板开始，每一板的成交量都很大，都给参与的机会，就看有没有胆量上。所以，如果玩接力，游资最喜欢的是高换手型龙妖股。

机构的炒作风格是注重长线抱团，喜欢讨论估值，以价值、成长、周期为炒作点。因为机构资金体量大，灵活性相对较差，买入与退出相比游资困难，买入后适合中长线持有。因为这个特性，所以越大的机构就只适合做趋势股，大家抱团驱动整个行业上涨。

因此，机构炒作的机会相对游资少很多。机会主要发生在两个阶段：

一是在市场超跌之后，行业龙头、成长股龙头、周期股龙头在经历一轮市场持续 1 年以上或下跌数年才见底时，机构资金就愿意抱团从底部往上炒，以完成由底到顶的新一轮炒作。具体的炒作风格由机构当年选择哪一类目标来决定：是炒指数股、炒成长股，还是炒周期股，等等。每一轮炒作在风格上会有集中倾向。

二是在牛市或强势市场中，板块出现大级别上升浪时。这时会出现连续炒作机构龙头的现象，市场中走出 1~2 年大级别波浪结构的机构龙头。热点板块或龙头股在第一年完成前三浪大涨，第二年继续炒，完成第五浪大涨，促使跨年龙头出现。

所以，机构牛股主要出现于市场真正见底时，或市场见底后出现的大级别上升浪行情中。而市场进入熊市或大级别的回调浪时，机构股的机会就比较少。机构股的炒作环境与时间要求也比游资股高很多。

当市场比较强,处于主升行情中时,机构与游资都有很好的炒作机会。但在一些以机构趋势类表现为主的行情中以及市场资金有限的情况下,就会出现机构强势股虹吸市场资金的情况,这会让游资股相对难炒作。机构股可以吸引大量的散户资金,游资股则没有散户抬轿接盘,所以就炒不起来!这时关注的重点,一定要放在机构龙头上。而市场处于熊市或调整市的反弹中时,则要把关注点放在游资龙头上。

因此,投资股票首先要观察环境,正确判断市场的机会与风险,观察市场处于什么风格,适合什么类型的主力炒作,特点是什么,炒作的主线是什么,把这些问题搞明白,才能采取有针对性的交易措施。

如果这些问题不搞清楚,在市场中粗放地交易,就算你把行情预判对了也可能赚不了钱!交易就是对认知买单,认知越细越深,正确的概率就越高。

以选股为例。如果判断会出现一轮行情,希望对个股进行潜伏或接力,很多人会遵照传统的观念,精心选择在基本面与业绩上有保障的个股甚至是实体行业中的龙头股进行潜伏。但这可能忽略了一个问题,这轮行情发动的主力是谁?

游资喜欢炒题材炒虚炒小市值,如果这轮行情发动的主力是游资,若按传统价值思维选择个股,可能就选到了空挡上。行情如按预期出现,但是主力是游资,如果选择的是优质蓝筹大市值股,不是游资偏好的目标,没有资金抱团驱动这些蓝筹股,就白白浪费了对行情的正确判断。

所以,炒股票不简单,不是仅仅研究个股的基本面与技术面就能交易。股术是博弈之术,要有胜算,就要把大势、板块、个股、主力与市场风格一起分析清楚,这样才能顺势而为,才能准确借力而上,才能在博弈中立于不败之地!

第五节　周期:股票交易的灵魂

市场周期在股票交易中占据无比重要的位置,可以说股票交易的周期大如天。

一、两个案例

2024年9月24日,三部委重磅讲话后,A股出现罕见的连续暴涨,仅4个交易日,上证指数从2 689点直接拉上3 000点,一扫过去的阴霾,几乎所有板块与个股都出现了连续上涨。这一现象带来一个无比重要的启示:股市交易最核心的问题,实际是周期分析问题。

周期成立时,不管什么股票都容易上涨,基本面好的、基本面差的,都会涨。周期不成立,趋势处于下行中时,基本面与技术面再好的股票也得下跌。这说明市场趋势的力量对于个股的表现影响很深,判断对市场周期,比判断对个股的基本面与技术面,买入上涨的概率更高。

图1—1中,2019年1月底、2022年5月底和2024年9月底是近6年创业板(周线)最重要的三个大的交易转折周期。其中2019年1月和2024年9月是级别较大的反转周期,2022年5月是大熊市中大级别的反弹周期。这三个周期发生时,市场中大多数板块与个股出现了久违的强势大涨。在这三个市场技术周期中,不管你的技术水平如何,分析能力强不强,只要持有股票,大概率都会吃大肉。

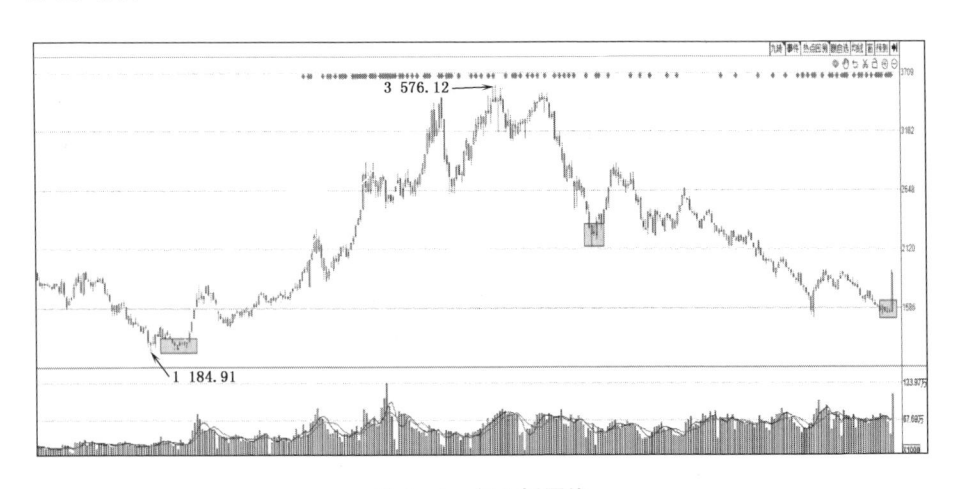

图1—1 创业板周线

图1—2中的这只个股处于上行趋势周期时,它的所有下跌都只是回调而已,回调之后仍会创新高。当处于下行趋势周期时,它所有的上涨都只是反弹,

反弹之后都将继续创新低。

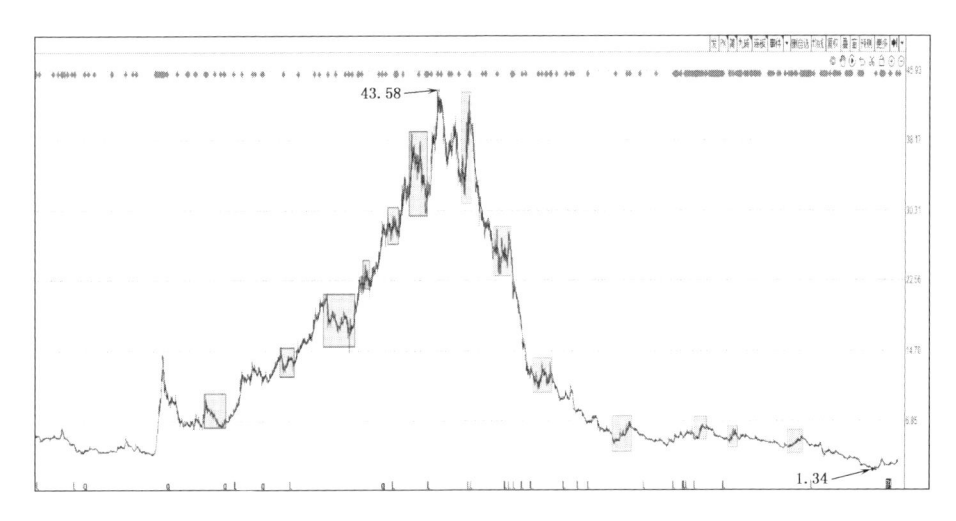

图1—2 某股票趋势周期

在上行期间，业绩报告差一些的股票也会涨；在下行期间，业绩报告不错的股票也会跌。

所以，当一只个股进入下行通道后，基本面与逻辑面再好，其出现的所有交易机会都只是反弹机会。如果对个股没有趋势周期的概念，就容易做出错误推断。比如图1—2中的这只个股在下行趋势中会出现多次阶段性见底的反弹，如果期望它能走出反转行情，在抢到反弹后不愿意走，当反弹结束，股价就会继续创出新低。不愿走的人，本来赚到的利润就会变成亏损，甚至深套进去。

如果明白了周期的特征，在上行趋势中不惧回调，在下行趋势中按反弹应对，交易的正确率就会提升。

这两个案例清晰地展示了市场周期的特征与作用。

实际上，市场周期在交易中的作用远远不止于此，它对主力群体炒作的支撑也非常重要。比如，市场投机与主力群体抱团的问题。主力群体抱团可以制造交易机会，并从中获得利益。那么，主力群体是不是可以轻易制造交易机会，轻易抱团炒作个股呢？肯定不行。主力群体非常清楚，在市场的博弈中，唯一的王者是市场本身。所有的炒作行为，都必须以市场的大势条件为基础。顺势者昌,逆势者亡,时势造英雄的规则,同样适用于股市。

　　市场炒作必须遵循沿最小阻力方向去用力,这个最少阻力方向的体现就是市场周期。所以,主力群体非常重视市场周期的利用。

　　图1-3的日线显示了2019年到2023年创业板指数的技术周期结构与主要题材热点出现时间的关系。

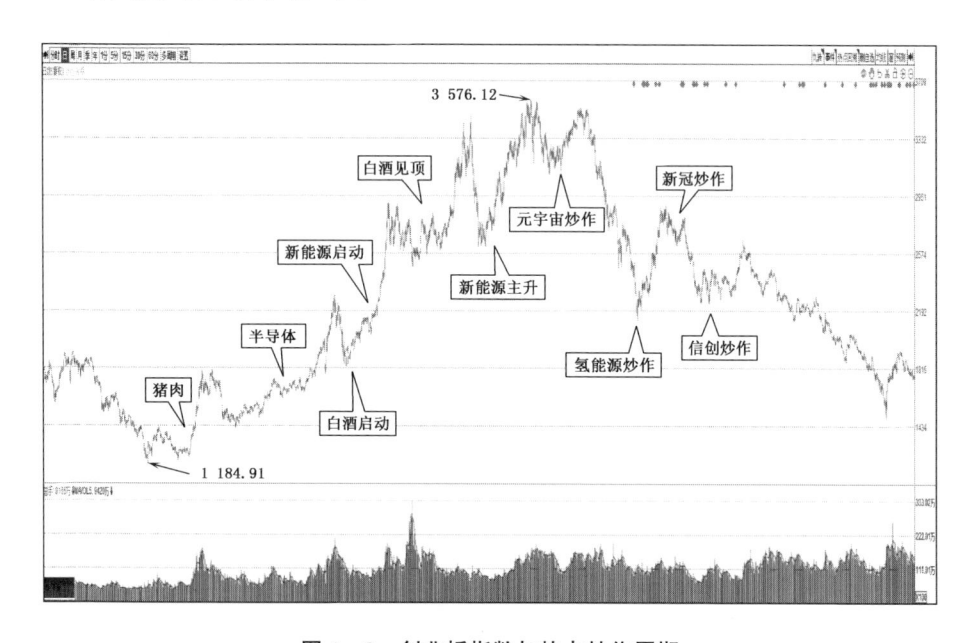

图1-3　创业板指数与热点炒作周期

　　这种关系是:在牛市的上行趋势中,每波指数回调的低点左右,或波浪结构主升浪的起点左右,都可能是主力群体制造题材热点的位置。在熊市的下行趋势中,每一波大跌后的反弹点左右,或下行波浪结构反弹浪起点左右,都可能是主力群体制造题材热点的位置。

　　在牛市中,产生热点的机会比较多,熊市中产生热点的机会相对少。牛市中的题材热点持续时间长,容易产生中长线大牛股;熊市中题材热点持续的时间短,多产生短线牛股。

　　所以,龙妖股的产生与市场的技术周期结构存在密切关系(虽然不是唯一)。

　　在日线图中标示的热点题材板块产生的时间,如果放在图1-4创业板的周线上,与划出创业板的周线波浪结构相比较,可以更清晰地看出,主力群体选择制造题材热点的时间与上行波浪结构中的回调低位,下行波浪结构中的反弹起始位置都存在紧密关系。

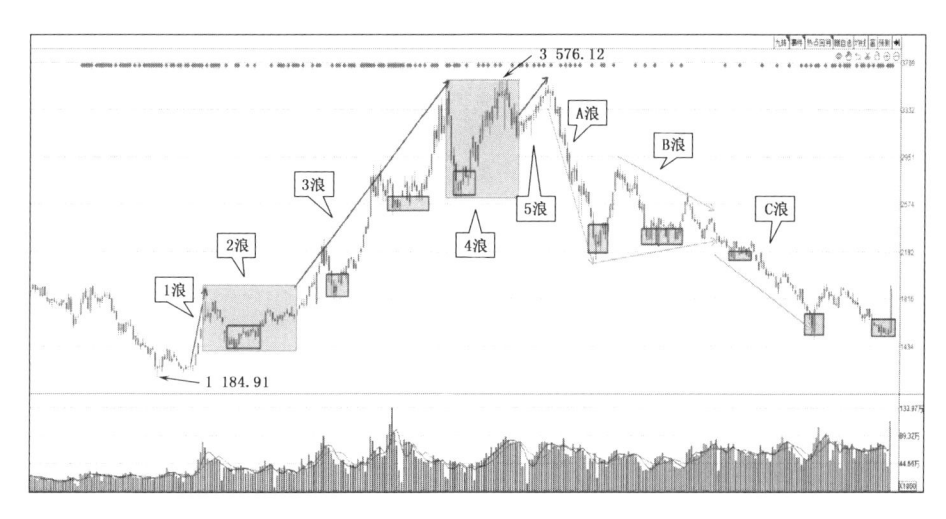

图1—4 创业板指数与主题热点的对比

主力群体为什么会这么选择？因为他们清楚,这些位置是"大势"所在,是市场最小阻力位所在,这时市场这只老虎尚在沉睡中或半睡中。在这些位置制造热点就是顺势的体现,成功率较大。这也体现出主力群体对于顺势与借势的理解非常深刻。主力群体要制造行情,不可能随意而为,会有严格的条件限制,大势就是其中最重要的条件之一。

当然,这种指数与热点的关系不是绝对的,市场里也没有绝对,但已经能包含市场多数的重要交易机会。

上面指数分析的案例为什么选用创业板？这是因为,在2019—2023年,创业板指数是属于领涨指数(当时表现最强的指数),分析某阶段的指数时,要以领涨指数的分析为主。而领涨指数也在告诉我们哪个指数市场的个股在大涨。

如果不懂指数技术周期(大势)的分析,对于交易机会的理解就会比较笼统,没有清晰的方向。

总之,在上面指数技术周期结构的关键位置上,龙妖股出现的概率非常大,主力群体一定会在这些位置造龙造妖,在这些位置把握龙妖股发生的机会就是大概率事件,买到龙妖股的成功率就会很高。所以,周期技术分析是股票交易分析的基石与灵魂所在。

二、交易的核心:择时择机

周期分析最主要的目的是解决好"择时择机"的问题。股票交易的核心不是单纯的个股基本面与技术面问题。我们不可能看到某公司业绩大涨就买入,也不可能看到某公司技术特征成立就买入。很多时候,业绩大涨的股票不涨反跌;很多时候,技术面良好的股票并不会发生行情。

交易其实就是主力群体等待时机,顺势与借势赚取利润的问题。个股的基本面与技术面只是交易的附庸。时机不成熟时,基本面与技术面再好都没有意义;时机成熟时,基本面与技术面就具有了重要意义!

交易最核心的因素是关于"择时择机"的问题。同时,也是一个"善于等待"的问题,等待时机成熟参与市场财富分配的问题。

时者,"大势"也,机者,"热点"也。

一言以蔽之,交易就是要学会分析大势,学会等待重要交易机会(热点)出现,并勇于参与其中,这就是最好的交易方法。所以,理解周期是理解交易机会最重要的功课之一。

对"时机"重要性的认识,其实自古就有了。古代有一本奇书叫《素书》,相传张良帮刘邦打天下依仗的就是这本书。在《素书》"原始章第一"里有一段关于时机的精妙阐述:"贤人君子,明于盛衰之道,通乎成败之数,审乎治乱之势,达乎去就之理。故潜居抱道,以待其时。若时至而行,则能极人臣之位;得机而动,则能成绝代之功。如其不遇,没身而已。是其道足高,而名垂于后代。"

这段话的大意是:厉害的人懂得盛衰之道,通晓成功之术,明白审时度势的重要性。知道时不至时,需要隐藏自己的才能,耐心等待时机;时机到时,得机而动,就能成绝代之功。反之,如果时机不成熟,不懂审时度势,必然不可能成功。所以,自古以来,"时机"对于成功都极为重要,而这也正是股票交易要成功的核心所在。"择时择机"是国内外股票交易高手对交易技术最高度的概括,只有真正理解了交易是"择时择机"的问题,才能真正掌握股票交易的真义。

因此,交易的第一步是周期分析,第二步就是"善于等待"。善于等待体现了交易上的知行合一。面对"善等",很多人的第一句话是:要等多久!每个人的运气不一样。有的人运气好,入市后碰到的行情和机会多!有的人运气差,入市后长期在熊市中。所以,这个没有标准。

正如《素书》所言:如其不遇,没身而已。厉害的人,怀器(本领或技艺)于身,若时不至,机不到,只能隐没自身,只求保全生命而已。即使有一身本领,如果没有好的机会,保全性命才是最好的选择。这符合股票交易市场的特征。

当年72岁的姜太公为什么有闲心钓鱼,就因为时不至,没有机会,没有办法,只能隐没自身。72岁了,仍不急不躁等候机会,是何等的心境!

当然,在股票市场并不需要等太长的时间,每年都必然有重要的交易机会出现,只是机会大小与次数的区别而已。

交易机会是主力群体在大势给的机会下创造的,主力群体比大众还急于需要交易机会!因为他们每时每刻都想要收割市场的财富,想逮住每一次大势给的时机制造行情。所以,每年都必然会有交易机会。但是,有的人不要说能耐心等待每年几次的重要交易机会,可能等待每月交易一次的耐心都不会有,这就是问题所在!

"时"的重要性还表现在:离开对"时"的选择,谈股票如何交易等于空谈。"时"代表了主力群体炒作的条件。炒股票一定要跟随主力思维,无限贴近主力思维。主力思维代表了股票交易的游戏规则。不懂规则,参与游戏,就是待宰的羔羊!

对"时"的分析,就是周期分析,或叫大势分析。"时"代表了重要的交易机会。对"时"的分析,为市场交易提供了机会与风险的重要判断。

三、大势分析的基本因素

大势分析有技术、情绪、资金、政策四个维度。理解四者的关系,才能更好地理解"择时"问题。

(一)技术面

技术面体现为对指数周期结构的技术分析,主要关注三个时间维度:大级别的牛熊性质周期、中级别的技术性牛熊周期和小级别的波浪结构周期。前两个周期的技术判断以布林线的月线和周线为标准,第三个周期的判断以日或周的时间维度为主。

掌握三个周期的分析方法,是为了正确理解市场的性质与位置,从而发现市场真正的机会与风险。

1. 牛熊性质周期的分析

当K线处于布林线月线中轨之上时,中轨的方向向上,称为牛市市场。当K线处于布林线月线中轨之下时,中轨的方向向下,称为熊市市场(见图1-5)。

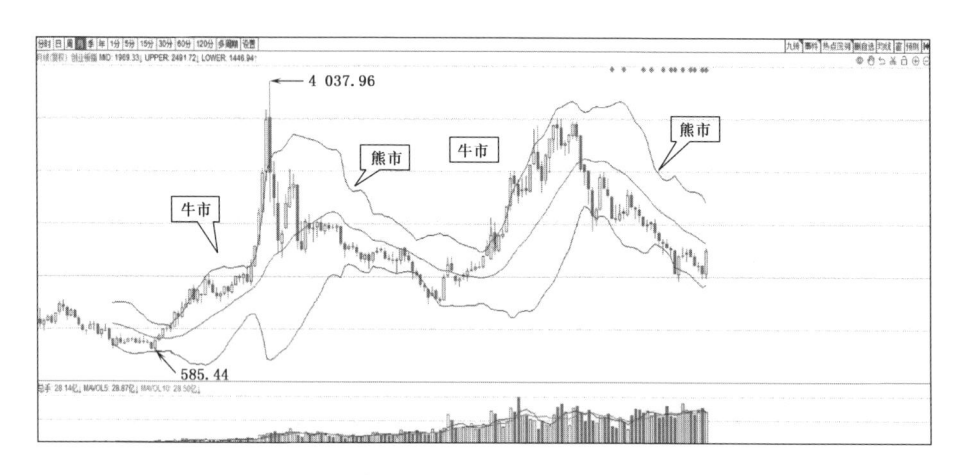

图1-5 使用布林线的月线判断指数的牛熊市场性质

2. 技术性牛熊市周期的分析

当K线处于布林线周线中轨之上时,中轨的方向向上,称为技术性牛市。当K线处于布林线周线中轨之下,中轨的方向向下,称为技术性熊市。当K线在布林线周线上下轨间来回震荡时,称为技术性震荡市。

牛市性质的市场中含有技术性牛市与熊市,熊市性质的市场中也含有技术性牛市与熊市,震荡市又分为牛市中的震荡市和熊市中的震荡市,要注意区别。

两种市场中的技术性牛熊市的含义不同。牛市中的技术性熊市是回调,牛市中的技术性牛市是主升;熊市中的技术性牛市是反弹,熊市中的技术性熊市是主跌!熊市初中期的震荡市在震荡之后大概率会向下走,牛市初中期的震荡市在震荡之后大概率会向上走。

图1-6中,上证指数采用周线按技术性牛熊市做分析后,对交易机会与风险的判断,就得到了进一步的细化,让趋势性质更清晰和更具操作性。

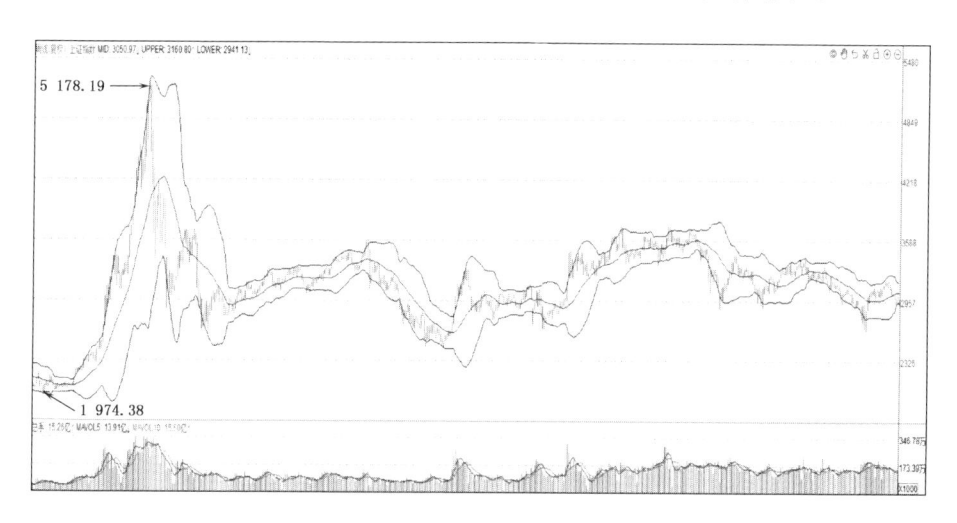

图1-6 上证指数周线布林线

图1-7中,如果配合月线,可以看出牛市的技术性牛市是牛市的主升浪,熊市的技术性熊市是熊市的主跌浪;牛市中的技术性熊市是回调浪,熊市中的技术性牛市是反弹浪。

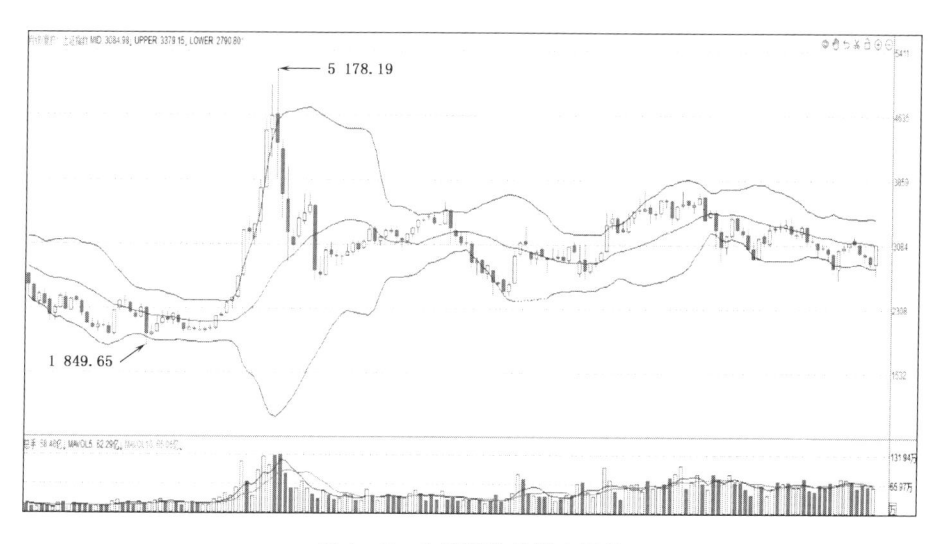

图1-7 上证指数月线布林线

以上分析对于实战的意义在于：牛市的技术性牛市是极强的市场，一定要大胆参与。熊市中的技术性熊市是极弱的市场，一定要回避。而牛市的技术性熊市是回调，回调结束后一定会继续向上走。而熊市中的技术性牛市是反弹，反弹结束后一定还会继续向下走。

所以，月线配上周线，在牛熊市场性质中加入技术性牛熊市分析后，交易的机会与风险一目了然。

3. 波浪结构分析

日、周线级的波浪结构，能够辅助对月线与周线下的牛熊技术周期机会与风险做判断，为交易提供更为细致的买卖点分析。

图1-8与图1-9中，在上证指数周线加入波浪结构或在创业板指数日线加入波浪结构作分析，会让趋势和具体买卖点的判断变得更为细致和直观。何处是顶、何时见底，波浪结构能提供重要预判信息。这类分析需要有良好的波浪理论基础做支撑。

图1-8　上证指数周线波浪结构

图1-9 创业板指数日线波浪结构

波浪应用上有一个重要概念叫结构完整性，指下一个浪一定是上一个浪的结构完整地结束后才会出现，不可能上一浪的结构未走完就跳到下一个浪。这一条对于辅助判断股价是否见底十分有用。

技术面分析是指数周期分析的第一层面。指数与个股不同，个股的技术面和技术形态是可以被主力资金操纵的。但是指数的技术形态是主力资金群体操纵不了的，能够对指数形成短期影响的可能也只有国家队了，而国家队不会轻易出手。所以，指数的技术分析对于实战具有很高的指导价值。技术面是分析市场这只大老虎状态最关键的因素——是睡、是醒、还是半睡半醒，技术面是最可靠的指标。

上面简要介绍了指数周期在技术面上按月、周、日三个维度分析市场性质、机会与风险的方法，主要是给大家提供一个分析的方向。要能熟练掌握上述分析方法需要时间的积累，不会那么轻松。比如波浪理论的学习，需要花不少时间和精力，但是非常值得和必要。

可以说，对指数技术面的分析能到达哪个层次决定了对市场主要机会，尤其是龙头股机会的把握能到什么深度。因为龙头股出现的机会与市场的周期结构紧密关联。

大势的分析功夫是市场分析的真功夫，这个功夫有深浅的区别。

市场的交易机会，有的在技术面上很明显，有的比较隐匿。明显的机会容易看出，也容易理解。要捕捉到隐匿的机会，就没有那么容易，特别是熊市市场中的机会，需要投资者在实践中下功夫，不断提高和积累相关经验。

什么是明显机会？下文以创业板为例加以说明。

一是牛市或上行驱动浪中主要回调浪的位置。

图1－10所标的关键位置，都是波浪结构中重要的大浪的回调浪或次一级浪的回调位置，在这些位置，基本都有龙妖股产生。如果是跨年度的长线趋势龙头股，在起涨之后，会随这些关键的位置走出回调浪，随后再走出上升浪，走出大五浪的上升结构。回调不仅给了我们参与新题材龙头的炒作机会，也给了我们波段参与长线龙头的绝好机会。而这些机会在波浪结构上都是很明显的。

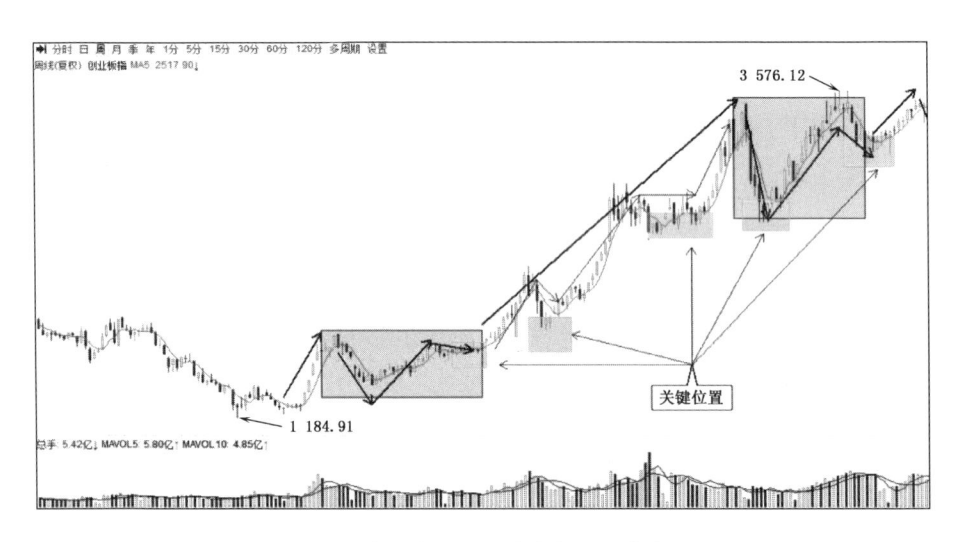

图1－10 牛市或上行驱动浪中回调浪的位置

二是熊市或下行驱动浪的大级别反弹浪。

如果熟悉波浪理论，就会明白在大的下行驱动浪中，A浪下跌之后，必然会迎来同级别的大B浪反弹，这个B浪反弹必然产生龙妖股。如图1－11所示，不懂波浪理论将很难抓住下面B浪规律性的反弹机会。凶猛的A浪下跌之后，走出一个楔形的B浪，A浪结束后与B浪的几个支撑位，都是主力群体造龙造妖的位置。图1－11中这些明显的技术周期的结构位置，都是交易中至少要把握住的机会。

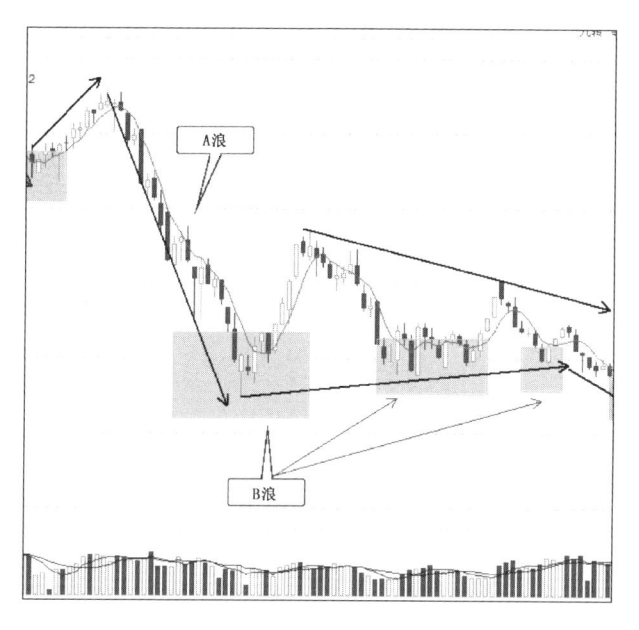

图 1-11　技术周期的结构位置

什么是隐匿的机会？市场明明在下跌，市场里很多股都跌得很厉害，但还是出了龙妖股，这就是隐匿的机会。多数人看不懂这机会。实际上，所有隐匿的机会都不会是莫名的，而是有条件的。不可能没有条件就发生。股价能上涨的根本条件只有一条，就是资金驱动。大资金群体不可能无缘无故花钱驱动，不可能不考虑条件的驱动。所以，所有的隐匿机会都是可以找到驱动原因的。

比如，2015年熊市暴跌之后出现的特力A就是在市场情绪压抑到极致后，游资抱团顺势制造的情绪宣泄口炒出的大妖股。虽然市场还在大熊市中，特力A还是走出了大妖行情（如图1-12所示）。

再比如创业板2023年下半年的这一段行情（周线图），市场在持续下跌，为什么能出现华为题材与人工智能题材的炒作，炒出了捷荣技术等龙头股（如图1-13所示）。因为当时有政策的支撑，有管理层对市场健康发展的要求。所以，那一段行情对于短线就是机会，是短线资金敢于做多的底气，这些就属于隐匿机会，也即不能在技术结构上直观看到的机会。

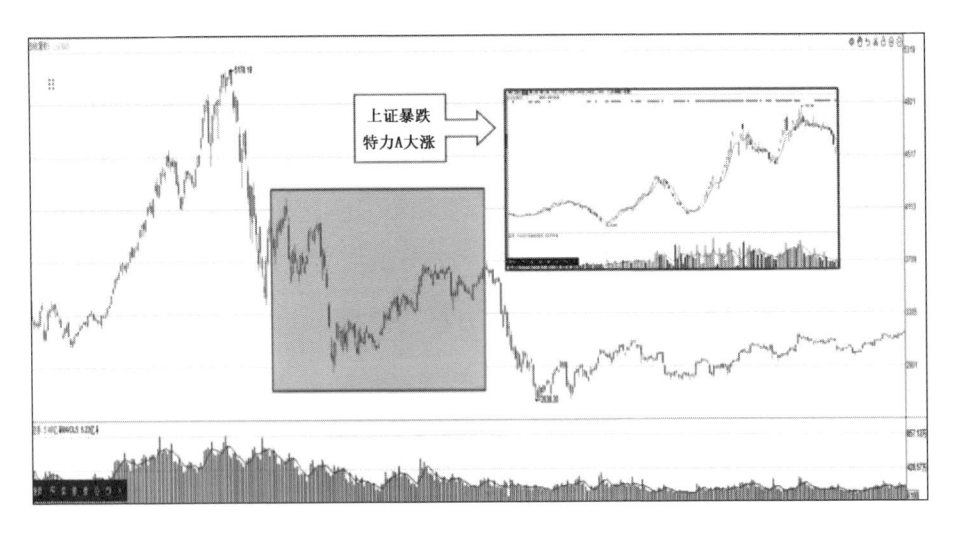

图 1-12　特力 A 走势

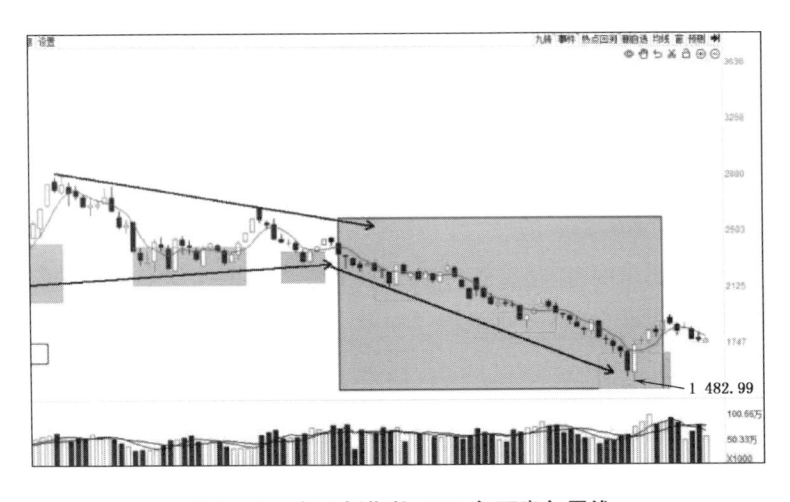

图 1-13　创业板指数 2023 年下半年周线

(二)情绪面

很多人理解不了情绪面,觉得它很抽象,主要是观念转变不过来,觉得情绪和股票的上涨扯不上关系。他们一味地认为股票上涨应该是依靠业绩、逻辑、技术。这在某种程度上是因为脑筋被固化在传统的投资概念里出不来!事实上,情绪面对于理解短线交易非常重要,尤其在游资短线龙妖股的理解上。

为什么通过市场情绪面的分析,能抓住短线交易的机会?

首先,市场的涨与跌,在根本上实际是一个多空筹码的较量问题,这是对涨跌最根本的概括。多空博弈在本质上,也非因为个股基本面或技术面,而是为了利益。

多空较量所体现的基本规则是太极"此消彼长"的原理:阴极阳动,阳极阴生。

市场运行具有周期性,周期是市场运行最重要的特征。而市场情绪能反映出市场的大小周期性变化。

关于市场情绪,大家听得最多的词是"冰点期"。所谓冰点期,其实就是要找"阴极"这个点,因为阴极后面必然是阳生,阳生代表的是市场机会的出现。因此,运用太极原理,运用周期的特征认识市场的涨跌关系,认识市场的机会与风险,比单纯用基本面与技术面分析涨跌问题要高明很多。

当市场跌得够深时,就会出现所谓的情绪"冰点期"。

那么什么是情绪冰点期?当市场从赚钱效应的高潮期到低潮期,在经历长时间的持续下跌之后,就会进入所谓的情绪冰点期,先知先觉的主力资金认为冰点期是市场将变盘的一个重要信号,是市场处于相对底部的信号。冰点期通常成交量持续在低位徘徊,反映出市场的交易意愿不强,多空进入一种暂时的平衡状态。

这个平衡实际是假象,冰点期是空方力量充分宣泄后进入的行情临界区。想卖的、被迫恐慌卖出的筹码都出来了,市场的位置可能已经跌到了有吸引力的位置,处于由空向多转换的结构期,形势在隐匿中实际已经处于利多的环境,代表了交易的机会正在萌芽。先手资金就会在冰点期试错。试对了,赚钱效应初现,就会有跟随资金进入,再后面接力资金跟上,行情在赚钱效应的扩散与强化下开始演化,游资群体就可能掀起一场热烈的题材炒作行情。

情绪的冰点期也有大小与强弱之分。情绪冰点期后出现的行情有大小之别,强的会是机会,弱的反而可能是风险。对于情绪冰点期的判断,需要有丰富的实战经验。

当然,再有经验,也不可能有绝对正确的判断,市场没有绝对!所以在情绪冰点期的交易,需要试错。试错,就是采取应对策略。试对了加仓,试错了止损走人,这就是交易。

当然,试错成功的概率是由交易水平决定的。所谓市场情绪面,实际就是根据市场情绪理解市场是否跌透或见顶,通过情绪理解交易结构的周期性变化,这也是对市场"跌深了会涨,涨高了会跌"这一最朴素、最有效的交易周期理念的运用。

总之,通过对市场情绪面的分析,主力群体能够捕捉到市场的重要转折点或阴极点,而这个点也给了其造龙造妖的条件。短线高手们从情绪面入手捕捉机会,也给大家揭示了交易的一个核心秘密:搞透了市场周期问题,就等于抓住了交易的魂!

我们如此反复谈论周期问题,就是要灌输一个理念,"选对周期至关重要"!

炒股票,不是个股跌得够低就有了参与的价值,而是市场跌得够低了才有参与的价值。个股的周期没有价值,市场的周期才有价值,个股只是市场周期的追随者。

我们可以把市场情绪最直接地理解为市场的悲观和市场的亢奋。在市场中,这种悲观与亢奋的情绪呈周期性变化,最重要的体现是"赚亏效应"。

股票在情绪上的特点是:要么处于悲观之中,要么处于亢奋之中。市场处于悲观之中的时间比处于亢奋之中的时间长很多。当市场处于悲观之中时,要捕捉的市场机会是感受和理解市场的极度悲观,通过极度悲观抓市场"阴极"之点。分析的难点在于,有时市场情绪在出现极度的悲观之后,可能就会出现真正的冰点期,然后出现上涨或有力的反弹。而有时,已经感受到市场情绪极度悲观了,但仅是出现一个弱反弹。在这个极度悲观之下,弱反弹后,还有更加严重的悲观情绪出现才能见到真正的冰点期。在市场非常恶劣的时期,比如2018年的熊市赶底行情,极度的悲观之下出现的冰点期并不是真正的冰点期,而极度悲观之后,更为严重的悲观之下,也没有出现真正的冰点期——随后出现的是市场的绝望期,绝望期之下,仍然没有出现真正的冰点期。从绝望到极度的绝望,再到2019年年初政策大底的出现,才带来了真正的冰点期,迎来市场的大底。所以,对于极度情绪的把握需要丰富的交易经验。

为什么我们要重视波浪理论、重视技术面对市场的分析?因为将技术面与情绪面结合分析时,能给交易者提供更多的判断信号。以创业板A浪的这段持

续 4 个多月的深度下跌为例加以说明(见图 1—14)。

图 1—14 创业板 A 浪走势

A 浪是从 2019 年年初启动的三年创业板牛市结束的第一浪下跌。刚开始时,很多人并不认为熊市已经来临,而认为只是牛市的一个深度回调。技术结构上很清晰地显示它是 A 浪。

从图 1—15 可看出,在下跌初期跌到第三大浪的 2 浪(第一个圆圈)时出现了反弹,很多人在情绪上会认为已经见底,并会将这一段下跌的幅度与前面牛市中的回调做对比。但是,结果出乎很多人的意料,市场在反弹一周之后,突然向下快速大跌,这波下跌持续三周时间,形成了恐慌,让很多人感到牛市可能结束,市场进入悲观情绪,直接下杀到了第三大浪的 4 浪(第二个圆圈)。接着,在这个位置出现了又一个情绪的冰点期,短线资金进入抢反弹,出现了连续两周的上涨。但是,这个情绪冰点期也不是底,反弹结束后,市场继续大幅下杀,市场进入极度悲观状态,并再次迎来冰点期的反弹(第四大浪)。这波反弹,市场在情绪上给予较高的预期,因为这里太像底部了,这里的情绪已经极度悲观。可以说,第四浪这个反弹的位置在情绪上是很难判断是否已经真正见底的,常说"高手炒到半山腰"的"半山腰",就是这个位置,这是一个非常有迷惑性的位置。

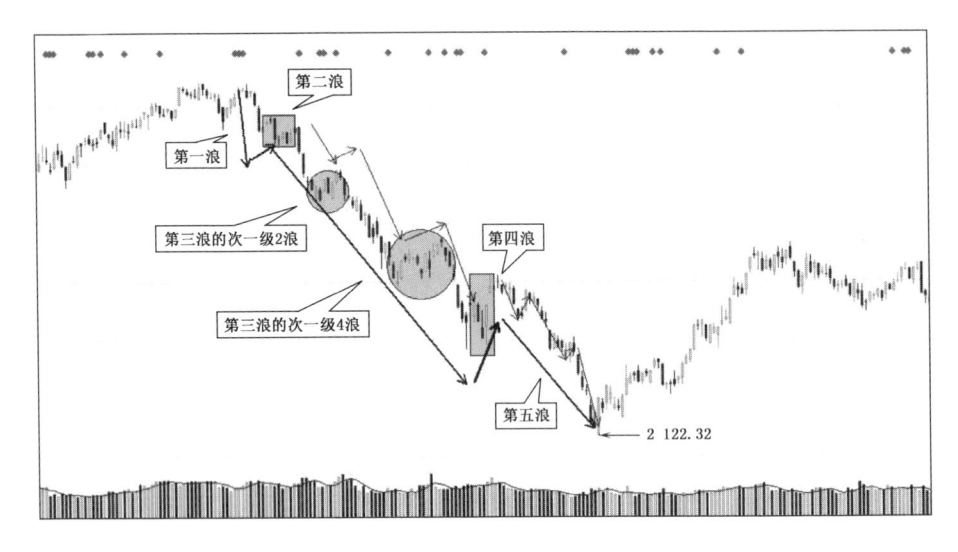

图 1-15 创业板 A 浪持续下跌

但是很可惜，市场在极度的悲观中并未见底，随后一个更大幅度的第五大浪下跌出现了，把极度的悲观情绪带入了绝望期。当这个第五大浪的 5 个子浪完成后，市场才真正见底了，而这时才进入了情绪冰点期，也就是真正的底部。

从图 1-15 可以看出，在持续 4 个多月下跌中，市场出现了多个情绪的冰点期，也就出现了多次的短线反弹，如果经验不足，对这些情绪冰点期的正确判断就会很困难。如果掌握了波浪结构，将波浪结构与市场情绪面的分析结合起来，准确分析的概率就会提升。比如图 1-15 中，最迷惑的地方是第三大浪的 4 浪、第四大浪和第五大浪的下跌段。而这几个地方的反弹，若将波浪结构结合起来看，就会发现波浪的结构并不完整。按波浪的结构完整性概念，在第三大浪的 4 浪、第四大浪的位置，都表明这一大段 A 浪的五浪结构未完成，所以这两个位置就不会是真正的底部，结构必须继续完成。第五大浪的出现，也必须完成 5 个小浪的结构，才能真正见底，这些技术结构上的经验，就能很好地辅助市场情绪一起判断市场。当然，除了波浪的结构，还需要加入 RSI 指标等一起观察底部的出现。所以，市场情绪面与技术面的分析是相辅相成的。

卖出和逃顶的情绪分析要观察的是亢奋指标。其实，交易在情绪上的理念，巴菲特早就给大家总结了："在市场的极度恐慌中买入，在市场的极度疯狂中卖出。"这一理念也体现了交易的根本就是周期问题。

在市场情绪的极度亢奋中卖出，这个听起来简单，实际操作起来也不容易。有时市场确实在极度的亢奋中见顶，但有时在亢奋之后还有进一步的亢奋，然后还有极度亢奋，市场仍然没有见顶。大家如果熟悉牛顿炒股的故事，如果了解多年前日本大牛市的情况，就会看到这种现象。牛顿在那一轮疯狂的市场中说，觉得股市已经疯狂了，所以他卖出了。结果市场仍在继续疯狂，不得已他又进去了，然后太疯狂了，感觉害怕了，他又出来，然后市场还是涨，他又进去了。最后当熊市真正来时，所有人都早已经迷失在疯狂中了，牛顿也破产了。日本的那一轮疯牛也是一样，一年前就有很多人感觉太高了，但一年后市场仍然在大涨，直到所有人迷失在疯狂中才见顶。所以，对于情绪面的把握不会那么容易。

情绪面的另一个重要体现是赚亏效应周期。赚亏效应也很好地反映了市场情绪的周期问题，赚亏效应要重点理解背后的形成逻辑。

一些短线高手说，观察大众在打板后的输赢情况，就能感受市场的赚钱效应，如果大众买入后，多数人能赚钱，说明市场处于赚钱效应期。如果买入后，多数人在亏钱，说明市场处于亏钱效应期，这是对赚亏效应现象最直接的表述。

赚钱效应之所以产生，在下行趋势中，是空方筹码在极度宣泄后进入了阶段性的衰竭期，让多方有了阶段性的反击机会。这里的关键词是"极度宣泄"，就是跌得够深够狠了，空方折腾得没力气了，才会产生衰竭期。而衰竭期的大小，决定了赚钱效应的大小与性质。利用波浪的周期结构分析有助于我们很好地理解这一现象。如上文创业板 A 浪的案例，A 浪在持续 4 个多月的下跌过程中，空方筹码会出现多次极度宣泄，从而出现阶段性的衰竭，对应产生多次反弹，出现大小不等的赚钱效应期。所以，在下跌趋势中出现的赚钱效应期背后的逻辑，实际就是空方筹码在极度宣泄后产生的多方筹码的博弈机会。这种博弈机会有大小之别，真正的大机会只会产生于大级别的底部，比如上面 A 浪的结束，形成 B 浪的反弹等。因此，对于赚钱效应周期的理解，不能简单化，而是需要结合市场的技术结构周期一起思考。

同样，亏钱效应期的产生，出现于市场的极度亢奋之后。市场在大涨过程中，由于极度宣泄，多方同样会进入阶段性的衰竭期，让空方有了反击的机会，也就会在上涨中出现下跌,进入买入容易亏钱的阶段。但是,只要上涨没有最终结束,这些下跌都只是上涨过程中的回调而已。真正的亏钱效应期同样只会来自真正的顶部!

所以,市场在上涨与下跌的过程中,会出现多次大小不一的赚亏效应期的变化。而真正的机会与风险只会来自大级别的转折期或大级别顶底的位置。因此,对于赚亏效应的性质与级别大小是需要甄别的,不能盲目参与。事实上,很多人一看到市场在上涨,看到不少个股出现几天的反弹,就会迫不及待地想参与,这样就容易被套。这就是对赚亏效应周期的特征没有认识清楚。

(三)资金面

"太阳下没有新鲜事,历史总在重复!"

市场一直在按大大小小的周期结构运行,情绪周期也是如此。周期总是重复,但不会简单地重复。这里面的含义是:市场一定是按技术周期与情绪周期运行的。但是相同的技术周期与情绪周期,未必会走出相同的趋势结构与形态。

为什么?最根本的原因是资金供需关系与强弱不同。市场要走出强与弱的形态,是受资金驱动的,资金供需问题是市场面临的一大变数!在相同市场结构与市场情绪下,资金供需的强弱不同,必然产生强与弱的不同走势。

是什么影响着资金供需的强弱?资金供需和当时的市场环境、经济环境、政策环境,甚至是政治环境等都有关系。这些因素是动态和变化的,每一时期的这一变量都可能会不同,这就是周期不会简单重复的原因。

但这些因素不论怎么复杂,最终都体现在资金的供需关系上。只有盯住市场的资金供需关系,才能理解趋势可能的变化。

比如,市场在周期结构上进入了一个相对大的底部。在资金供需正常的情况下,大底的出现会迎来强势的上涨或大级别反弹。即趋势必定在改变,但会如何改变?如果此时市场的资金供需比较差,趋势改变的速度与形态可能就会慢和弱;如果资金供需强,改变的速度与形态可能就会快和强。

而一些非大底结构的重要反弹位置,也可能因为资金供需比较差,造成反弹的快速结束。

所以,市场资金供需的强弱对于市场趋势在关键位置的影响非常大。在做市场的技术结构和市场情绪分析时,一定要把市场资金供需的强弱考虑进去,否则就会出现刻舟求剑教条主义倾向,就可能让人误认为只要技术结构与市场情绪到位,市场就一定会大涨。市场如果没钱,什么结构与情绪都没有用!

资金的供需是市场核心的核心。没有资金的推动,市场就不可能有行情。所有的行情,都是资金推动上去的。所有的条件与因素,最终都是通过市场资金供需关系影响市场的变化。

因此,一定要关注市场资金的整体供需情况,市场资金的供需分存量和增量,而增量资金才是推动市场上涨的关键。

预判市场上涨时尤其需要关注资金的供需情况。比如,我们分析并看多市场,但是实际趋势可能并没有分析那么理想,这就需要审视市场的资金供需是不是不足,分析我们的想法是不是没有关注到资金供需的问题。如果市场主要是存量资金在博弈,存量资金本身很弱,没有更多的增量资金入场,市场的流动性一定差,整体市场行情一定不会好,就很难做。总之,资金供需状况才是市场行情的根本。

(四)政策面

前面分析过市场管理政策的影响,这里补充管理层态度对市场的影响。

通常管理层不会人为干预市场。但是当市场过热或过弱,开始影响金融体系的安全时,就会出现人为干预的情况,这种干预对市场的趋势就会产生影响。

当然,管理层的干预对于市场的影响未必是马上起效,有时需要一个过程,需要与其他因素的共振。但是,政策面的影响力是很大的,尤其是最上层下决心要影响市场时,一定要高度重视。比如:2023年7月高层发话要活跃资本市场,但市场直到2024年2月才见结构大底。因为市场的结构到了2024年2月才完成,高层喊话到市场见结构底走了快半年时间(见图1-16)。

而在2024年9月24日启动的行情,场内外资金蜂拥而入,天天成交量超万亿,这里起到重要催化剂作用的就是政策,最高管理层提振股市的决心与强大救市政策的推出,使得市场做多热情与信心得到快速恢复,此时市场已完成二次探底的过程,一波大行情就此启动。这一波行情也正是结构大底、情绪大底、政策大底、资金强度四者形成共振的结果。

图 1—16　2023 年 7 月—2024 年 9 月行情

第二章 板学逻辑

第一节　大局观

龙妖股是市场最肥、最重要的交易机会。板学是一套擒龙抓妖的交易体系，其从博弈的角度切入，理解龙妖股涨停板背后的逻辑，包含了交易的层次性、主线性、扩展性、竞争性与策略性。

以板学为基础的每一轮操作在体系上都存在以下需要思考与解决的问题：

第一，层次性。

一段短线交易在思维上一定要有层次，或者叫作打板机会分析的层次逻辑。这个层次逻辑由上至下，至少含有如下层级：

一是明白龙妖如何产生。股票交易的首要条件要懂得择时择机。这里面最重要的一条是要明白参与市场的条件是什么，市场是否存在交易机会。这个层次是对龙妖股如何产生的分析。

二是会看市场盘面变化。市场盘面如战国时期群雄混战的局面一样，每天都会有无数只涨停股与多个板块上涨，它们代表了不同资金群体在市场里的攻防交易，也反映了盘面的复杂时局。一旦投资者做出参与的判断，就必须对盘面短线市场的复杂时局要有一个清晰的理解。

三是全力聚焦炒作主线。再复杂的盘面，都一定有主线，再强势的市场都必须有领头羊。只有牢记和紧扣主线思维，聚焦市场中主流资金炒作的主线，在群雄混战的市场中才能抓住中心，抓住重点，理清时局，正确理解市场。所以，主线思维是板学交易的核心思维。

四是制定实战交易策略。看懂了市场，看懂了盘面，看清了主线，市场主流资金攻击的脉络就会非常清晰，目标就会非常明确。最重要的一个环节就是要制定围绕炒作主线的套利交易策略，有了策略逻辑，交易就有了明确的方向。

五是尊重并跟随市场走势。所有的逻辑分析与推演，最终都要落实到交易上。所以尊重和跟随市场才是交易策略的要害。再好的分析，再好的题材，都不能代替市场的真实走势。交易只能在市场走势中找答案，不能停在分析中找答案，尊重和跟随市场是交易的核心准则。

第二,主线性。

主线是观察事物的准绳。很多人面对纷繁复杂的盘面,完全不知所措,完全看不明白市场在做什么,市场当下资金流向的内在逻辑是什么,就是因为没有主线思维,主线是资金在盘面上攻防的脉络,也是理解盘面发展变化的基础。没有主线的市场,必定散沙一盘,看不到机会。有主线的市场才存在合力,才会为所有资金群体的博弈带来明确方向。

主线思维的另一个体现是在资金上。市场合力是龙妖股最重要的特征,对短线交易的理解永远要聚焦在对资金合力的理解上。市场合力是判断机会与风险,参与龙妖交易的核心条件,短线交易思维就是要无限接近主流主力资金群体的思维,短线市场主流主力资金思维的本质也是合力思维、抱团思维。所以,主线性是股市交易的核心理念。

第三,扩展性。

市场规模的逐年变化,代表了资本市场从单一性到复杂性、多元性的演化,对市场的认识也要从单一性向多元性适应和认识。在过去单一性的市场中,市场规模小,题材集中,主流集中,合力集中,板块容易出龙头。而经过扩展的市场,变得更为复杂性和多元性。市场强势时,一日之中可以出现上百只股票的涨停,同时存在主流、次主流、非主流的题材表现,也同时存在妖股、龙头和独狼股的共同上涨,让人眼花缭乱,这是扩展性及其外在体现,也是很多人对盘面迷茫的原因。但是,只要具有主线主流思维,一切都容易理解——再大的变化,也只是原有模式的一个拓展。

第四,竞争性。

市场复杂性与多元性的背后体现的是资金群体的复杂性与多元性。过去那种短线资金规模小,盘面表现单一的形式,已经不适应当今市场。现阶段的市场更多体现的是复杂性与多元性,体现的是短线资金群体在市场中的竞争性,这种竞争性最直接的体现形式就是上位机制。上位的实质是资金群体的淘汰机制。市场是走出来的,龙头板块是走出来的,龙头股与妖股也是走出来的。而"走出来的"背后含义,就是市场存在竞争上位机制。

第五,策略性。

买卖股票要有市场逻辑支撑。逻辑代表了市场的规律与概率的统计,这些统计能提高交易的胜率。所以股票交易行为绝对不是随意买卖的行为,它一定有主线逻辑。交易策略就是围绕这条主线逻辑制定抓住机会防范风险的套利行为。

一、市场机会分析

游资打板市场的机会与机构趋势股的机会有相似点,但更多体现的是区别。机构趋势股需要实实在在的指数机会。但是在游资市场,只要大船稳(指数稳,市场稳),游资就敢干。所以,游资市场的机会频率与暴利通常是机构股不能比拟的,机构股通常在牛市之中作为较大。

游资打板有两个分类。一是龙头股战法,二是超短打板术。通常以龙头股为主,超短打板为辅。龙头股战法才是板学的核心。真正在市场中能让你成功,财富倍增的,绝对不是玩好几次超短打板,吃几口小肉。而是在市场中不断捕捉像东方通信这种两个月翻数倍的大龙头。所以,板学的机会,实质是龙头股与妖股的分析机会。什么样的条件容易造龙出妖,这是板学择时择机的核心。

(一)龙妖的出生条件

什么是龙妖? 实业中的龙头股通常指行业的基本面龙头。股市中的龙妖股是指主力资金群体炒作出的强势股。所以,龙妖股只是资金博弈的产物。

在多数人眼里,连续出现几个涨停的个股就是龙妖,这样的看法对于交易毫无价值。比如连续一字涨停的庄股中航电测(300114),要吃上这种股票的肉,只能靠运气! 你要花时间研究它没有什么意义,只会浪费时间。

涨停股与龙妖股的关系是:龙妖股多以连续涨停的形式出现;但是出现连续涨停的个股未必都是龙妖股。

图2—1中,恒立实业涨停第一天,早盘大单巨量快速封死涨停,全天气势很足;第二天一字涨停,气势极强;第三天竞价拉到涨停,但开盘后却在涨停位突然放量下跌。所以,单从个股的涨停封单、形态、竞价上,很难看出高概率的上涨空间,也很难看出个股是否真的非常强势。因为它不属于龙头,所以上涨空间有限。它只是技术性的强势反弹股,这就是龙妖股与技术性涨停股的区别。图2—2是一字庄股中航电测,该股没有研究价值,因为没法参与。

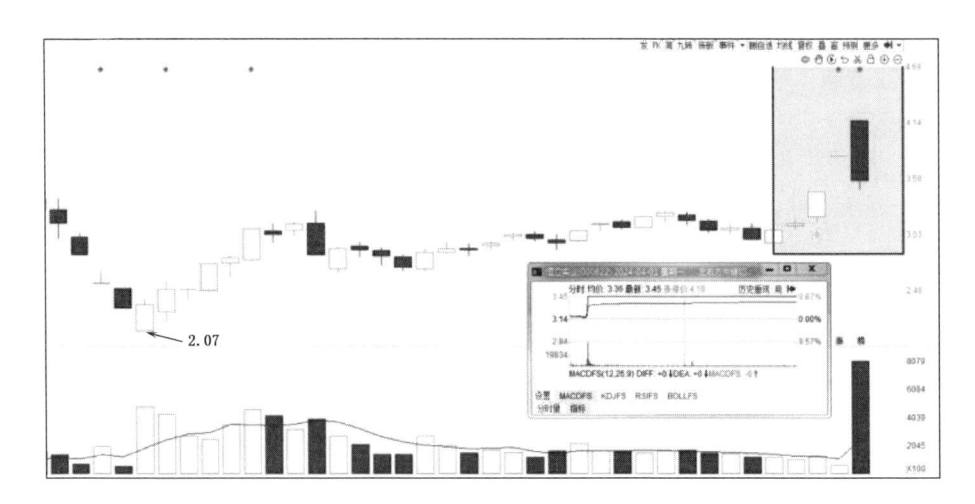

图 2-1 恒立实业走势

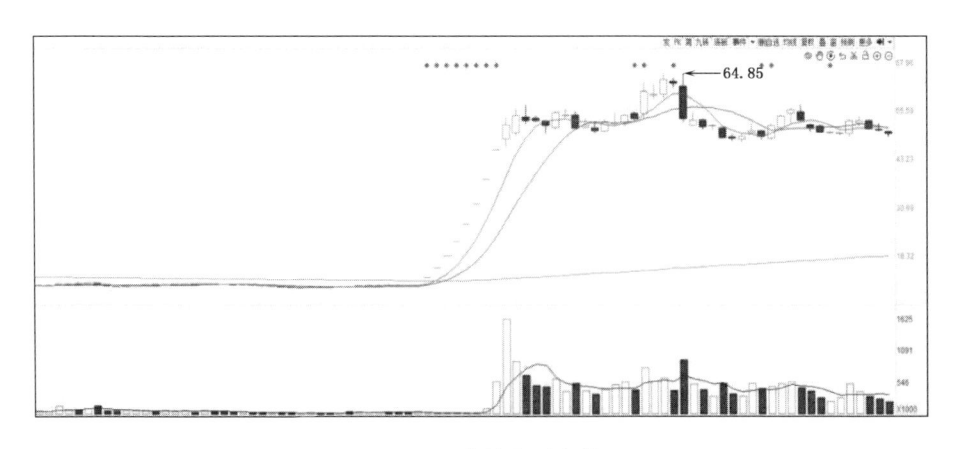

图 2-2 中航电测走势

龙妖股在本质上是强势资金抱团对市场弱势资金（或韭菜资金）最暴力的收割方式，是一种最直接最赤裸的收割行为。所以，龙妖股在暴涨之后，都是强势资金大赚，技术高手大赚，高位接盘的散户资金暴亏，每一只龙妖股最终走势都是一地鸡毛，如 10 倍牛股东方通信（见图 2-3）与四川双马（见图 2-4）。

如果你要从价值的层面、技术的层面理解龙妖，认为龙妖股涨到过 100 元，它的价值就是 100 元，龙妖股跌回了 50 元、40 元、30 元，相比 100 元就是便宜，这就大错了。一地鸡毛的股价，可以从 100 元跌向 20 元、10 元、5 元、3 元，没有什么不

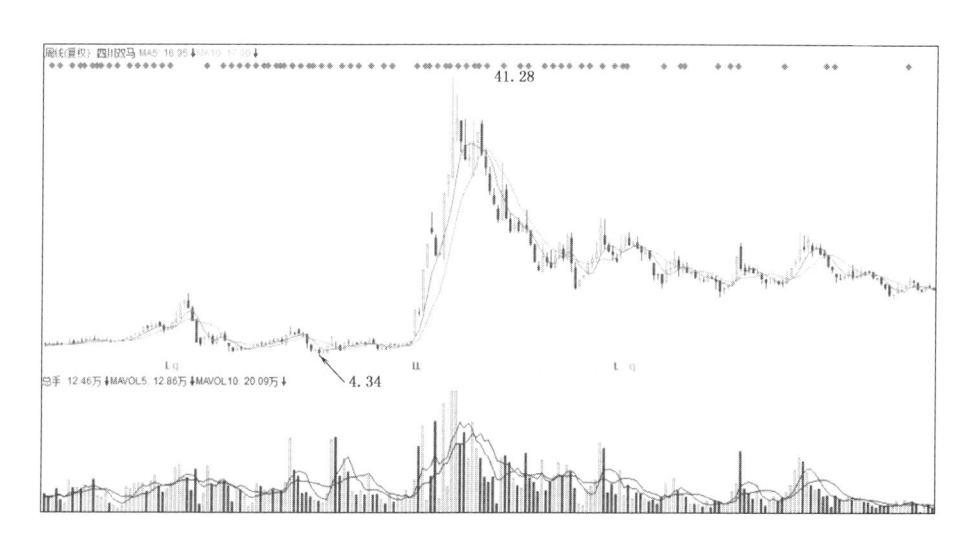

图 2—3　东方通信走势

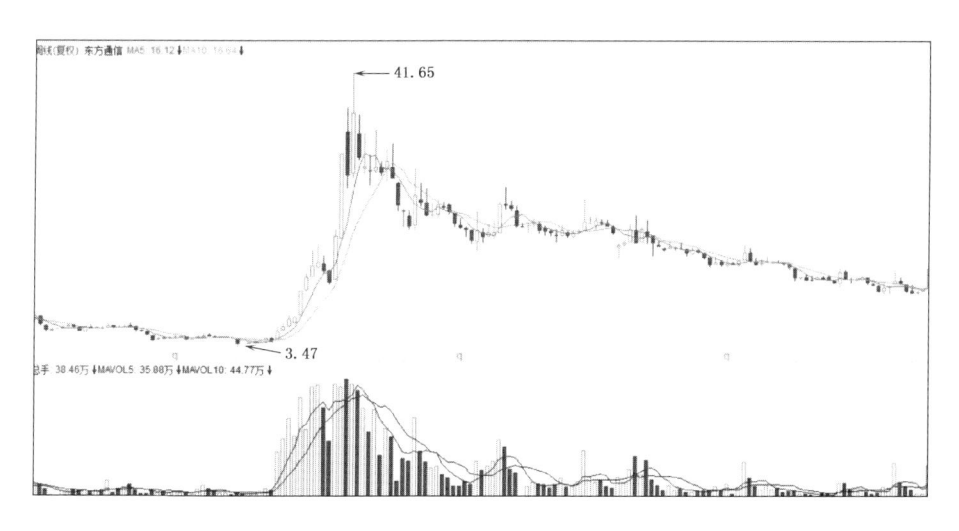

图 2—4　四川双马走势

可能的。因为龙妖股的价格都是炒作起来的，与它的基本面未必有关系。在炒作的模式里，垃圾股也能炒成龙妖股。所以，要有一双洞穿龙妖股本质的眼睛。

龙妖在本质上不是基本面的问题，也不是技术面的问题。它是一个群体博弈的利益问题，是主力群体资金利益博弈的必然与结果。

经常有一些不明其理的人在错过或卖错一只龙妖股后，捶胸顿足地认为自已错失了一只在技术面或基本面上百年不遇的好股,再也遇不上了。真没有必要,更不用那么夸张,基本面与技术面对于炒作龙头股都是表象。多数龙妖股之所以成为龙妖,只是因为博弈契机出现后偶然成为龙妖(只有少数机构龙头股与其行业地位有关)。所以,基本面与技术面并不是研究龙妖股最核心与唯一的问题。

不要掉进基本面、技术面与题材面的判断陷阱！龙妖股的产生,在本质上是强势资金抱团对市场弱势资金最暴力最直接的一种收割方式。当炒作需要基本面支撑时产生的龙头,有人会说这是价值龙、机构龙。当炒作只需要题材面支撑时产生的龙头,有人说这是情绪龙、游资龙。主力群体抱团炒作出龙妖股的根本目的是收割市场财富！是对市场弱势资金、贪婪资金的收割。在市场中越是贪婪,越是技术差,越容易成为被收割的对象,因为市场炒作是博弈行为。因此,要看清龙妖股的真容,只有从主力资金群体利益与博弈的角度才能做到。

(二)龙妖股如何产生？

明白了上面的道理,就应该清楚,龙妖股的产生,尤其是游资龙妖股的出现,不是简单的基本面与技术面的问题,而应该是主力群体如何建立最有利于自己的行情的问题。

而这些问题都和大势环境有关系。只有大势环境支撑,才能让强势资金有底气抱团布局达成目标,所以,"大势"非常重要！

大势问题就是龙妖股的大局观问题。从本质上讲,只要"大势"成立,只要"势"对了,只要市场资金的供需正常,市场就必然会出现热点,有热点就必然会产生龙头股与妖股,这是判断龙妖股的先决条件。

大势就是龙妖股的大局观。对大势的理解越深刻,投资者对龙妖股的判断就会越有信心。很多人一直在市场中苦苦探寻龙妖股应该如何分析和判断,他们对于龙妖股的分析,一直是从个股的基本面、技术面与题材面思考。为什么效果差？因为方向不对,再怎么努力也没有用。

大势为什么是龙妖股的大局观？因为只要大势成立,市场必出热点。为什么大势成立,市场必出热点？因为热点只是一种表面的现象。

热点的背后实际是强势资金群体,在市场给机会时,不会放过任何收割市场资金机会所产生的现象。市场热点的出现,实际是实现主力利益的产物与需要,是炒作的需要。

热点即行情,行情即机会。所以,只要大势成立,大势给机会,主力群体就一定不会放过制造行情收割市场财富的机会。热点就是主力资金收割市场资金的炒作现象。

故,正常情况下,只要大势成立,市场必出热点,只要有热点,就一定出龙妖,这是理解龙妖股的核心所在。

市场中大部分人都没有真正明白龙妖股是什么。成天复盘研究龙妖股的技术形态、龙妖股的竞价、龙妖股的基本面,把自己搞得精疲力竭,还是没有提升,因为认知不对,方向不对,没有抓到龙妖产生的要害!

龙妖股从来都没有自己的命运,龙妖股只是热点形成后的必然产物!它们的命运是由热点决定的,热点的命运由大势决定!而谁能在热点中成为龙妖股,多数情况下是一个偶然性的问题。因此,凡想通过个股基本面、技术面、K线与分时线提前研究这只股为什么是龙头股的思路都偏离了核心,按这种思路研究龙头股的成功率自然低。

所以,市场中只要有热点出现,就等于具备了产生龙妖股的土壤,龙妖股就一定会出现。当投资者判断大势支撑,热点出现,在热点板块中出现强势连板股与领头股时,只要市场资金供需与市场情绪正常,就可以直接建首仓干其中最强的股,这就是玩龙头股最简单、最直接、最有效的方法。该方法可称为龙妖"三板斧",它也是市场中一些职业炒手最常用的方法。

大势对了,热点现了,市场资金供需正常,板块中最强最显眼的那只股,投资者敢干大概率不会错,这叫"抓要害,打七寸"!打的是什么七寸,是利益的七寸!龙妖股是主力群体利益的需要,投资者是打在主力群体利益的需求上,上涨吃肉就是大概率!

当然,要想对龙头战法、龙头股有深入认识,想更深入地进化自己的技术,投资者需要了解和掌握的东西还很多,就不止于三板斧的关系,但核心与基础就是上面讲的这个关系。

只有把握住了这个关系,才能抓住龙头战法的根,才能大幅提升自己的交易技术!

这个方法听起来很简单,但要落地执行并不容易!

第一,龙妖股是逆人性的。玩龙妖股需要在个股启动涨停之后去接力,在1~5板的所有位置都可能存在接力试错的问题,而多数人在个股出现2个以上涨停板后都是不敢参与的,都有恐高心理。为什么会恐高?因为缺乏对龙头股产生逻辑的理解,缺乏对龙头战法的信心,没有底气。说到底就是没有龙头股的大局观,理解力没有根。

第二,大势如何分析,热点如何抓?交易的策略如何制定与执行,这几条做不好,就谈不上龙头战法的执行与落地。只知道追涨停板,只会从技术形态、成交量、涨停封单量、主观上的主力分析理解打板的问题,这是狭隘且低效的。

各个问题都需要进行可操作性的细化。尤其是大势的分析,这个"势"字是非常微妙的。

明的势容易看到,也容易理解,因为指数在涨。而暗的势,就需要经验,需要功夫。市场上明的势在出龙妖,暗的势也在出龙妖。能否看懂"势",决定你能看到多少市场的机会,决定了你有没有底气接力涨停板。所以,要真正理解透市场之"势"没有那么简单!解势、顺势、借势在股市里是一门硬功夫,是所有交易的基础。只有势理解到位了,玩龙妖才能抓到核心,才敢大胆接力追板。这是很多人玩了多年所谓涨停战法仍然不能精进的原因。

一言以蔽之:"势"是理解龙头学的根基。势就是龙头学的"道",离道修术难成器。以道驭术,术可成!想要龙头学精进,就需要在实战中更精微地理解势、总结势、把握势。把顺势、借势的功夫做足。

(三)龙头股与妖股的区别

龙头股,一听就知道是老大的意思,说明它有团体属性(板块属性),它的下面有一群小弟。它是对小弟有影响的股,是这个团体(题材板块)的精神领袖。它的涨跌会直接影响这个板块及个股走势的强弱。

龙头股在称谓上又有总龙与分支龙的区别。总龙就是市场龙,是对整个市场有影响的龙头。当市场龙衰退,而没有新的市场龙上位成总龙,基本上就表明市场的这一轮炒作行情进入尾声,进入炒作的情绪退潮阶段,赚亏效应的转换阶段。分支龙又称板块龙,是对一个板块有影响的龙头。同样,当板块龙衰退,而没有新龙上位成板块龙,基本上这个板块的炒作行情就会进入尾声。

市场龙是由板块龙在竞争中走出来的,板块龙也可能最后走成特立独行的妖股。在比较强势的市场中,会出现市场龙、多个板块龙、妖股共存的情况。这和市场的强度与市场资金的供需情况有关系。

一个比较强的、资金供需足的市场,必然会出现炒作主力群体向多方位同时炒作的情况,大家为了各自的利益,选择最有利于自己的位置,进入多条线、多个板块炒作。最强的炒作题材成为主线,出现总龙与分支龙的大涨,个别股票在强烈的炒作情绪中走成妖股,这类百花齐放的情况多数是在牛市或大牛市才有。

如果市场的强度和市场资金的供需情况不太好,市场的交易环境会很差。在这种市场没有太多钱的环境下,通常只能出现结构性的机会,有限的资金群体只能集中选择个别的板块炒作,争取炒出板块龙或一只妖股,而这是股市的常态,尤其在熊市与调整市场中。市场没钱,自然只能选择几个题材板块或行业板块炒作,甚至只能选择一个题材板块或行业板块炒作。所以,股市的问题,分析到最后都是钱的问题,有多大的钱就办多大的事。这么一讲,对于看似复杂的市场盘面的理解,是不是一下就清晰了?

妖股是什么?妖股是一种特立独行的个股。妖股和板块与团体没有关系,它只是走自己的路。为什么要走特立独行的路?还不是因为市场没有钱。市场钱充足,就能炒作整体市场;炒不起整体市场,就会炒板块市场;板块市场也炒不动,那就只有集中炒个股,妖股就这样产生了!

所以,特立独行的背后实际是市场环境差,市场资金供需缺乏。

市场通常讲"乱世出妖"。股市里的"乱世",就是交易环境极差的市场,就是没钱的市场,只能出妖,出不了龙。所以,妖股最容易发生在市场极度下跌之后的情绪期。

比如在熊市持续暴跌之后,或是市场处于下行调整市的持续下跌之后。空方的力量得到了充分宣泄并出现了短暂的休息,因市场的情绪极度压抑,空方这个短暂的休息期就会迎来市场多头的反抗,出现反弹。但是因为市场的下行性质没有变,市场缺钱,多方就会选择某只个股作为情绪极度压抑后的宣泄口,一只大妖就这样产生了。

那么,哪只股会成妖股是主力计划的吗?答案是:它实际也是在资金的博弈中走出来的。

比如,2015年大熊市后的特力A(如图2—5所示),2018年底熊末市场企稳后的恒立实业(如图2—6所示),还有2024年9月的保利电气等,涨出了数倍的空间,财气冲天。

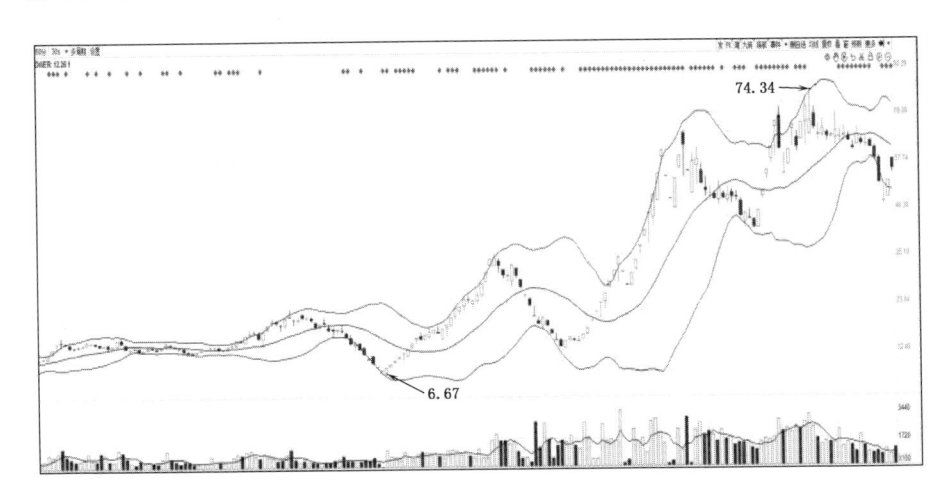

图2—5　2015年大熊市后的特力A走势

妖股是提前计划的吗?肯定不是。龙妖股的产生具有偶然性,这就是玩龙妖股需要采取接力模式的原因。

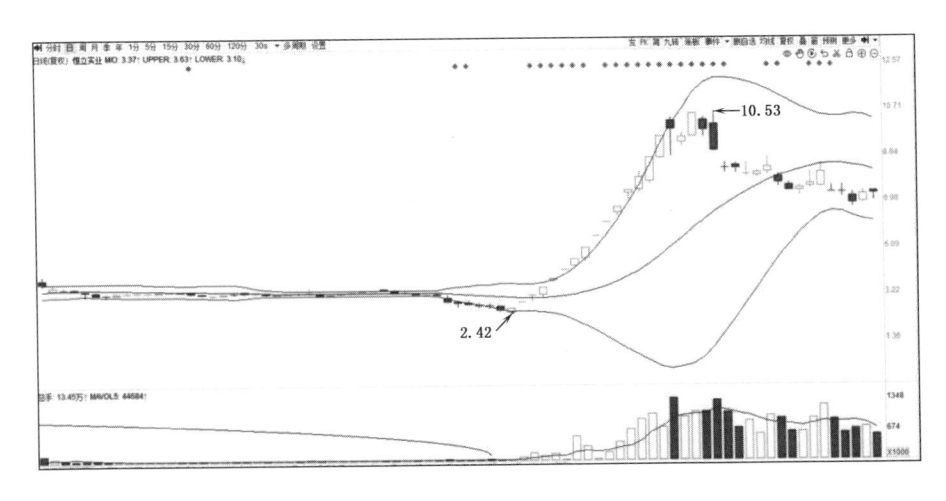

图2—6　2018年底企稳的恒立实业

按资金的性质,龙头股可分为机构龙头和游资龙头。机构龙头是由机构资金推动的龙头,游资龙头则是由游资资金推动的龙头。

图2-7是机构龙头宁德时代,机构龙头很少会以连续涨停的方式上涨。

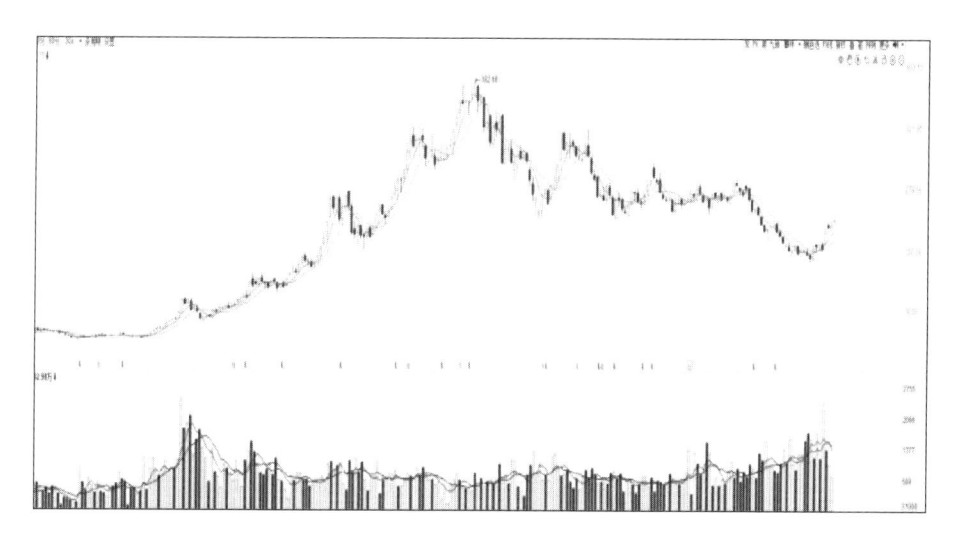

图2-7　机构龙头宁德时代走势

机构推动炒作的龙头股通常市值相对大,需要基本面支撑,通常属于政策扶持的热点行业,或处于业绩大复苏的行业。因为推动行情所需的资金需求大,所以机构龙头出现的市场条件高,通常在牛市或市场出现大级别的底部中继反弹行情时,机构龙头才容易产生。因此,在熊市中,在大的调整市场中,机构股的机会是比较少的,很少会出现机构龙头。

近年来,机构龙出现比较多的时间段是2019—2022年的强势市场,出现了白酒、新能源等多个热点板块,炒作出多只机构龙头股。2019年到2022年这种跨年级别的大牛市中的机构龙头,通常也会出现跨年级别的大涨。比如,宁德时代(300750)涨了2年,股价就从33元涨到了380元。因此,机构龙头又称趋势龙,走的往往是中长线行情,上涨的过程中,很少会出现以连续涨停的方式上涨,整体趋势往往会出现周线级别波浪结构的上涨。因此,对于机构龙头要理解其产生的条件。

图2-8是游资龙头西安饮食,游资龙头多以连续涨停的方式暴涨。

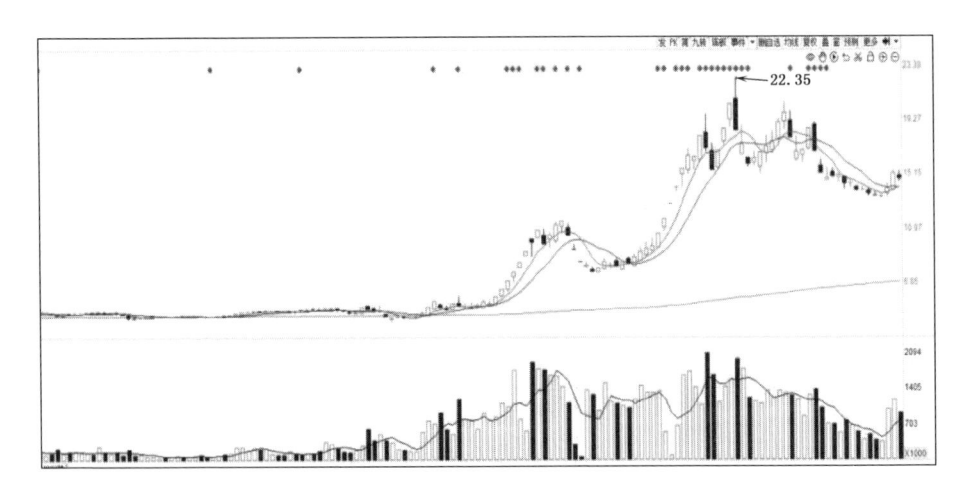

图 2—8　西安饮食走势

游资龙头就不一样。我们经常讲,只要"市场稳,游资就敢干"。多数时间市场中出现的都是游资龙头,炒作的条件比较宽松,不管是在牛市、熊市中,还是在调整市场中,只要市场的环境短期稳定,就会出现炒作。游资的资金规模有限,游资龙头炒作的标的以中小市值个股为主,小市值的个股需要炒作的资金少,也容易炒翻倍。通过复盘就可以发现,凡是在短期内炒出数倍空间的个股,基本是小市值股。比如捷荣技术、艾艾精工等。

游资炒作的个股在时间上基本属于短线股,在形态上则可分为两类,即一波流上涨或波浪式上涨。一波流是指一波涨到顶,波浪式是指走五浪的上升结构。

妖股基本是游资炒作而成,多数市值小,多呈现一波流式的大涨。

当然,游资龙妖股的市值也并非越小越好,太小了容不下多少资金,不利于吸筹和出货,也不利于多方资金形成合力。个股流通市值在 20 亿元以上的较适合。但是,如果市场的环境好,资金充足,有更大市值的个股,那么中等市值的个股也能被选中炒作,出现机游混动的现象。个股炒作市值的选择问题与炒作环境和炒作资金的实力是有关系的。

(四)龙妖股的参与方式

通过对龙头股产生路径的分析,我们可以明白玩潜伏很难上龙头且龙头必须接力去玩的原因。

在热点板块的个股中,市场会选中谁成为龙妖股,是带有一定的偶然性的。我们说龙头是走出来的,因为龙头本身是资金群体博弈的结果,是多路资金博弈竞争中的优胜者,投资者要提前潜伏与预判龙妖股只有靠运气。市场主力群体中不同的实力资金会选择热点板块中的多只个股去点火,哪一只最终会走成龙头是不能完全确定的。所以,参与龙头股最好的方法是接力。

接力就是在强势个股已经启动上涨时或上涨后参与,龙头股参与的位置可以在1~5板内。这需要根据环境来具体分析,也要看个人的理解力。很多人想玩龙头,又不敢去接力,就会转而去研究如何潜伏龙头股。结果可想而知——方向错了,效果也就注定不会好。

接力的最大障碍,表面上是心理问题,实际上是对龙头学的理解力问题。很多人觉得自己玩股票敢上就是心理强大,这种假强大毫无意义,真正的强大来自对市场、对模式深刻而正确的理解力。否则胆越大,理解力越差,亏损也就会更快!

接力模式的有效性在于,它是在市场的选择中做选择,准确性与概率相比潜伏就高很多。

二、看懂盘面时局

三十年来股市一直在变化,其中最大的变化就是规模越来越大,参与的资金越来越多,参与资金的类型、性格越来越多元化,国家的重视程度也越来越高。所以,目前的股市和五年、十年前不能同日而语。过去股市的盘面相对单一,题材炒作比较集中,懂板学的人、参与打板的人没有当下这么多,很多人崇尚的还是价值投资下的长线是金、短线是银。所以,过去打板的盘面相对要单一些。

很多投资者对于过去成功的大佬们超短打板的理念都很熟悉,学习很深。但是,一到现在的市场就发现适应不了,似乎盘面的情况超出了大佬们的文字,那些经典的理念似乎没有了用武之地。实际上,市场的本质并没有大的变化,一切仍是围绕市场合力做文章。但是,因为市场大了,林子里的鸟儿更多了,合力的表现形式多样化了,让投资者摸不清东南西北!如果连盘面都看不清楚,那么只有讲运气了!市场里每天都有十多只甚至几十只股票涨停,在不少人眼里这些涨停股的区别,只是形态的不同,并没有发现其他的关联。

因此,学会看明白盘面的格局,就甚为重要。

(一)认识盘面的背景与格局

虽然市场规模一直在扩大,但变化的只是参与资金的体量与类型。这种变化带来的影响在于:

一是当市场强势时市场中一个题材肯定是满足不了全部资金的需要。一方面是不可能所有短线资金装进一个题材板块,单一题材板块的容量终有限;另一方面是没有好的位置,其他资金也不会玩这个题材,不如重新挖掘一个题材并找好的位置去做。

二是资金群体的扩大,理解力与风格自然会出现百花齐放的格局。不同的市场理解力会形成不同的风格,那么选择的目标也就会多样化。

所以,在每一天的市场中,你都会发现无数的涨停板出现,很多题材在里面轮动展现。其实,从盘面上而言,并没有太新鲜的东西。

那么,当每天面对无数只股票涨停的局面时,应该如何思考和分析盘面?核心还是在理解市场合力、理解领头羊上。

盘面分析的前提是懂择时择机,有了市场机会,盘面的分析才有价值。如果周期不对,市场上虽然有不少涨停股票,但是因为缺乏主线合力,这种涨停场面实际是没有操作价值的,因为合力太差,资金狙击路线会很杂乱。但是,如果有参与价值的机会出现,投资者把握了以下几个要素,就能清楚地认识盘面。

先要明白领头羊效应是一种自然规则。

有序高效的行动往往是在领头羊的带领下实现的,不论是动物的迁徙(比如大雁),还是人类的各种行动,都必须有带头人。带头人就是主线,有了主线,事物的发展才会有方向、目标和力量。

所以,任何有效市场的盘面,必须有一条主线,让资金最集中,最受关注,最影响人气。因此,在看盘时不论有多少只股票涨停,投资者只需要按照影响力分类,抓住影响力最大的两只入口就行,而完全不需要面面俱到。

比如,某日在市场上出现了 80 多只个股涨停,那么盘面上最强的题材是 OLED,这是当日的主流题材,其次是次主流 5G 题材,新跑出的是芯片题材,这是从板块入手看分析口。另一个分析口是个股,市场当日的高标股是 6 板银星能源,其次是 5G 的龙头东方通信 3 板,卡位龙佳力图 3 板,独狼四环生物 3 板。而主流题材 OLED 进入 2 板位,板块龙的位置尚在竞争中,前排最强的二板股是国风塑业、维信诺、领益智造等。当日新出的芯片题材前排卡位股是友讯达,前排助攻是四维图新、力源信息,这就是当天盘面的格局,而其他的近 30 只不同题材的涨停板个股完全可以无视。

有了这个定位,盘面的格局就很清晰了!

这个盘面的格局要体现的是什么信息?就是短线交易的核心:市场合力与合力分支。

短线市场关心的不是公司的基本面,而是短线资金在市场中的情绪合力,合力才是短线模式的钱!

由于资金规模变化,资金群体的多样化,合力在盘面上的表现形式也呈多样化,呈现出一条主线、多条分线的格局。

比如上面的情况,合力的主线就是主流板块 OLED,而多个分支合力,表现在妖股银星能源,次主流的 5G 东方通信,还有新题材芯片板块及独狼股四环生物上。它们构成了当日整体市场的合力格局,也体现了短线资金群体交易的多元性。以上交易的成功都离不开"一主线,多分支"的合力形式。

所以,观察盘面,把当下合力的特征搞明白,立足于最强合力这个切入口,按主流、次主流、新题材、非主流、主流龙头股、次主流龙头股、新题材前排股、妖股、独狼股的类型去划分,盘面的格局就出来了。

盘面格局的凸显有助于我们把这个盘面看清楚,但这只是一天市场合力的一个静态特征。事实上,市场合力的变化是动态的,不是固定的。因为市场上所有的短线群体资金,都希望自己的题材成为主线合力,而市场散户资金群体对于题材的认识也不一样,模式要点也不一同,加上市场信息也是在变化的。所以,市场合力受不同的市场情绪影响也会不断变化,学会动态地看待市场,才能真正理解盘面。

(二)认识合力在市场中的动态变化

市场合力不仅有强弱的动态变化,还有分流的动态变化。强弱的动态变化主要反映在市场资金的强弱与周期性上,而分流的动态变化主要反映在板块与板块、个股与个股资金分流的变化上。而这种变化每天都在市场中发生,所以对市场的观察一定要灵活，一定要动态。

而这种合力的变化会导致主流板块、次主流板块与非主流板块位置的变化，会导致强势股位置的变化，这就是市场。这个变化关系看似复杂，其实有其分析的要点。市场要的是资金，资金就是合力。只要市场资金足，合力就没有问题。所以，资金足的短线市场可以完全看情绪，情绪是操盘的风向标。

这种动态变化的要点就在于合力具有上位淘汰的竞争机制。这种机制体现在每天盘面的板块与板块、板块间的龙头、板块内的个股都受其制约和影响。理解淘汰上位机制对于理解板学、理解龙头股、理解龙妖股是走出来的这种关系至关重要。利益和合力是正相关的。合力也代表了利益，市场的最强合力代表了短线的最大利益。这就是市场会出现竞争上位淘汰机制的原因。

不论是板块与板块之间，还是板块龙头股与龙头股之间、板块内强势股与强势股之间，都在产生竞争，所有资金群体都希望自己的股票上位成王。

这种上位体现在，各板块会争相竞争成为主流题材板块，而次主流题材板块或分支板块完全有可能在主流板块走弱后卡位上位主流。同样，龙头股有板块龙头股和市场总龙股之分，各板块龙头股之间也存在竞争上位总龙头和妖股的关系。而在板块内部，同样存在这种竞争关系，谁要想成为板块龙头股也需要在板块内部一板一板地竞争上位。

所以，市场有一句老话：龙头是走出来的。实际上市场中的一切都是走出来的。理解了这种关系，就能明白在市场中不能教条认死理。比如，认为主流板块不会变，龙头就不会变！这种认识是错误的。对合力的理解一定要有动态思维！

下面详细解释一下这个关系。

比如某天的主流题材是 A 板块，市场还可能存在次主流板块 B、新题材板块 C 和非主流板块 D、E、F 等。但是这些板块不是同一个时间一起出现的。比如 A 可能已经存在一周了，已经走出了五板的市场总龙股。而 B 出现了三天，有了三板股，那么如果 A 在五板之后走弱，就可能被三板的 B 代替；也可能存在被刚开始一板的新题材 C 板块代替。一旦发生这种代替，市场的合力就发生变化，资金也就发生了变化——资金会从 A 流向 B 或 C，强化 B 或 C 的合力，降低 A 的合力。当然 B 如果不能上位 A，也存在被 C 或其他新出现的题材代替。因为每天都有新题材C出现,每天的C都不一样,都可能成为A和B的竞争者。

而这些替代的关系,都是对主流与次主流位置的竞争,并不复杂,市场每天都会给出答案,让投资者明白谁是A、B、C。当然不同的题材因为级别和周期环境的不同,其在A位置的作为也会有区别,就像不同人当领导的能力与功绩有区别一样。有的主流板块赚钱效应比较强,对市场的影响力也大,有的可能就弱一些。

同样,市场总龙头股也是一样的,没有哪一个龙头股是一下子就上位的,至少要走到5板才有竞争总龙头的资格,这个关系和上面也有关联。

在板块的竞争关系中,可能存在市场同时出现多个板块龙头在4板与5板的位置,它们会成为市场总龙头和妖股的竞争上位者。谁能上位,取决于市场的选择,而不是单一的基本面的关系。最先强势突破6板的股,自然就有可能从板块龙的位置坐上市场总龙头的位置。如果板块龙头突破上位了,是不是代表它的板块仍是或可以成为主流题材板块呢?这也不是一对一的关系。突破6板的股会有三个选择:一是在弱势行情中成龙后就代表见顶了;二是再向上走出大龙头股的行情,那么它所在的板块仍会在主流板块的位置;三是摆脱了板块的影响走向妖股的独立行情,这个题材板块就隐退了,和主流没有关系了。

典型的例子如2019年2月下旬的银星能源。银星能源突破5板进入6板之后上位为市场的情绪妖股,其之前代表的光伏风电题材板块就隐退了,而新出现的题材OLED在次日上位成为市场主流题材。所以,妖股与主流题材不一定要关联。OLED板块是取代5G板块成为主流的,5G因为东方通信的存在降为次主流板块。后来东方通信的持续强势超出预期,其具有5G和老妖题材复合属性,东方通信后面从板块龙走出,上位为市场总龙头,又带活了5G板块和其他老龙板块走向强势,这背后的逻辑,其实都是源于利益关系以及炒作的需要。

市场中还有一类股票在强势市场中会走出独立的行情,这类股票被称为独狼股。独狼股没有龙和妖的位置,但是赚钱效应也不错,它的最大特点是通过持续大换手上去的。独狼股通常是从一个日内热点题材的活口走出来的,比如风范股份和四环生物。风范股份的第一板属于特高压板块,当日此板块作为新题材出现,板块内有10多只股涨停,而次日仅有风范股份一只连板,其他全部熄火,然后风范股份开始独狼之旅,走出了10板,而且还由独狼股走成妖股。同样,四环生物的第一板属于医药板块,当日此板块作为新题材出现,板块内有近10只股涨停,而次日仅有四环生物一只连板,其他全部熄火,然后四环生物开始独狼之旅,走出了5板。当然独狼的走势与龙头股一样,是和时机有关系的。

同样,板块龙也是由板块内个股的竞争走出来的,也就是一板一板地竞争出来的,绝对不是一开始设计好的。短线市场合力的特点在于主力是一个群体,甚至互不相识的群体,所以龙妖的走势,只能由市场决定。

正因这个特点的存在,决定了龙头股战法的要义就在于不断跟随,即从试错开始不断跟随强势股走上龙头位。

整个板学市场的盘面就是如此,以合力为基础,具有主流、次主流、新题材、非主流的结构性特点,还具有总龙头、妖股、各板块龙头、独狼股的结构特点。

市场短线资金群体都非常明白抱团炒作形成整体市场合力的重要性,同时又会各自为政炒作自己所在分支,参与市场主流合力位置的竞争。而各合力板块龙头股与高标个股的位置在市场中也是动态变化的,竞争从未停止。

三、紧扣主线主流

短线市场极其重视主线与主流思维,因为主流代表了市场的最强合力,它是市场的情绪标杆。而打板或玩短线的核心之一,就是要紧跟主流短线资金或主流市场资金(整体市场)——主流资金流向哪里,哪里就是合力,哪里就有钱。板学市场是股市风口论的缩小版和精华版。在股市中,尤其是在打板市场,只有具有主线思维才能看懂市场。

什么是主流?主流就是市场的最强合力。主流的特点有两个必要条件,即强势性和持续性。强势性表现为涨停股的数量,而持续性是板块走出持续连块个股的情况。

连续性极为重要,没有连续性的强势就是一日游。这个在盘面上经常出现,比如上面提到的每天出现的新题材板块C,大多会出现一日游,很多题材出现当日的情况很火爆,可以理解为当日的强度好,板块内都有10多只股票涨停。但是,第二日这些题材只有一两只出现连板,题材基本熄火。这种现象让很多玩打板的投资者完全看不懂。看到这个题材 10 多只股票涨停就急了,当天如果满仓位打板次日吃面的概率就高了。

所以,绝对不能以一个题材第一板位有多少只个股涨停作为评估热点的依据。而是一定要看题材的持续性,这也是"热点是走出来的"的含义。

第一板位再强的板块也不可能保证一定能走出第二板的持续性,必须要等走出来才能确认。同样,一个题材一旦走成主流热点或次主流热点,它又会反过来体现持续性的特点,在发展过程中不会轻易被其他板块替代,而且会自我强化。因为,市场需要的实际是人气,而不是题材。一个题材已经有了人气,资金群体通常不会放弃。

这就带出两个问题。一是题材板块一日的强度是不能说明问题的,必须持续观察次日走势,只有能走出来才能成为热点。二是一定要围绕市场热点持续性好的板块做,追板的本质是追市场最强合力。

主流板块代表的是板块资金的最强合力,市场总龙头和妖股代表的是个股资金的最强合力,各种合力组成了市场合力的方向。

而最强代表的意思就是最安全和最赚钱。因此,玩板学,要么追最强的板块,要么追最强的个股,这是板学的首要策略。当然追最强板块也是追板块中的最强股。所以,主流、龙头在板学交易的操盘中占据核心地位。

下面的几个例子说明为什么一定要聚焦主流板块和龙妖股。

第一,不打主流或次主流的板块。

某日的主流板块是 5G,新出题材是猪肉,次主流是光伏风电,另外还有超跌反弹、业绩预增等几十只其他题材的个股涨停,涨停板数超 80 只。当日的最强合力:一是 5G,其龙头是东方通信;二是次主流题材光伏风电,其龙头是银星能源;三是新题材猪肉。其他都是非主流板块,如果当日参与 5G 或风电板块。次日的情况是:5G 板块有 3 只出现连板,光伏风电板块有 5 只出现连板。而新题材的猪肉题材全熄火,其他非主流题材连板量非常少。

参与打板的目标是希望打到次日连板的个股。所以,如果不参与主流或非主流的板块,去参与别的非主流题材,次日连板的概率是很小的。

而在次日新题材 OLED 出现,市场给予了很大的期望,其强度非常足,有 30 多只股涨停,有抢夺 5G 板块主流之势,会不会呢? 只有后一日的走势能给答案。后面OLED热点持续,出现多个二连板和一板股。在一板位的次日出现多只二连板+一板的结构是题材持续成为热点的标志。代表OLED正式抢了5G的风头成为主流,5G降为次主流,光伏风电降为非主流,板块地位在竞争中发生了动态的改变。所以,如果不能聚焦主线合力,打在主流与次主流的板块上,吃肉的概率降低,吃面的概率增加。

第二,不打主流与次主流板块中的龙头股。

是不是打到主流板块就打在了合力上?这个理解还不完全。必须打到板块的龙头股上才能有大肉吃!如果不是打在龙头股上呢?主流板块5G某日有10只涨停,但是在次日只有3只连板,打到其他股虽有肉(没有涨停),也只能是吃小肉,基本在次日就结束了。而龙头股东方通信最后走成了翻倍大牛股。所以,打了主流板块或次主流板块,但是没有打到龙头种子股或龙头股,其结果的差别是非常大的。

这也是强调板学是龙头学,是以龙头战法为核心,必须坚持主流与龙头股的原因。

总之,对于板学而言,最核心的理念就是合力,合力具有主、次、非之分,聚焦最主流、聚焦龙头任何时间都是首要的策略。龙头股与妖股的合力,也代表了市场的最大溢价。而它们的好处还不止于此,除了最赚钱,还会最安全,因为龙头股的合力通常在其他小弟散后,最后才散。

四、制定交易策略

交易策略涉及的不仅是分析,还有实战思维和选股的逻辑。任何交易缺乏逻辑支撑都是没有基础的,逻辑是建立在市场规律与概率之上的。所以,一定要把板学交易的策略逻辑想明白。而对交易策略的理解,应先从板块切入,再到整体市场。

(一)理解板块内龙头的竞争与互助关系

任何一只龙头的命运都不会是一开始就注定的,而是一板一板地在板块内经历淘汰最后竞争出来的,这是理解龙头股和龙头股战法很重要的一条。所以,在谈论一个热点板块时,一定要清楚一个板块成为热点的演化过程。一个板块其实就是一个小的市场,板块要成为热点必须具有两个特征:一个是强势,另一个是持续性。而这个持续性的一个典型特点就是板块内一开始必须持续出现连板的股票。所以,对一个板块在市场中从点火、发酵再进入高潮的过程,可以按"板"来阐述。

第一板,啥也看不出来。

一个题材板块出现第一板时,通常称为点火,这个板块可能一下会出现很多涨停股,7个、10个、20个都有可能,体现了当天的强度。那么在第一板中,谁会是持续性最强的合力？有人知道吗？这是不可能的,我们可以看到当日的涨停股在分时上有一些比较强,但是没有谁知道次日会发生什么,也不会知道哪一只股在次日的持续性最强。

第二板,现龙种子。

板块二板的位置对于一个板块非常重要！不管在第一板位多强势,如果不能走到二板,这个题材就不具有持续性,就夭折了。那么一个题材走到二板位的表现是什么？至少在板块的二板位置中有3只以上的个股出现了二连板,然后还有一帮一板的小弟出现。所以,二板位置像一座桥,通向持续性的桥。过不了二板位,这个题材就断了,就是一日游。而如果过了二板位置,说明题材板块成为热点的持续性已经续上了,所以能够出现二连板的个股承担了引领题材板块向上走的重任,它们是点火后的优胜者,它们的出现让题材在市场起了发酵的作用。所以,在题材板块内能够二连板的个股就具有了成为板块龙头种子的征兆,可以说它们是板块竞争的第一批优胜者,将承担带领板块继续深入的作用。那么谁最有头号龙头相？二板的个股中仍然看不出。

第三板,现龙头相。

这里所讲的龙头是指板块内的龙头相,即板块龙。为什么说三板现出龙头相？对于一个热点板块而言,板的位置越往上,龙头股的竞争性会越强,板块内的资金会越集中。所以三板的位置常常是板块内的一个分水岭,会成为三板竞争弱者的顶部。合力不够的二板股,基本就在三板退出了,那么这时经过淘汰,从二板进三板的优胜者已经屈指可数,也许3只,也许2只。总之,在进入三板之后,它们实际已经成为板块内的高标股以及情绪标杆,板块内的龙头将在它们中产生。

第四板和第五板。

一个题材板块走到四板的位置，通常已经走成热点板块。第四板和第五板的位置，实际上已经成为一个正常热点板块顶部。所以，板块内的个股走到四板的位置时，实际上已经可以确认谁是板块龙头了。在一个板块内能走到四板的只有1～2只，能走到五板的就是真正的板块龙头，经过市场的反复淘汰走成了小龙(板块龙)。所以在正常的情况下，五板上下的位置将是板块龙的顶。

很多人不明白龙头股是走出来的原因，上文清晰地向大家说明了这个过程。

那板块内的个股是不是只存在竞争的关系呢？显然不是，它们中的强势股之间、强势股与小弟们之间既有竞争的关系，更有合力互助的关系。

一个板块内正是因为有高标股存在的人气，才能吸引市场的资金，强化板块的合力，让板块走得更远。所以小弟们需要龙头股的存在，只要板块内的龙头股不倒，资金就会不断地挖掘题材内的补涨股，不停有小弟存在套利的机会。同样，龙头股的存在与发展，又是板块内的小弟们卡位、助攻保护上去的。

所谓卡位，就是板块内的高标股走向龙头股的过程中，先于龙头股涨停的个股。这种股的作用好似先锋，它为龙头股的涨停先去扫清障碍和探路，有的又称其为龙头股挡刀。

如果这个卡位的小弟涨停后，封板很稳，没有破板，就会给后面做龙头的资金很大的信心，也会吸引市场资金的关注。前面有人探路成功，龙头股的涨停就会变得容易。如果前锋封板失败，说明情绪不对，龙头股的资金可能就会松动，就需要调整对策了。

助攻的可以是在卡位股之后涨停的个股，也可以是龙头股涨停之后的个股，它们的作用就是通过自己的涨停，让龙头股在涨停位封得更死、更稳，为龙头股封板提供助力。有小弟们的维护和贡献，龙头股的地位才会稳固。所以，市场有一种说法，龙头的溢价是小弟给的。

除了卡位、助攻外，还有一种板块内的跟风股。大家看板块趋势出现一致性时，涨停的个股最多，为什么这些涨停的个股很多都会是一日游？因为它们是跟风股。跟风股实际也帮助提升了人气，但是对于跟风股在交易上要回避。所谓跟风，其实就是信心和实力不足。看到龙头老大封板很稳了，情绪不错，不少资金挖掘一个补涨实现隔日套利，这种股票想一想也明白，如果你是里面的资金会有信心在次日持股或打涨停吗？显然不可能，本来就是跟风的，吃一口就赶紧跑！

所以，一个板块就像一个团队，它们需要内部竞争出能带团队走得最远的强者，同时也需要一起维护整体团队的合力。龙头股是团队的灵魂，而团队成员也是龙头股的保障。如果没有了龙头，就没有了方向，合力就散了。而没有了团队成员，龙头也就失去了支撑。

上面是一个板块标准的竞争与互助的关系。但实际情况会有一些不同的变化，比如可能龙头股的竞争很单一，一只个股从二板开始就已经鹤立鸡群了；也可能市场很强，资金足人气足，到四板位置的个股也很多，都还没有确认龙头。但不管如何不同，上面的根本关系是不会变的，变的只会是表象。

(二)理解市场内总龙头的竞争与互助关系

实际的市场中，尤其强势市场中，会存在无数的题材板块。同一个阶段(或时期)，会出现多板块的共同竞争，就有可能有多个题材板块的龙头走到四板、五板的位置。如果市场的情绪还很强，就有可能走出市场的总龙头。所以，五板一般是一个分界线。

这个分界线的含义有两层：第一层，很多板块龙走到这里就见顶了。第二层，如果市场情绪很强，就有可能出现市场总龙头与妖股。

而板块龙走到五板将是参与市场总龙头或妖股竞争的一个位置。五板下来了就是板块顶，而五板上去了可能就要上位市场总龙头或妖股了。所以，五板是各板块龙竞争上位市场龙的重要竞争板位，也是市场情绪亢奋的一个分歧点。

从概念上讲，五板之内尚属理智化，五板之上就是完全情绪化。所谓理智化，就是在五板的竞争中，还可以理性地分析。但是当个股超过五板达到六板之后，就不存在理性分析的问题，而是完全看市场的情绪了。如果市场的情绪高亢，龙头就进入了新的空间！所以，各板块内突破五板进六板的股，通常已经有了大龙和大妖之气，而一旦突破七板，龙气或妖气尽显，再干到十板以上也不是没有可能，完全看市场的情绪和管理层态度！

那么同样的，前面讲的是板块龙之间的竞争上位关系！除了竞争上位关系外，它们也具有互助的关系。市场上的龙一、龙二、龙三之间既有竞争，也有互助。因为它们共同的利益是绑在一起的，就是那一阶段的市场合力。作为总龙头的它们将决定和影响市场的情绪与合力的变化。所以，龙头在、人气在、市场在，龙二、龙三可以跟随龙头向前走。如果龙大出问题，龙二、龙三也跑不了，除非龙二、龙三能卡位上位总龙头。而龙二与龙三的强势，也会助力龙大更稳。同样，妖股与龙头也是一样的关系。它们的共存都是市场合力的体现。大龙头可以为妖股续命，妖股也可以助大龙头走得更远，因为它们的存在与强势直接关系市场的情绪和人气。

总之，对于竞争与互助的关系，最重要的是把握住核心：市场合力是大家利益存在的基础，而竞争又是为了各自利益的需要。这种竞争与互助关系的存在让市场具有了活力，更能吸引人气。但是要获得最大利益，投资者必须选择站在主线一方参与。

要更好地理解竞争与互助的关系，还要在把握核心的基础上学会联想，学会把社会关系中类似的关系联想到股市中。

总龙头之间竞争的问题，有时走到后面大龙头和大妖股之间也会竞争最强合力。比如，2019年1月的通产丽星和东方通信走到后面的竞争就比较强，在这个竞争的盘面上，有时会出现两者盘中走势都有些弱，这时某小弟会突然卡位，助攻自己的团队老大。如果是东方通信的小弟先涨停助攻，那么东方通信在盘中的力量就可能更强。如果两者是在争夺市场总情绪王的位置，东方通信涨停后的强盛就会影响通产丽星的资金的合力，分流或吸出通产丽星的资金，出现通产丽星破板等情况。在市场资金面不是非常足的情况下，盘中强者对竞争者的资金是有虹吸效应的。而在龙头之间的竞争中，小弟们会承担为自己的龙头在参与市场中卡位挡刀或助攻等工作。以上问题看似复杂，其实道理是很简单的。

在市场资金的竞争中除了竞争与互助这层关系外，要看明白盘面，还有一个关系需要明确：主流短线主力资金最终都会选择往市场最强合力上靠，这就是强者胜出时，会对竞争者产生虹吸效应的原因。对于所有资金群体来说最大利益的达成离不开参与市场的最强合力。当市场的最强合力没有走出时，很多短线资金群体处于各自为政的状态，但是当最强市场合力在竞争中淘汰其他股走出来后，一些短线资金群体必然会放弃原有的个股，往市场已经选出的最强合力股里面钻,使强者更强,弱者更弱,短线博弈就是这么一个道理!

所以,投资者不要被盘面的现象所迷惑。盘面就是一个分与合、合与分,围绕合力做文章、围绕利益与分配做文章的过程。

(三)理解情绪在龙妖形成过程的重要作用(催化剂)

短线市场只要资金充足,最后看的就是市场的资金情绪。

当一个板块在市场中走出五板之后,这个板块在市场中的吸睛程度就会比较高。一个题材只要走出了五板就会受到市场的极大关注。这个时候对于龙头股的分析,就不要考虑什么价值的问题了,也不要关注那些不懂板学的评论专家讲的什么妖股已经脱离实际、完全是在博傻不要参与等问题。短线股交易的本身是一种博傻行为,本身就是投机,要参与短线交易又不承认自己是博傻,就很荒唐了。所以,短线交易一定要理解和感悟市场的情绪,脱离对资金情绪的理解,短线交易的路就会走偏。

投资者要记住一句话:存在即合理! 短线炒作的本身就不是炒价值,而是炒题材、炒概念、炒故事、炒风口、炒情绪。一只个股的题材如果碰在风口上,那必然被短线资金看上,完成一轮短炒。所以,当个股走出五板进入六板后,投资者要考虑的就不是合不合理的问题,更不是价值的问题,而是要感受市场的整体炒作氛围、监管的态度、盘面的情绪和个股的成交量等问题。超过五板之后的板都是纯粹的情绪板。在这个层面,市场资金都是在博傻的状态。关键不在于要不要博傻,而是谁博傻的技术更高明。

一个市场如果不去人为制造机会和短线趋势,而是要等自然的趋势机会出现,那这个市场的这种交易就太被动无趣了,短线交易正好弥补市场的这个不足。

什么是情绪?

一只标准的龙头股通常都是大换手上去的,成交量很足,越往上走分歧会越大,分时线的波动也会越大。从分歧日当天的盘面可以看到,可能早盘有很多大卖单涌出来,分时线是往下走的,也走得很难看,说明多空的较量很大,分时线有时甚至走到了水下(上日收盘价之下),成交量的换手充足后,结果后面陆续出现的大买单又把它干上涨停了,这就是情绪!

当日的所有大卖单不但都有承接,关键是承接差不多后,多方的决心和信

心非常足,依然要把它干回涨停板,这种情绪在盘面上是很生动的。而且这种情绪和市场的氛围有很大的关系,下面分几种情况分析:

一是市场的做多氛围很强,这种妖股或大龙头的炒作情绪自然顺势而上,自然强化做多的情绪。

二是市场做多的氛围不错,或也没有什么利空,但是妖股或大龙头表现不及预期,那么市场的情绪自然会转弱(该强不强就是弱)。

三是市场的氛围一般或不好,或监管的打压态度明确,妖股或大龙头表现也不好,就属于在预期内,市场的情绪自然转弱。

四是市场的氛围一般或不好,或监管的打压态度明确,但是妖股或大龙头表现却反其道而行之,就属于超预期。超预期说明市场压不住它,这样反而会越压越反弹,情绪反而会转强。

关于资金情绪的问题,其实并不复杂,但情绪是一个抽象而动态的东西,它有顺势特征,也有逆反的特征。只要短线思路清晰,在市场的实战中应该能够很快明白和有切身地感受。

很多人在参与大龙头和妖股后常常被洗出来拿不住是什么原因?主要还是技术不精,没有从市场本身的情绪与成交量的角度看问题,而完全是任自己贪婪与恐惧的倾向在做决定。一定要去感受市场氛围与盘面情绪的关系,再结合成交量观察盘面、分时线的剧烈跳动是散户的恐慌踩踏还是属于主力资金在出货,最后观察多空决斗的结果,再做出自己的决策。不要一看分时线在快速下跌就慌了,就要急于卖出,得看分时下跌时带不带量,也不要后面看到分时涨了又急着要追入,必须清楚换手够不够,情绪好不好,买盘真不真。

炒股最忌追涨杀跌,此举完全没有交易逻辑。

(四)理解板块内第一、二、三板试错的策略逻辑

在实战中具体应该如何交易?下面详细讲解板块内的策略逻辑。

1. 第一板交易策略

作为题材板块的点火板,第一板往往会有很多个股涨停,有的是消息刺激,有的是资金在做题材或筹码博弈。不论什么原因,第一板的位置绝对是看不出谁最有龙头相的。

那么,为什么有必要参与第一板的交易呢?为什么很多高手把参与第一板

称为"试错"？具体讲有如下原因：

其一，市场情绪共振的拐点需要探路，也就是所谓的试错。了解了前面的内容，应该清楚，市场行情往往是因为个股强势、板块强势之后再出现市场强势的。如果等到市场明朗了再下手，市场最好的机会可能就错失了。所以，在市场情绪的拐点是有必要参与"试错"一个题材的第一板、感受市场的情绪变化的。

其二，先手的需要。一个强势题材板块往往在点火的第一板有机会，而从二板或三板开始，最强的个股就可能出现一字板，这就带来一个问题，如果在第一板没有上车，后面就难上车了。所以，有的强势行情如果不参与第一板，就没有机会参与。

其三，任何题材都存在不确定性。你认为不错的题材没有谁能保证它就一定会有持续性。同样你认为差一点的题材，也不能保证它就一定没有持续机会。所以对于认为机会较大的题材的第一板是需要参与的。

以上就是要参与第一板试错的原因，但是，这并不表示所有题材的第一板都需要试错。哪些条件下的第一板需要试错呢？可以做以下分类：

第一，在指数大跌快要企稳之时，在周期共振的拐点下手是龙头股战法的重要点。

第二，在强势市场的充分回调之后，市场返回上涨通道。

第三，在赚钱效应之中，会出现多波炒作，会有几个题材在里面轮动接力，出现新老题材的交接，需要做高低切换。

所以，在这些市场机会下参与第一板试错是很有必要的。虽然第一板不可能看出谁最具有龙头相，并不表示第一板是可以随意买的，而是有其交易策略。

首先，第一板参与的必要条件有两个：一是环境与情绪周期；二是聚焦主流板块或强势板块，第一板必须打在主流或强势板块上。

其次，关注启动位置。所谓位置，就是在题材板块中涨停的时间顺序。通常点火阶段率先涨停的个股，主力资金做盘最坚决，有准备，人气最好，如果热点持续，连板的概率相对高！在竞合集价时就应该开始观察和做准备，如果打到第一只率先涨停的一板股是最好的。

最先涨停的个股称为前排股。而在下午涨停的个股则被称为后排股，或者叫跟风股。通常，下午再涨停的跟风股我们是不会参与的，除非这个题材是因为下午突然出了消息,即在下午才开始点火的板块,或这只股票带有走趋势的性质,已经启动趋势的机构游资混合股。所以,第一板有机会就打前排最先涨停的,坚决不打后排的跟风股。如果第一板打不到最先涨停的股,要么它是一字板,要么上涨太快了没赶上。怎么办呢?就要在前排的个股中考虑筹码结构、股价与股东等因素的股票。

再次,关注个股的筹码结构与形态。前排第一板第一股在次日的溢价概率是很高的,但是如果追不上前排第一股,再选择前排其他股时,率先涨停的第二股就不一定会比第三、第四股强,因此必须带入上面讲的筹码结构、股价、市值、股东结构与K线形态等因素考虑。一定要选择形态好、股价相对低、市值小、上面的筹码结构压力不大、基金占比小或没有基金的个股参与,尤其是筹码结构与形态的问题要首先重视。如果形态差,上面重重堆积要解套的套牢盘,谁还敢往上面去做?

最后,持续关注成交量。市场有一个说法,龙头都是换手上去的。这句话点出了合力与接力的本质,所以,成交量在龙头股战法中是一个很重要的概念。健康的高换手成交量更能保证龙头股的空间。大家可以复盘各时期的龙妖股,其成交量都非常高,非常漂亮。所以从第一板开始,就应该关注连续高换手的个股,而其他非主流、次主流板块的第一板就不要参与了。打第一板只能打主流板块或当日新题材强势板块的前排个股,这是第一板的核心逻辑。

打第一板的另一个要点是仓位,既然第一板的性质是试错,就应该小仓位。小资金也不应该高于30%。如果在第一板满仓干,在概率上是愚蠢的。

2.第二板交易策略

记住,板学是龙头股战法。

第一板试错后,次日的行情就非常关键,如果次日板块出现持续性就说明在发酵了。所以,在次日的集合竞价前必须对板块的持续性有一个预期,如果在竞价时板块的表现低于预期(市场氛围与板块情绪不强),或参与的个股低于投资者的预期,就要及时做出撤退或止损的准备,卖出上一日进的仓位。

这么说吧,要参与的是龙头板块玩龙头!如果这个板块没有持续性,千万不要把时间和资金放在上面,而要及时抽身,免得错过后面出现龙头板块的大机会。如果此题材板块在二板的位置在预期内,则有持续走强的势头。

二板位置最重要的交易点是能够二连板的个股,前面讲过,二板是板块龙头的种子,承担了推进板块发酵的重任。所以在二板位置就不要去打二板位置中的一板股,而是要盯住二连板的龙头种子追。最好的策略就是打最先涨停的二连板股,这只通常是板块内最强的个股。

为什么说在打第一板时不能满仓?因为要留出资金追二连板的龙头种子。如果第一板满仓了,在次日它不是二板股,哪里还有资金追这个二板股?如想卖出了再打,二板股可能已经涨停了,已经失去了机会。反过来讲,如果第一板20%的仓位追对了二板股,在二板股涨停前再加30%仓位,这时仓位就达到了50%,所以完全不吃亏。而且上日20%的仓位,还可以保留当日做T的机会。所以,不要在第一板随意满仓。

如果市场氛围配合在预期内,板块的持续也在预期内,一定是追第一个二连板股,然后卖出昨天试错没有连板的仓位。但是,第一个二连板股如果出现一字涨停,则追不进去。也不要追当日的一板股,而是把重点放在后面涨停的二连板股上。

总之,能够走出二连板的个股,都是经受住淘汰的板块强势股,人气股。当然,和第一板位置的情况一样,后面的二连板股尽量选择前排筹码结构好的参与。同样,属于后排跟风的二连板(下午涨停的)一律不考虑,跟风股次日难有合力。所以,第二板位置的策略是,只追前排二连板,不打一板股,不打后排二板股。仓位策略如下:

第一板打对的,二板加仓30%。第一板没对的,当日择机卖出。

第一次追入板块第一个二连板股的,只上20%~30%的仓位(结合大盘、周期、题材等因素决定)。

第一次追前排其他二连板股的,只上10%~20%的仓位。

3. 第三板交易策略

三板出龙头相,能够走到三连板的个股就有龙头相了。对于一个题材而言,能够连续三天出现连板股,且有多只个股连续涨停,就具有了板块的联动效应或称集体效应,这是一个板块成为热点的标志。其实从二板开始,一直参与连板股的交易,目标会越来越集中。通常的市场二板股可能就3~5只,除去后排的,其实能走到三板的,可能就是最前面的那2~3只。所以,板块第三板位置的交易和第二板就有了区别,就会有首要和次要两个交易策略。

首要策略仍然是追龙头。如果二板追对了,再在三板继续连板,投资者就再加20%的仓位,加上前面仓位就是60%或80%(第一板追对的)。如果市场氛围良好,而这个题材确定已经成为市场主流,第三板也可以玩到满仓。

如果追的二板股没有走成三板,手里仍然有40%~60%的资金没动,而这个题材确定已经成为市场主流,投资者就可以用30%的仓位追第一只涨停的三连板股。如果没有追到,最多再追第二只随后涨停的三连板股。第三只(除非市场氛围非常强势)或后面的第三板股都不要考虑了,通常情况四板和五板会是板块龙的顶,多数上不了龙头位的三板股在三连板位置就见顶了。所以,就不要再追了。而之前在非龙头相股上的仓位要考虑在当日择机止盈卖出,把资金腾出来!

次要策略是,在第三板的位置,有龙头相股出来后,板块的持续性增强了,就具有了小弟套利的机会。在团队的结构上,龙头相股走出后,这个板块团队的结构也就显现了,就可以展开围绕龙头的小弟套利。

小弟套利的原则是:首选卡位,其次是前排助攻,后排与跟风全放弃。

卡位股通常是小弟中最强的,作为先锋它是最勇敢的,所以通常高于其他小弟股。先于三板龙头股次日涨停前涨停的第一只"一板股"或"二板股"是三板位置套利的次要策略。这个卡位股是一板股还是二板股,取决于板块内当日第一只涨停股是一板还是二板。原则上在第三板位置套利,除了二板成卡位股可以追外,其他二板股都放弃不追。龙头股出现后,其他股二板进三板的概率会降低,小弟围绕龙头一板进二板的概率更高,所以,关注的是前排一板股。如果没有机会上卡位股,紧接着的策略就是追前排助攻一板股。即在卡位股涨停后,三板龙头股涨停,随后再涨停,助攻龙头稳定的一板股。这个一板股的作用是要巩固三板龙头股的封板稳定,所以,它和前锋卡位股一样,要有力量,自己要能扛住,龙头股就能稳定,而龙头股稳住了,又能反过来强化它们的力量,互助互惠!所以,在实战中会发现如果卡位股、前排助攻股有破板,龙头股的合力就会有波动,就需要有小弟上来助攻,让情绪上去,如果小弟们没有助攻的,破板的卡位小弟就要能封回去,否则对龙头股的情绪有影响。

总之,整个板块团队的资金力量就是要保障龙头股的人气延续不散。只要龙头股的人气在,龙头不倒,资金就会不断挖掘小弟出来补涨套利。

短线资金挖掘的都是要有人气的股票。什么股票最有人气?自然是热点题材中的。热点题材在持续,挖掘也会持续。关于盘中龙头(或中军)、前锋(卡位)、边锋(助攻)的互动关系,这些叫法听起来好似很复杂,甚至玄乎,其实质与道理和兵法攻城打仗是相通的,核心就是对于板块合力强弱变化的理解,而板块中影响合力的核心因素之一是情绪,情绪强则合力强,所以团队一定要维护好板块的情绪。板块的情绪是由板块中涨停股的人气构成的,尤其是龙头股,而龙头股的人气不可能是单打独斗,是其他小弟的人气一起簇拥上去的。把这个理解透了,盘面的关系也就清楚了。

这些关系,投资者最好在实战中去感受,理解起来会更直接!

4.第四、五板的交易策略

三板股进入第四、五板实际已经走出了真正的板块龙头。当龙头股处于第四板和五板的位置时,就要谨慎对待了,因为四板或五板通常可能是普通热点板块的顶。所以,到了这个位置,就需要思考以下因素:

第一,市场氛围情况,短线市场情绪位置和近段板块龙的高度。如果市场氛围一般,短线市场并不是很亢奋,近段的板块龙的高度都不超五板。那么在四板或五板的位置以谨慎为主、防守为主,就不要买入套利了,而是应该考虑卖出龙头。当一只个股成长为真正的龙头之时,也是花开花谢之时。

第二,市场氛围较好,短线情绪的位置在赚钱效应来前的拐点或之中,题材板块仍是市场最大热点时。要考虑的因素是,五板的板块龙头可能会竞争上位市场总龙或成妖。在一个氛围与短线情绪有利的环境中,五板股是具有上位的条件的。这个条件不是来自其公司的价值,而是来自市场情绪的溢价,这是理解大龙大妖的要点。不是公司价值在呼唤大龙大妖,而是市场和短线资金群体需要造龙出妖。它们需要为市场打造一个总的情绪标杆,这样市场的人气就有了方向,合力就能维持,主力群体的利益就有保障。所以,当市场在一些特殊的环境中走出五板的题材股,突破六板再七板的可能是非常大的。所以,当环境处于市场情绪周期共振阶段时,反过来一定要重视市场的最高标股。

当个股突破五板,进入六板之后,其操作策略如下:

第一,观察此股是上位市场总龙,还是上位妖股。总龙和妖股的区别在于,龙属于团队,而妖是特立独行的。突破六板后,如果龙头股所在板块仍是市场的主流板块,它走的就是市场总龙的路线。而如果它所在的板块已经不是主流热点,它走的就是妖股特立独行的路线。

第二,如果走的是市场总龙头的路线,那么五板之后的首要策略一定是追着龙头上,如果市场总龙头最后走出了7板、9板、10板空间,利润空间仍是比较大的。但是,到了五板、六板的位置,很多投资者其实是不敢追的,因为大众都有畏高的情绪。有些人可能就适合次要的策略,该策略可称为板块内的"高低切换",就是放弃中间段(龙头外的三板以上股票),因为三、四板常是中间段股的顶部区域,溢价不高且风险不低,不适合去做了。这时相对最安全的,除龙头外,就是做"一板卡位股"套利。五板时做当天"一板卡位股"套利,六板时也做当天"一板卡位股"套利。

讲到这里就需要清楚"小弟套利和龙头套利"的区别了。龙头套利的目标是要上龙头,因为龙头才有持续性,才有大肉,所以上对了龙头后要会捂股,要有空间上的期望。小弟套利则不同,小弟的合力是有限的,它们是不断被挖掘出为龙头挡刀与助攻的。板块每天上板都会有不同个股出来卡位,同时实现套利。所以对于小弟套利的个股期望不能太高,有10%的利益就不错了。当然,如果板块强势,龙二、龙三也会有很好的溢价,则可以守一下。如果不是龙二、龙三,那就要见好就收,不要把小弟当成龙头来期望。

通过上面每一板的逻辑讲解,可以清楚所谓的"先手"问题,但并不是说哪一位高手从第一板开始就知道龙头并上了龙头,这是不符合实际的。真正的"先手"是掌握了龙头股成长的淘汰机制与规律,再按这个规律从试错开始一板一板跟上来的,这就是"先手"。先手不是简单地提前买的意思,而是从对龙头股成长规律的尊重入手。

那么,为什么很多人上了龙头之后,容易被洗出来?其实质还是"技术问题",即不明白龙妖的情绪之道,觉得高了就恐慌,没有信心。而实际上在强势情绪之下,龙头的尽头在哪里呢?看看东方通信三个月涨了十倍。容易被洗出的另一个问题就是没有"先手"的铺垫。如果前面已经有了丰厚的利润,操作上就可以从容,等多空每天在盘面最后较量的结果出来后,在收盘前再决定是否卖出,这样就不容易卖飞大牛股!

上面是按一个板块的持续顺序做的策略分析。在实战中，情况会更复杂，涉及的不仅仅是一个题材板块，而是多个题材板块的问题，下文再做分析。

（五）理解市场题材多元性的策略逻辑

上面讲了单一题材板块的交易策略，这是一个标准模型，但事实上市场是多元性的。也就是说，在一天中市场里会有很多题材，不会是一个单一题材，这才是市场的常态。其实有了标准的策略模型作为基础，多元性的策略逻辑就很清晰了。

在每一个重要的情绪节点上，市场必然是多题材板块的表现。但是，不论市场有多少只个股涨停，多少题材在表现，都出不了前面讲的主流、次主流、新题材、非主流的结构。所以，当面对盘面时，先要评估情绪周期、评估题材级别和观察实际人气，再确定这个结构。这个结构确定下来后，可以结合盘面对应的情况采取如下策略：

首先是盘面重点关注的结构。

应关注主流板块、次主流板块、新题材板块，其他板块基本不用考虑。

其次是盘面的重点交易逻辑。

还是那句话，任何时候龙头股战法的核心都是聚焦主线和龙头。

第一条，先从主流入手分析。如果市场已经走出主流题材，板块的位置处于第三板内或左右的，就找主流板块的三板龙头上，按照套利原则开展此板块的龙头或小弟套利。如果主流板块没套上利，次要考虑的就是次主流板块中的龙头，次主流只能追板块龙头，不做小弟套利。而对于新题材板块，除非出现比较好的题材，有可能冲击主流板块，通常在这个阶段不考虑。

第二条，主流板块高位。如果主流板块已经处于高位（五板左右）的位置，主要策略有两个：一是"高低切换"，五板可能板块到顶了，如果此时没有把握这个板块能走向市场总龙，评估赚钱周期的情绪还没有结束时，投资者可以去试错新题材的"一板股"，观察新题材能不能走成热点。二是"追龙上妖"，如果评估市场情绪仍然高昂，仍在赚钱效应周期中时，热点板块的龙头可能走向市场总龙或妖股，就按照五板总龙与妖股的交易策略套利。这就是多元性盘面下的策略逻辑。

为什么说次主流只做龙头呢？一方面是次主流的合力弱于主力，在小弟的套利上不好做。另一方面是因为在强势市场中,次主流的龙头是总龙的竞争者之一,有可能走成市场总龙二、总龙三。所以主流板块的龙头和次主流板块的龙头,如果走势好都会有大肉。

再次是阴转阳阶段的盘面。

阴转阳阶段是指市场的情绪周期处于亏钱效应的末期。这个时间点上,市场的合力还不强,基本没有太好的题材和走成主流的板块,各题材板块的合力都相对分散。但是,会感觉情绪周期已经处于末段了。这时分析的要点就是高标股,一定要重视当时市场的最高标股的走势,不论是二板还是三板,这种阶段能试错的目标就是市场高标股。典型的例子就是银星能源。2019年春节前在亏钱效应末期该股走出了三板的高度,而节后超预期的行情出现的第一日,它顺势走出四板行情,就吸引市场高度关注了,容易被资金炒作。当然在具体分析时,还应该考虑前面讲的选股的几个要点,即筹码结构、K线形态、成交量、价格市值等。

第二节 操盘术

一、板学江湖演化与盘口涨停分析

(一)板学江湖的演化

操盘术不同于大局观,大局观统领交易的全局,而操盘术的核心是对盘面资金逻辑、资金流向的深刻理解。

盘口是具体掌握板学操盘要义的突破口,如果看不懂盘面,就不可能理解大资金在盘面上交易的逻辑,更不会明白个股涨停的原因。大资金与散户在交易上的一个根本区别在于:大资金的所有买卖行动都需要有逻辑支撑,而散户资金的买卖较为随意,容易受情绪驱动。所以,盘口出现的涨停股,代表的其实就是大资金群体对市场的理解逻辑。能经常参与连续涨停的个股也代表了个人的理解能力和功力。

市场当期所有的行为都是资金行为,都是资金思维在盘面上的反映,这里面最重要的资金行为就是主流资金行为。主流资金行为具有很强的交易逻辑特性，盘面涨停背后是主流资金群体多空逻辑的博弈。所以，如果看不懂盘口，就不可能真正明白市场在发生什么，主流资金群体在做什么，也就入不了板学之门，还在门外。

在板学门内或门外的一个主要区别在于：对板学的理解是处于技术板，还是理解板。技术板就是对打板的理解还处于单一的个股的技术层面，看到的只是市场的表象。这个表象的特征在于非常看重个股题材的级别，看重分时线涨停的强弱，看重个股涨停的时间，还有价格等，这是市面上很多人对打板的理解。这种理解简单而粗暴，是经常吃大面的原因。技术板更多是运气，这是一种把打最强与最硬的板理解为只是单纯打所谓最强技术板与题材板的认识！这种逻辑在过去板学刚起步或牛市之中，A股的整体市场规模还小时，是有用的。但是目前的市场规模已经不能与过去同日而语，2008年牛市单日最高成交金额为2 500亿元，而2024年单日最高成交金额达到2万亿元。

市场资金环境早已经发生了根本性变化，板学也有了很大进化，早已经脱离过去那种单一认识而进入更复杂的模式，从技术板模式进化到了理解板模式。

理解盘口的核心在于，必须着眼于主流资金合力，特别是主流资金群体的行为逻辑与思维逻辑。而技术板根本理解不了主流资金群体的思维，它看不到资金内在博弈的关联性。所以，从本质上讲，技术板仅只是形式板，想通过技术板玩好板学的投资者，永远不得其门而入。

只有从"理解板"切入，才是进入板学之门的通路。理解板"理解"的是什么？是主流短线资金群体的思考与行为。市场的核心是资金，离开资金的行为、尤其是主流短线资金群体的思维与行为去理解市场，只会南辕北辙。

市场是博弈之道，是主力思维之间、散户思维之间、主力与散户思维之间的博弈。市场上的所有动作，都源于资金的行动，其中最重要的是主流资金群体的行动。这是搭建系统的板学思考结构的切入点。这个问题看似很抽象，其实并不复杂。

我们可以从丛林"围猎"的视角思考。

在一个丛林中，根本的潜规则不会发生变化，那就是狮狼对羊群的狩猎，这是猎场最朴素的法则，千古不变。在一个小的丛林中，数量相对少的狮群与狼群对羊群的围猎手段与方式可能相对简单直接，但是当一个丛林大幅扩大，狮群、狼群与羊群都在增加，丛林中就会形成无数的势力范围，产生无数秉性各异的狮群、狼群，它们代表了无数不同的势力范围，丛林的竞争相比过去就会更加复杂和激烈，羊群也会变得更聪明。狮群、狼群为了生存，为了适应竞争，围猎的方式与手段就必须进化。而目前的市场就是进化后的产物。这个"进化"，代表了手段和生存方式的进化。但狩猎的根本基础不会改变：只有市场形成合力才有肉吃，只有主力群体抱团炒作才有人气，有了人气才有市场合力，而市场合力需要有大量投资者参与才能保持持续性，这就是"围猎"的规则和根本基础。

主力资金群体引导市场产生合力，然后反扑收割散户，短线市场的本质就是如此。利用和调动散户贪婪的人性，合而收割之。所以，进化后的市场本质不会变，只是围猎的手段发生了改变，这种改变演化为主流资金群体更趋向于抱团化的竞争。

看过真实丛林纪录片的人应该有印象，丛林中不论是狮群还是狼群，都有自己的势力范围，而且在每一个狮群和狼群中，每一只最强壮的狮或狼都在努力争取群内老大的地位，原老大也在捍卫自己的地位。

在股市中，所有群体也要结盟为达成预定的目标而努力。只有产生市场合力，才能产生赚钱效应，主力资金群体才能有肉吃。

故事中的道理就是目前板学进化的局面。明白了上面的故事，才能理解盘面资金竞争的现象。

(二)板学盘口资金的逻辑

要理解盘口资金逻辑，需要建立几个知识点。

第一，现在的游资市场，因为资金规模的变化及环境阶段的不同而存在很多独立的狮群和狼群现象。在牛市之中，这种群体必然非常多。而在熊市之中，或熊市的末期阶段，这种群体必然会减少。一句话讲，市场资金越充足，狮群和狼群的丛林现象越典型。这里描述的狮群和狼群现象，不是指单一固定的大中型资金团体，还有在每一次战役中自然组合的资金利益体。所以，市场中大资金团体的抱团炒作行为，既有随机性，也有计划性，但大多数是随机性。

第二，丛林游戏的核心是收割散户，以产生合力为手段，以形成个股龙头

"上位"为成功。这个上位是什么意思？就是让炒作中的个股能争夺板块与市场的"王位"。短线交易中的"王位"，俗称板块龙头，而市场王位称为"市场总龙"。一山不容二虎，"总龙头"在短线炒作中具有独特的市场影响力和重要地位。投资者一定要明白，市场中任何板块的炒作都只能有一个龙头，市场也只能有一个"总龙头"！这个"总龙头"对于市场情绪的影响至关重要。总龙头不倒，小弟们就可以在大哥的荫庇下受益，市场资金就可以不断挖掘小弟跟风，总龙一倒人气就散！所以，为什么说龙头是最安全和最赚钱的，因为它是大树！有它在，大资金群体就可以借这个题材，挖掘个股轮动套利的机会。

有龙就有肉，因为龙是合力。但是，"总龙头"并不是市场资金计划出来的，这是理解龙头的一个关键点——它是各类狮狼群体在市场中竞争出来的。在资金充足的市场，比较热闹之时，各路资金还会有一点"九王夺嫡"的味道！

总龙头代表的是主力资金群体的共同利益。哪一条利益线在博弈中能胜出，就会具有最好、最安全的收益。所以，在赚钱效应爆棚时，通常都会有多个题材板块在市场中轮动出现涨停。而每一个有持续性的题材板块都会有一个大哥带领，这个大哥被称为板块龙头。这些板块龙头，又称为短线龙或趋势龙。名称不重要，重要的是法则，它们代表的就是一轮上涨中，各自利益路线的资金群体！一旦市场的赚钱效应出现，市场龙头轮流争取上位游戏的竞争就开始了。当然，这种竞争游戏的强度不是固定或一成不变的。市场资金充足题材分散时，这个"上位"的争夺就会很激烈，就可能出现"九王夺嫡"的现象。而题材很集中和突出时，"上位"的争夺可能就没那么分散。所以，狮群之间就是这种利益关系——他们既要共同推动市场形成大合力的利益关系，同时又是竞争的关系，因为谁都想成为总龙头。

第三，认识题材主线的资金结构。

明白了市场中既有板块龙也有总龙头还不够，还要明白一个题材的合力结构是如何演变的，这一条是很多人比较迷惑的东西。很多人在网上经常听一些大佬讲，中军怎么样，标杆怎么样，助攻小弟怎么样，但完全搞不清楚在讲什么。这就是每一条"抱团炒作"资金群体的作战结构。

板块必然要有领导人，也就是龙头或是中军。它是带领板块向上走的灵魂。而其他的小弟都是为它而生的。所以说，小弟给了龙头溢价，而龙头又给了小弟套利生存的机会。通常我们把这一条线的涨停股中成交量最大的连板个股称为中军,因为承载了这条线最大的主流资金,它是所有这条线的小弟们要维护和保护的对象。只要它不倒,这条线的炒作就没结束,小弟们就可以跟风套利。明白了上面三点关系,就应当清楚一个板块相互助力的涨停结构。

下面讲解如何理解盘面热点题材的发酵和变化。明白了这个变化,才能明白为什么说"涨停最早,分时上涨最猛就干谁"的理念是多么片面和粗暴。

一是任何一个题材从无到有地出现时,没有谁知道谁会是"龙头",它需要主力资金群体去"搏"出来。在这个题材出现第一个板的多只涨停个股时,是不可能确定谁是"龙头"的。

二是题材的影响在市场需要时间点火与发酵,需要吸引更多资金关注才能产生持续性,而题材板块中第一板涨停股的出现,只会让场内外的资金群体清楚知道这条线是在炒作什么,这是对题材的定位。

三是第一板出现后,题材能不能成为热点,关键在于有没有持续性。而持续性只有通过板块连板才能体现出来,所以在板块连板出现之前,并不确定题材能走多远。因此,对于题材炒作的第二板很关键。只有这个题材出现多只第二板连板的个股,才会吸引更多市场资金进入,这个题材就有可能从分歧开始走向一致,这就是发酵。我们常讲,一个题材的影响力如何,看它走出三板股再说。出不了三板股,这个题材就没有戏,也难吸引大资金产生合力。所以,有的大资金喜欢做三板开始的接力。

四是第二板是题材炒作的关键。而在第二板中成交量较大的个股就可能是"中军"股,因为它具有吸引大资金接力炒作的容量。中军股并不一定是最先上板的个股。在题材炒作中,每天首先上板的个股被称为卡位股。它是题材炒作的前锋,为中军的涨停开路,有的称为挡刀。只要它涨停成功,后面中军的涨停就有底气。而只要中军涨停,就会吸引题材板块中更多的小弟跟风涨停,让题材继续发酵走向热点。如果板块中再出现三板、四板股,就具有了"龙头"板块相。但是,能不能走成"真龙",还需要市场的检验,需要市场情绪周期的共振形成赚钱效应。

五是如果板块中个股走成了真龙,在这一题材下就会出现前文提及的两种市场套利行为:卡位与助攻。卡位就是每天在龙头之前率先涨停,为龙头打前站,提士气。卡位的标杆股不是固定的,当天是这只,次日可能是另一只,标杆股可能二板、三板或四板就结束。同样,在盘中龙头涨停犹豫不决时,后面的小弟就可能出现涨停,提升人气助攻中军或龙头下决心涨停。而在龙头涨停后,还会有小弟继续涨停助攻,借龙头的人气套利,同时反过来强化龙头的稳定。所以,大资金群体的炒作行为要达到的目的非常清楚,只有大家抱团接力才能引导市场产生合力,老大成真龙,小弟们的利益才有保障。板块龙头成了真龙,才有资格上位"总龙"。

六是上面讲的是一个题材板块炒作最基本的资金结构,也就是先锋、中军与助攻小弟的资金关系,这种资金关系在各类"真龙"上位"总龙"的竞争中,也会发挥作用。比如在两个板块龙竞争上位的过程中,两条板块龙在竞争犹豫不决之时,就可能有小弟先行卡位涨停为本题材的龙头大哥挡刀,助龙头大哥一臂之力。同样,小弟除了助攻之外,还有掩护龙头出货的作用,比如"围魏救赵"等。有的大资金主力在龙头上还没有完全出货,就可能动用资金,对盘子比较小的小弟拉涨停,让市场人气起来,掩护龙头中的大部队撤退。所以,所有大资金群体的行为与思维,都是围绕资金抱团炒作的行为模式,都是希望通过合力而产生利益,确保利益的兑现。

各类"真龙"之间,既是竞争关系,也是抱团关系。在上位总龙和总龙出现后,其在市场中的赚钱效应,也能调动市场整体人气,巩固市场整体人气,提升整体合力。这是市场资金炒作的根本关系,既有竞争,也有合作。而对于主流资金群体,最有利的竞争就是上位总龙。市场可以有多条板块龙,但是只能有一个总龙,总龙就是市场的总情绪。

第四、主流、支流、次主流、非主流的关系。

炒股票为什么一定要聚焦主流。因为最强的板块最安全也最能赚钱。什么是主流?就是主流板块或市场总龙代表的方向,题材的分支是支流,次强的是次主流,分散的涨停热点就是非主流。在一轮市场情绪的发酵中,在持续强势的赚钱效应中,如果主流题材板块中的老龙已经力不从心,但是短线市场的热度、热情仍然不减,就可能会出现新龙卡位,这种情况在强势市场中比较多见。因此我们要理解新龙卡位。新龙卡位有几种情况:

一种是题材内的新龙卡位,就是一个大题材的老龙乏力之后,这个大题材内的支流题材异军突起,有连板个股接了老龙的班,成为新龙。另一种是在其他题材老龙乏力之后,出现卡位连续涨停的新题材,成为市场关注的新龙。不论什么形式的龙头转换,本质都是资金在强势市场中寻找新的对象,完成市场合力接力的游戏。

上面内容是对盘口资金关系最基本的阐述,实际情况要复杂很多。短线交易的实质,就是资金的战争。市场中所有的短线资金,对盘面的理解千差万别,主流资金也会有大分歧,面对每天变幻莫测的走势,决策的思维也随时要变化。如何参与博弈就有很大的学问,各人各有不同,包括主流主力资金群体,都有各自的理念和模式。所以,在掌握了资金结构基础之后,对盘面变化的应对必须灵活。

市场上唯一的神是市场本身!

二、打板交易策略与龙头上位游戏

如果不谈心法,不论格局,单从盘面分析的核心来讲,其目的只有一个:抓住市场大小赚钱效应下的总龙头、板块龙头。阅读盘面时,务必把这个目标牢记清楚。

板学交易的核心手段可归结为打总龙头、打板块龙头;板学交易的次要手段则是围绕龙头玩卡位股与助攻股的超短套利。板学主要就是这两种玩法。两种方式的核心都是围绕对"市场周期情绪、题材板块合力和龙头与小弟的关系"的理解力来打板,打的是市场理解力板、合力板。绝不是只针对个股的K线、分时与题材强度玩技术板。

(一)打板要义

打板要义可简化为:紧跟市场资金最强合力方向走。

对板学进行理解、分析与判断,先要会在每一轮游资市场"赚亏效应"的演化中观察盘面上的各路资金合力如何变化、如何竞争、如何走出来成为最强的市场合力,然后要做到及时发现并参与龙头股、卡位股、助攻股的套利。如果能清晰地感受到游资市场的周期情绪,感受到主力资金群体的资金流向与偏好,就能够更好地感受最强合力的方向。

市场是一个江湖,不同理解力的资金都在市场的情绪演化中争取塑造自己的小龙参与市场竞争,希望它能上位成为短线龙头,甚至市场总龙头。职业交易者需要看懂盘面上各路资金的竞争,并根据自己的模式选择骑上小龙试错,站上真龙之背或是追卡位助攻小弟套利。盘口要坚守的"主线"就是这个东西。

题材炒作是一个资金接力的过程。不同的大资金对接力位置的理解也不同,就形成了各自的交易模式。有的投资者喜欢在题材的点火段玩,有的喜欢在发酵段玩,还有的喜欢在龙头相出现时再接力。盘口所有资金的演绎,不论看似多么的复杂,都离不开上述这些东西,这是对盘口最朴素的思考。而盘口一切主力资金,不论是哪路资金最朴素的目标,都是为了竞争,为了形成最强的市场资金合力,上位板块龙头或市场总龙头,资金的一切理解力与手段都是为了这个基本目标,这个目标实现的结果就是利益的分配与兑现。因为龙头代表了"大肉",在市场中不能"造龙造妖",大资金群体的根本目标(吃肉赚钱)就没有载体。能明白这个问题,对盘面的理解与思考就有了根,交易的目的和核心策略就可以清晰地梳理出来——看清主力的面目,明白主力的手段,控制住自己的贪婪,借助主力引导的合力方向,让大资金为自己抬轿。而散户板学的实质也就是寻找总龙、板块龙的上策游戏和卡位股与助攻股的超短套利下策游戏。

明白了上述道理,就可以明白市场中各路大资金都有自己的模式,市场中每天都有涨停板产生,这并不代表每一个涨停板都要玩。符合板学理解力的板才是我们的目标,这也是理解力板与技术板的一个区别。

所以,基于散户模式的打板可以再具体为四个方向:第一,参与市场总龙与板块龙行情;第二,参与围绕总龙或板块龙的卡位与助攻股套利;第三,参与走出独立行情的独狼股与妖股套利;第四,参与预判热点题材冰点、点火期的一板或二板试错。

在这四个范围之外的其他涨停股一律不参与。绝不参与单一的技术打板,只玩市场理解力板。

解读盘面的技术就是一套掌握"寻龙诀"的技术。这个技术的核心是什么?每天看盘复盘做什么?就是要紧盯和分析主力资金群体的资金流向,思考他们的思维,清楚看到市场合力在哪里,合力的强度与情绪周期的关系和演化,形成一套个人系统观察盘面主流资金动态演化的能力,这种能力就是盘面解读能力。

(二)系统解读盘面逻辑的顺序

短线市场交易的情绪就像一个阴阳八卦图,有暖和冷两个方面,市场永远在这两个方面轮回变化,这两个变化的过程在市场中对应着两种效应:一种是赚钱效应,一种是亏钱效应。

市场的资金情绪是有周期的,这个周期情绪对应在赚钱效应段时,市场每天都会有很多合力很强的涨停股。而处于亏钱效应段时,市场中的涨停板合力就很差,一日游和当日烂板的概率很大,所以在亏钱效应中去打板的盈亏比是很不划算的。当然,不是说亏钱效应段就不会出现连板的个股,也会出现一些市场合力稍强的合力股,它们中的个别股还可能走出两板、三板。但是,整体的市场合力是很差的,吃面的概率也很大,特别是盘面技术能力还不高的炒手要管住手。

所以,一些一线顶级高手(游资)和大资金的模式,通常只做赚钱效应段。道理很简单,对于大资金而言流动性很重要。流动性就是交易的成交量,在亏钱效应中的成交量往往越走越低,这种成交量容不下多少大资金去玩,很难有大的对手盘接盘。大资金参与亏钱效应段的交易盈亏比更差。

相比亏钱效应段,参与赚钱效应段更重要的原因是赚钱效应段代表了真正确定的大机会,赚钱效应段都会产生多只短线大龙头,这是能让大资金最具盈亏比和暴利的机会,也是参与最积极的机会。只参与赚钱效应中的大龙头行情,这是真正懂赚钱的人。当然,逆势妖股是例外。

过去的大龙头中科信息、贵州燃气、恒立实业、东方通信等,无不是起于周期情绪从亏到赚的否极泰来之时,都是从情绪冰点到赚钱效应段中走出来的。所以,对赚钱效应段的把握和观察是板学的基本功。那么,赚钱效应段中最重要的一段是哪里?是在亏钱效应末段以及亏钱与赚钱效应段交替的否极泰来之时。这个阶段也称情绪的冰点期。

这里需要明白一个逻辑:刚开始不是赚钱效应带出了赚钱效应段的第一个真龙,而是否极泰来之时的第一个真龙引动了赚钱效应。即先有了第一个真龙的成长,才有了赚钱效应的渲染、发酵。是真龙吸引了市场资金的大量参与引发了赚钱效应。而真龙最容易出现的情况就是在亏钱效应末期,市场情绪的共振(尤其是指数情绪在超跌企稳之机与打板市场亏钱效应见底的共振),个股筹码在连续下跌后,空方力竭,上涨压力变轻,敏锐的短线资金群体勇于参与试错,就很容易走出第一个真龙。所以,经验和技术能力强的聪明资金对于亏钱效应末期的特征有很敏锐地把握,这就是所谓的"先手",打在情绪转折的冰点期。

熟悉情绪周期的投资者都清楚,往往在指数出现连续下跌企稳之际,打板行情一定会先于指数企稳异动,第一个龙头股往往在指数企稳之前已经开始走出连板。所以,敏感性差的资金通常会为先手聪明资金埋单。高手在热点还是一个"点"时开始介入试错,在发酵成片后加仓,在进入高潮后清仓。

为什么称第一个龙头股?因为一段充足的赚钱效应常常会有几段以上趋势。表现为上涨、回调、上涨、再回调、再上涨,每一段调整后都可能产生新的主流板块和龙头,也有大龙头贯穿全程。总之,赚钱效应行情才是最值得最需要参与的行情。所以,对赚亏行情情绪演化的把握是板学技术中很重要的一课。

为什么主力资金群体或高手们喜欢用"试错"这个词?因为没有人能精确把握亏钱效应何时真正结束。有时亏钱效应会出现连续几段的下跌趋势,尤其是在震荡市中,前面的赚钱效应很足时,后面亏钱效应的时间可能持续更长才能恢复。而基于各自对市场情绪周期的理解,大资金群体会在模式的理解内采取小仓试错,打对股再逐步加仓,走出龙相再大仓,这种方法的应用是比较多的。

打板不同于机构股的趋势玩法和价值投资的特点,短线交易者必须天天看盘,天天复盘,这样才能持续保持对市场情绪周期演化的感受。而亏钱效应则产生于一轮赚钱行情的最终兑现,体现在市场总龙头熄火,没有新龙头承接。此时市场上的连板空间会越来越小,炸板增多,亏钱的人增多。在震荡市中,因为赚钱效应持续时间越长,被收割的散户越多,受伤越重,就越需要长时间恢复,市场会越来越冷。随着亏钱效应慢慢减缓,试错资金增多,赚钱效应就会慢慢升温,情绪周期就是如此轮回!所以,对情绪周期的理解是理解盘面逻辑的基础。

平时我们所讲的市场情绪,实际有两层意思:第一层是整体情绪周期,这是理解整体市场的大情绪。第二层是每天盘面短线资金情绪的演化,这是市场的小情绪。

(三)从情绪低潮到市场逐步走暖的剖析

1.题材试错

(1)市场的周期情绪

在市场处于一段较长的亏钱效应中,在开始接近尾期时,通常短线交易市场会先于整体市场见底。因为一部分先觉短线资金会在情绪转折前提前行动,在这个阶段,短线资金会用小仓位不断地对题材涨停股开展"试错"。因为之前的市场,涨停板连板很少,即使有连板,其涨停的板块联动性也差。市场缺乏有号召力的板块出现,市场整体资金的交易量也低,大资金比较谨慎。(为什么亏钱效应中还有涨停板,因为任何时间段都有涨停板,市场中的资金理念不同、贪念不同,就会有资金喜欢逆势拉涨停,所以涨停板不都是机会的表现)。随着市场情绪开始见底,涨停板的数量增长和连板股的板块效应显现(同一个题材涨停板增多),连板股出现,涨停结构(卡位、中军、龙头、助攻)增强,成交量放大,说明市场出现转暖的迹象。喜欢玩先手的资金会开始尝试"试错",就是开始买入看好题材的第一板或第二板。买入不是因为出现了涨停板,而是基于对"周期情绪和题材联动"的理解,甚至是主动引导涨停,这属于题材的点火期。

(2)市场的题材信息

短线资金非常重视对题材和消息面的研究。对题材的理解力是板学基础的一项重要能力。当感知到情绪的转折期开始出现,又有好的题材和消息面配合,有的资金就会选择尝试点火上板,根据不同资金的模式,喜欢玩第一板的开始试错题材的第一板,而喜欢接力的资金会观察尝试题材的第二板,还有的喜欢三板后再参与。所以,参与第一板或是第二板都在于你的理解力与模式,这个没有对错之分,只有模式之别。在这一时期,可能市场资金会借助消息选择多个题材发动攻击。为什么要选择多个题材?一方面是理解上的差异,市场资金比较分散,理解力也不同。另一方面是市场资金利益的需要。有时一个题材不可能提供所有资金最好的介入位置和容量,各种资金就会选择对自己资金位置有利、有消息面配合的题材炒作,就会形成多题材的局面,这很正常。这种情况就会让市场出现多条主线的小龙试图上位龙头,再上位总龙头。成不成,就要看市场如何认可和演化。

通常资金对题材的攻击越集中,合力就越大。如果资金对题材的攻击分散,就要看市场资金的量级能不能支撑,要始终盯住市场最认可的那条线去做。

(3)关注市场资金流动性、板块联动强度

在试错阶段,会出现很多情况。

任何市场的机会都与资金的量级有关系,资金活跃,成交量大,才有肉。如果市场资金的资金面与情绪面仍然不行,没有出现有高度的板,就需要继续观察市场资金情绪演化和等待机会。市场出现超预期的情况,连板股的板块联动性加强,涨停股积极,有强势题材出现。其中,最重要的体现是领头涨停板超出预期,说明市场情绪开始变化,这个变化就会吸引更多市场资金的关注,去挖掘相应题材的个股助攻龙头,市场合力就慢慢在形成,赚钱效应开始出现。所以,是龙头形成的过程在情绪的拐点期或共振期带动了赚钱效应!

在热点板块三板出现的过程中,有两条比较重要:一是题材的认可度,二是资金的活跃度(其实还有一点是对市场情绪周期的理解)。题材的认可度就是这个板块涨停股的广度和持续性。如果这个题材只有一两只股在涨,没有持续出现个股为其卡位或助攻,就比较孤单,说明市场认可度还没有起来,大资金群体没在一个板块上形成联动意识,合力就需要继续观察。而如果一个题材板块出现了典型的点火、发酵、加速、一致的走势,并走出了几只三连板的个股,就需要高度重视。如果游资市场资金的交易量没有放大,说明接力还是会有问题,打板就还需要谨慎。因为成交量小,就吸引不了更多大资金行动。

短线资金在这个阶段试错有什么好处呢!一是可以创造先手,把握更主动的机会。二是感受行情和自己的判断是否正确,及时修正自己的判断。三是通过试错抓龙头的先手。当然,试错的效果完全取决于交易者的判断能力。

如果投资者不能很好地理解市场,试错常常会吃面。这说明其技术还达不到试错的水平。对情绪周期和盘面的理解不够,就不能盲目参与第一板的交易,最好等市场赚钱效应起来,再参加龙头股出现分歧后的低吸。

这个阶段处于资金对题材和市场情绪的分歧期。一部分市场资金在试错,而更多市场资金在观察。试错能不能成功取决于市场环境配合度,还有市场资金在题材、盘面与个股上的认识,如果能引导合力就是成功。

投资者一定要清楚,游资股票有别于庄股。任何游资牛股都不可能是那个主力设计出来的,而是经过市场的淘汰赛,在各路市场资金群体的博弈中走出来并上位的,是市场资金淘汰赛的优胜者。所以,在这个阶段的交易要清楚市场还没有形成很好的合力,确定性还不高,这个阶段只能是试错,仓位就要低,眼光要远,认识要有格局。千万不要有在这个阶段满仓吃一两个涨停板论英雄的想法。在这个阶段能吃涨停板,也能吃大面。如果满仓吃两个涨停就认为自己很牛,后面可能一样会满仓吃上两碗大面。这一阶段题材的定位是处于渲染期,市场资金会选出几个题材作为炒作方向,等待其他市场资金发现和观察,哪个题材会胜出,需要市场确认。所以,在这个阶段,投资者只能根据你对市场情绪、题材与个股的认识进行小仓试错,市场赚钱行情并未真正到来。

2. 情绪发酵

随着题材板块中个股的轮动涨停,其中一个题材的板块龙头超预期涨出空间,助攻股也出现二板股、三板股,市场情绪进入发酵期。

不同市场环境下,有1～3类题材会受到市场关注,被各路资金一起炒作,多条线开展涨停攻击。短线市场的情绪就会开始扩散发酵升温变暖,吸引市场外资金更多地关注这些题材,吸引更多资金对这些题材的个股开展挖掘攻击。特别是那些交易模式追求确定性的大资金,在题材出现持续性后,就愿意选择有龙头相的个股做接力,让强者恒强。而热点板块中的一些个股将被市场资金挖掘出来做助攻套利,出现"卡位、助攻"等结构式的上涨来维护本题材龙头的地位,并借助龙头带起板块的上涨趋势,实现涨停套利。板块攻击形式体现为卡位套利和助攻套利,以维护龙头的中军地位。

在情绪的发酵期,题材的热度还没有出现高潮,要思考几个问题。

一是比价效应。比价效应就是对这一阶段的龙头涨停板的空间特征要有一个心理把握和政策把握。常规行情下,如果这一时期之前,板块龙头股通常在5板夭折,监管习惯在5板打压,就要小心跟随和观察,不要轻易参与高位板。而从经验上讲,当指数情绪与游资市场情绪周期形成共振,市场又经历了连续下跌,市场与监管层都思涨时,在这个情绪的拐点就容易产生助力,让短线龙头跑出突破空间板。但是如果没有天时地利的配合,市场通常会受习惯思维控制。所以,在操作上必须对行情有一个定位。同时,也要观察龙头的上涨是否会超预期演化为市场龙,要尊重真实趋势。如果题材龙头突破了之前的5板心理限制,这就是超预期了。市场心理就是这样,一旦超出心理预期,市场心理就会被反向强化。本来是谨慎的，一下就会变成激进的，就会受到更多资金的关注，进一步激活市场情绪，这个题材的炒作就会升级。

二是如何套利。短线交易走出赚钱效应后套利方式有两种，即龙头套利与卡位助攻套利。龙头套利就是只追龙头，试错龙头的先手或分歧时低吸与打板。卡位助攻套利就是借助龙头的人气选择卡位小弟，或前排助攻小弟打板套利。在题材的发酵期，短线龙头在形成之中有了龙头相，就有了上位龙头的条件，但此时题材内的涨停板股票还没有达到一致高潮，氛围还不够强。此时的套利，依然最重视做龙头，因为龙头一旦成真龙，后面的溢价是非常大的。所以，首先是上龙头。龙头并不是板块中最先涨停的个股，通常是连板最多的领涨股。但有时会出现几只连板股领涨，就需要相互竞争走出龙头。

如果没能上龙头，就上首板的卡位小弟，或一进二的前排助攻小弟。一进二是指同题材中当日最先上涨的二连板。如果二连板是卡位板更好，追题材内的卡位第二板，次日的溢价概率更高，不要玩尾盘的跟风板。

上面是情绪发酵期的套利策略，下面解释一下这个逻辑。

一是任何阶段，只做最强，这是最核心的原则。所以，首先要上的还是板块内的领涨股。而且一旦成为真龙，溢价是最高的。

二是如果真龙没有上，或者是太急于追板，为什么上卡位首板或一进二卡位板溢价相对好呢？首先是发酵期过后就容易到高潮期。这个阶段的题材内二连板的位置就存在高潮期三连板的溢价，有这个预期，里面的主力通常容易锁仓到三板的高潮期。其次是题材内二连板中谁最强，肯定是题材内第一个卡位的二连板。卡位就是前锋，是为龙头上涨先试盘挡刀的。所以，这个阶段打二板一定要打先锋。再次是没有卡位二连板，打首板卡位股，通常溢价比后排高。个股敢于卡位，本身就是一种强势的体现。记住，反复用了"这个阶段"这个词，是提醒此策略只适用于发酵期。

3. 情绪高潮

所谓情绪高潮，就是题材通过情绪发酵，市场的赚钱效应一下提升了，热点题材在市场中引起了资金的一致性关注和认可，而出现了一致性大涨，最直接的体现就是此热点题材的涨停板一下出现10多只，连板股增多，当日该题材的赚钱效应爆棚。这时就要记住一句话："买在分歧，卖在一致。"

(1)卖在一致

在市场热点板块出现一致性的个股的暴涨时,切不可随意追涨打板。为什么说"买在分歧,卖在一致"? 一致日最好的策略不是买股,而是卖出小弟做超短。如果实在要买股,就只能追龙头股,其他股都不要买。因为一致日的涨停板鱼龙混杂,多是跟风,除了龙头很难搞清楚哪一只股票会继续强势。

同时,由于当天看好的市场资金大量集体性买入,根据"买入者就是卖盘者"的道理,一致日让持仓者增多,加强了潜在空方的力量,这些资金次日谁来接盘?所以,一致日的次日必然会走向分歧,卖盘远大于买盘。所以,不论是一板股、二板股,还有上面讲的二进三板的股,都是跟风龙头上来套利的,多数接力空间有限,在一致日次日的分歧日都可能是卖盘。一致性高潮时追板次日吃面的可能性就很大。尤其是题材炒作没经过发酵,一上来就是一致日时,次日更容易吃大面。所以在一致日打板存在很多不确定性,而唯一可以确定溢价相对大的就是上龙头股。如果次日连龙头也没有溢价,其他股就更不用说了。

(2)买在分歧

龙头板块出现第一个一致的次日是分歧日,这一天会有更好的买点。这一点的交易策略有两点:

一是继续追龙头股。

追龙头的逻辑是:如果在分歧日龙头股换手充分后能再封板,这个封板点就是追入点。分歧日充分换手,说明之前的部分获利盘已经兑现,如果第一次分歧换手后还能上去封板,说明龙头趋势不变,还被强化,后面仍具有溢价。

二是追首板卡位,放弃中间股。

不追中间股而追首板卡位的原因在于,中间股就是题材内的三板以上的强势跟风股,跟风股上到三板之上,风险盈亏比是不划算的,所以不适宜再追高,除非有卡位老龙头想要上位新龙头位的股。

从资金对风险套利的敏感性讲,只要龙头不倒,题材就存在套利的空间,资金就会不断挖掘这个题材里面的个股跟风。分歧日首板卡位龙头的个股,是一个盈亏比不错的套利选择,卡位板是当日最强的小弟,龙头不倒,首板卡位小弟次日溢价比较高。

同时,对于跟风股套利的理解我们要具备一个意识,就是期望不能太高。

不能像期望龙头股一样期待跟风股不断上涨,吃一个涨停套利就很好了,两个涨停是超预期了。当然在中间股中,也不排除龙二会出现卡位龙头上涨的可能性,但这个是小概率事件,因为龙头地位具有唯一性和权威性,如果被龙二挑战成功,那就一定要小心,这个老龙头的溢价就有问题了,就要回避。

(3)情绪继续发酵

只要赚钱效应持续,龙头股的情绪对市场的影响就会继续发酵,行情就会向纵深发展,一致、分歧、再一致、再分歧的情况就会反复出现,直到龙头倒下。这期间,如果市场存在几条线的短线龙头,相互间就可能会出现争宠上位总龙的竞争。那么,一路上就始终要把握坚守住只做总龙头的理念,在行情结束时总龙头相比分龙头一定是最后倒下的。

一轮强势的赚钱效应,会分段呈现"上涨、回调、上涨、再回调、再上涨"的阶段,出现多个龙头股接力的情况。不断出现真龙,让整个赚钱效应非常突出。

(4)龙头的高低切换

在整体赚钱效应中,龙头的出现有阶段性特征。在一个阶段性的真龙见顶后,如果市场仍然在赚钱效应中,那么通过短暂的一两周回调,市场也可能出现新的题材在竞争中走出新龙头。所以,当一个题材真龙在分歧后出现见顶现象时,就需要把握龙头的高低切换,绝对不要再参与这个将过时题材的跟风股套利了,而是要重新回到对新题材的理解上,切换到对新题材一板或二板的试错上来。跟随市场,看是否出现新的龙头,及时参与,这就是所谓的龙头的高低切换。

当然,这个切换在一个比较大的题材中,也可能出现新的支线题材对原主线的卡位上位。从支线题材走到主线题材,在模式上也要"弃高试新"。"弃高"就是不再追老主线老龙头,如果老龙头的合力不行了,跟风股哪还有合力和溢价。这时就需要切换到低位去试新支线题材,或有上位趋势、已经有总龙相的支线龙头股上。

总之,板学交易的核心一定是跟随主流,所有玩法的核心都在于发现龙头,参与龙头。

对于市场周期情绪的理解中,还有几个问题需要区别:赚钱效应中的回调与亏钱效应周期是不同的。持续强势的赚钱效应,每一个阶段龙头股的熄火,市场都可能出现一段回调休息(如果有新龙直接卡位,也可能没有回调)。回调代表了时间不会太长,可能一两周以上时间,市场就会有新的题材催生出新龙,就需要继续对新题材试错。如果是亏钱效应,就不一样了。赚钱效应时间越长,亏钱效应的恢复时间就会更长。所以,这是两个完全不同的概念。

当然,"高低切换"的时间,还会出现无缝承接的,在老龙还没有完全见顶时,新龙的板块可能已经启动。

4. 情绪衰落

龙头股在短线交易中是市场情绪的指南针,赚钱效应与市场龙头股的盛衰有直接关系。

龙头不可能没有尽头,赚钱效应也不可能一直持续下去。赌局终归要结束,要兑现最后的分配。所以,当市场的总龙头行情结束时,没有再出现新的题材龙头时,市场的人气就会散了。实际上,当龙头上涨乏力时,就出现顶部特征,情绪就已经在改变。大资金会提前选择离场,跟风股会出现炸板或一致性下跌,市场中亏钱效应开始显现。其实在龙头滞涨见顶时,也可能还有跟风小弟涨停,这时就完全不能再贪了。

市场可能还有一些惯性上冲,实际主力资金都在撤退,主要还是有散户的人气在里面坚持。所以在情绪的衰退期,就应该完全回避和休息,保护好已得的利润,切不可逆势而为。

上面是标准的热点题材,从点到面再到高潮的情绪演化。但是,市场中还有一种情况不同于此。一个题材在消息面突然出现超预期信息的刺激,那么次日就可能出现一致性的涨停,出现十多个涨停板。没有点火,也没有发酵的过程,直接就进入"一致"性阶段。这种情况下,当天一定不能乱打板。因为,这种情况,10多个涨停都在首板,是看不出谁有龙头相的。而且,你也不知道这个看似火爆的热点有没有持续性,会不会成真热点。

在这种情况下,最好是等第二天分歧日再下手。如果分歧日在竞合集价时,感受到热点持续,符合预期,就找最先上二板的股下手。如果最高有三板,它就是板块的最具龙头相的个股,只要环境与空间配合,就打换手充足的三板。再次之打卡位首板。

但是,有的投资者如果在一致日一定要参与,那就有两个选择,在竞价时就要观察好:一是追开盘后最先上涨的那一只(排除一字板);二是追当日题材中最高的板,通常是一进二的板。最先上涨的气势足,而高标股最有人气,后面跟风上来的就不要参与了。

这只是一个建议,真正的决策,必须结合市场情绪周期、赚钱效应阶段才能做出决定。如果市场在亏钱效应阶段,这种一致性上涨的后面可能是一致性下跌,所有交易决策都需要结合盘面相机而动。

三、理解盘面资金情绪的演绎逻辑

前面的内容主要讲理念和逻辑,但要真正理解透并不简单,必须每天每周从实盘中感受,这就是板学复盘的要点。板学每天复盘做什么?一是通过盘面感受市场情绪的周期处于什么阶段,有没有交易的机会。二是看明白各路资金进攻的方向(题材)和逻辑,感知谁是市场的主线与次线,主次线中谁在竞争中走出龙头相成为板块中军,助攻小弟们是什么情况。然后结合情况,试错参与具有龙头相个股的行情或围绕龙头开展套利。三是通过当日的复盘对前排高标股(各主次线龙头)做出次日的预期,再结合预期的判断,观察各题材龙头股是符合预期、超出预期或低于预期,以此及时调整对盘面人气强度、题材强度的理解,做出当日的交易纠正策略。

如果没有每天的复盘,会导致出现以下问题:第一,很难细致入微地感受到每天盘面的变化,也就很难发现谁是当天最强的主线,谁是市场最有号召力的个股。第二,不能对次日盘面强势的持续性与主线提前做出预判,没有对强势股的预判,在次日就没有对盘面资金攻击演化的参照。所以,复盘的目的就是要通过对盘面资金攻击与情绪演变脉络的梳理,把当天从竞价、早盘、午盘到收盘的主流资金强度及其攻击的各热点板块之间的逻辑关系找出来,通过持续观察每天盘面各条主线的变化关系,就可以持续把握并跟上市场主流资金,也就能为具体操盘提供明晰的路径。

因为看懂盘面的目的只有一个,识别和抓住龙头。如何把握这个关系?可以从横向、纵向及大盘三个方面思考。

一是横向的关系。理解盘面上题材之间的竞争关系,这个关系体现在题材龙之间的竞争,小弟对竞争对手题材龙的阻击等。即主力资金之间也在为自己利益板块而竞争。市场并不单纯,主力资金群体不只攻击一条主线,而是多主线攻击并竞争。胜出者,成龙者,让群体利益得到保障。

二是纵向的关系,即板块内部的竞争与助力关系。要理解题材板块内龙头竞争与小弟之间的相互助力产生的溢价与补涨关系以及小弟间的定位或地位关系。板块龙头也需要竞争出来,板块内具备龙相的龙一和龙二也在竞争。同时,为了维持本板块的影响力和强度,资金群体会围绕龙头开展助攻与套利。

三是理解打板市场与指数的互动关系。

打板的情绪周期与指数的情绪周期共振,通常是催生大龙大妖的条件。所以,清楚理解打板市场与指数的互动关系,对于保持打板长期的胜率是重要的。打板不需要考虑指数的影响。对打板与指数的情绪周期共振的精细微妙的把握,能让投资者对市场的感受更深刻,这也是一种功力。

板学每周的复盘做什么?

复盘要把周一到周五各个板块之间的逻辑关系梳理出来,看明白当周主流板块是如何从点火、发酵、分歧、一致走向衰退的。看明白各条线中的龙头与补涨之间的承接关系如何深化,主线板块和支线板块之间如何定位和转换,是否有新龙头卡位等系统地梳理总结一遍。复盘就是清清楚楚地把一周资金进攻的主次线逻辑、盘面的情绪变化以及最后的结果看明白。然后再结合自己在当周的交易,把成功点与失败点总结出来,把对下周的行情预期整理出来,指导交易决策。

通过日与周的反复复盘,投资者就能慢慢形成对盘面走势的逻辑推演能力,假以时日,对市场的理解就能够更加深刻和清晰。这种对盘面走势逻辑推演能力的培养,就是为了能无限接近市场主力思维!

下面介绍跟盘记录的办法。在介绍跟盘记录前,先要了解一下跟盘记录的内容。记录的内容有如下几项:第一是大局观,第二是高标股,第三是时间顺序,第四是观察主流,第五是盘面变化。

第一个是大局观的问题。这是对上日盘面的一个综合理解,涉及以下内容:一是上一日的赚亏情绪在哪个阶段,二是上一日资金的主流、支流在哪里,三是上一日的高标股是哪几只,四是指数环境与国际环境判断,五是对今日高标股的预期是什么。

第二个是高标股趋势问题。打板一定要聚焦短线龙头。对于上日封板的几只高标股,一定要做出当天的竞价预期,并在当天的竞价时间,结合对高标股的预期,对市场提前做出判断。高标股是超预期、符合预期或低于预期,对短线市场的影响是非常大的,因为高标股本身就是市场短线情绪的标杆。如果符合预期,可以按原计划操作;如果是超出预期,就要强化做多意识;如果是低于预期,就必须小心。高标股作为短线市场情绪的风向标,如果本身接力出问题,又没有新的题材或龙头接力,市场中的跟风小弟就更没有能接力的了,市场人气就散了。

第三个是记录的时间顺序。记录的时间顺序通常分为竞价阶段、开盘阶段、早盘、午盘和尾盘。

实际上,从竞价阶段开始,从高标股竞价时是否出现一字板,是否高开,或哪个题材比较强,就可以大致感觉到上一日主流与次主流的持续性。竞价是一天交易中非常重要的阶段,它代表了上日市场收盘后资金复盘的态度和情绪。这个情绪是当日众多短线大资金观察市场,提前做出预断纠正的重要窗口。

开盘是对竞价的确认,这个阶段有两个观察点:其一,重点观察热点题材的情况。一是如果之前的市场存在主流题材,这个热点题材处于什么阶段。二是如果之前市场没有主流题材,当天的市场有没有新题材出现。其二,观察热点高标股情况,有没有卡位股助力,板块中个股与龙头股的联动性如何。一是如果开盘后,高标股不及预期,或超出预期,就需要对盘面的情况结合对高标股的位置与定位及时做出纠正。感受高标股对板块和盘面的影响。高标股如果不及预期,很可能将严重打击短线盘面情绪。二是观察开盘后小弟们的情况,有没有小弟为龙头出头卡位,对龙头的影响如何。早盘、午盘和尾盘阶段,就要重点分析各板块中资金涨停股的异动情况,分析异动涨停股间的关联关系。抓住三个时间段主流与支流的竞争,龙头与小弟们的相互配合情况,及时识别盘中机会与风险。

后面是观察主流。观察上日主流与今日主流是否一致或变化。短线跟盘必须持续跟踪和确认主流在哪里,主流中的龙头如何变化!每天市场都会有很多涨停板,但是只有具有主流、支流和次主流效应的板块最具市场合力,才值得研究。没有主流就没有市场合力，没有市场合力就没有赚钱效应，也就没有参与的价值。

最后是盘面变化。市场盘面呈现的是资金群体的群龙争霸。市场盘面个股的变化与主力资金群体招式的变化是比较复杂的。所以，对于盘面的变化要培养起敏锐的关联能力和联想能力，从而识别出主流资金意识，对盘面的异动做出相关决策的调整。盘面的变化虽然很多，但只要抓住一条主线，就能把握住要点。这条主线即主流在盘面的变化，龙头在盘面的变化，这些变化要通过参照自己预期的判断来体现。抓住了主线，分析起来就不难了。

四、实盘复盘案例

下面以市场中某一周的热点行情做一个复盘讲解。

（一）12月24日，周一

大局观：整体指数市场缩量反弹，人气仍低迷，打板处于亏钱效应底部期，这个位置是可以试错的位置。

龙头股：市场的高标股只有一只，泰永长征（已有四板）。题材：超跌＋次新＋5G。

竞价预期1：总龙头泰永长征竞价上个交易日烂板后尾盘回封，预期今日平开或低开。今日跳空高开，高于预期。这说明当天高标股人气不错，有利于板块持续上涨。

竞价预期2：百邦科技一字，一进二板。猛狮科技一字，一进二板，天永智能一字一板。

开盘后

次新超跌题材：百邦科技（一字二板）。

智能设备题材：猛狮科技（一进二板，一字板）。

天永智能（一字首板）。

次新＋智能题材：赛腾股份（秒板，首板）

题材不明：达安股份（卡位，首板，9:34）。

总龙头：泰永长征（五板，9:40）。

5G题材：天奥电子（卡位，一板，9:38）。

超讯通信(首板,前排助攻,9:45)。

贝信通(首板,前排助攻5G,10:08)。

东方通信(首板突破新高,前排跟风,10:11)。

东信和平(首板突破新高,前排跟风,10:11)。

汇源通信(首板,前排跟风,10:19)。

小结:早盘是多题材助攻泰永长征。当时认为"天奥电子"是卡位板,后来行情说明达安股份才是真正的卡位板,划在5G题材内。而东方通信当时还只是首板跟风的小弟,看不出龙头相。早盘的特征:5G题材是资金主流,最强。

午盘和尾盘

填权题材:老龙超频三(首板,跟风)。

5G题材:飞荣达(首板,跟风助攻)。

春兴精工(首板,跟风助攻,突破前高趋势板)。

其他题材还有涨停,较零散。

环境加消息面:全天上证只有857亿元。早盘下跌后,午盘蓝筹维稳止跌反弹,证券破位,市场缩量反弹,市场处于底部缩量期,机构资金谨慎,没有明显利空消息。

日内总结:

(1)总龙头泰永长征集合竞价超预期,当天五连板,开盘后可以追涨停,但是换手不够,是一个隐患。只要总龙头不倒,我们就可以围绕总龙头挖掘卡位板的套利。所以,在总龙头高开强势的情况下,可以在总龙上板前对5G的卡位板天奥电子套利,实际卡位板是达安股份。

(2)5G是当天最主流的热点,共有7只股涨停。通常最有溢价的是卡位板,其次是前排助攻小弟。所以当天的策略,要么上总龙头,要么就套利上卡位板和前排助攻板。

所以,当天如果要打板,一是泰永长征,二是天奥电子与超讯通信、贝信通等。但是从盘后看卡位板实际是达安股份。当时达安股份实际没什么题材归类,后来才归为5G,打板就是如此,联想性很强,关键是有资金持续炒作。

那么是打板龙头还是打卡位与前排板。在这个位置是仁者见仁的,原因如下:担心龙头5板空间会有监管风险。但是如果没有监管出现,它突破了5板反而会增加人气,而且当天涨停助攻总龙的个股不少,打板氛围是偏暖的。这种情况下,就看你如何看待博弈的问题。如果担心监管,稳妥的方法是打最主流的卡位板,相对次日的溢价和逃跑机会比其他股强。如果要博弈上总龙头,总龙头可能成妖股,后面的溢价就很大。所以,这是博弈思维的取向问题。

而在选择卡位与前排板哪只个股时,还有一个必须关注的环节就是个股的形态与筹码结构,如果卡位股结构好,先选卡位。从后来的情况看,后面上位接任总龙头的东方通信在这一天还只是跟风出现了第一板。所以,一板是不可能看出它的龙相的,龙相是竞争出来的。

不少高手不喜欢追一板是有原因的,追一板很可能会错失龙头股。

在这一天的涨停板中,有一个问题需要关注。通常打板一般主要关注前排的涨停股,比如龙头和卡位股。后排尾盘的跟风股是不考虑的。但是有一种情况要引起重视,就是突破阶段平台的热点题材趋势股,趋势股是有机构资金在里面运作的。通常游资和庄股是各不相犯的。但是在市场大底部,尤其在要进入熊末牛初的市场大底阶段,机构主力资金容易与游资一起抱团玩庄游上涨,因为大家都希望借势。所以,这一天有两只5G趋势股涨停:东方通信和春兴精工。这种形态的股不论是前排涨停还是尾盘涨停,在底部行情中都要引起关注(如表2-1所示)。

表2-1　　　　　　　　　　　12月24日同花顺涨停复盘

股票代码	股票简称	现价(元)	成交额(元)	涨停时间	连板天数	涨停原因
次新股							
300736.SZ	百邦科技	25.14	0.31亿	09:30:00	2	次新+手机
603895.SH	天永智能	29.26	0.44亿	09:30:00	1	超跌次新
603283.SH	赛腾股份	18.57	0.72亿	09:30:15	1	超跌次新
002922.SZ	伊戈尔	19.49	0.97亿	09:34:00	1	超跌次新
002935.SZ	天奥电子	45.66	1.37亿	09:37:30	1	超跌次新
002927.SZ	泰永长征	37.64	3.05亿	09:52:15	5	次新+5G+华为
300700.SZ	岱勒新材	24.89	0.84亿	10:11:15	1	超跌次新+光伏
5G							
603322.SH	超讯通信	26.36	0.51亿	09:45:30	1	5G

续表

股票代码	股票简称	现价(元)	成交额(元)	涨停时间	连板天数	涨停原因
603220.SH	贝通信	21.98	4.93亿	10:07:15	1	5G+次新股
600776.SH	东方通信	8.49	4.66亿	10:09:15	1	5G
002017.SZ	东信和平	7.55	1.37亿	10:15:45	1	5G
000586.SZ	汇源通信	8.38	0.58亿	10:16:30	1	5G
300602.SZ	飞荣达	33.87	2.09亿	14:31:01	1	5G
002547.SZ	春兴精工	5.17	6.16亿	14:44:01	1	5G
其他						
002684.SZ	猛狮科技	6.88	0.29亿	09:30:00	1	国资驰援
300453.SZ	三鑫医疗	10.48	0.67亿	09:30:00	2	高送转
600692.SH	亚通股份	6.97	0.29亿	09:30:15	1	土改
300635.SZ	达安股份	13.07	0.29亿	09:33:45	1	超跌反弹
300680.SZ	隆盛科技	18.58	0.73亿	09:47:00	1	高送转+汽车零部件
002556.SZ	辉隆股份	5.19	1.54亿	09:51:30	1	土改
002871.SZ	伟隆股份	26.64	3.16亿	10:28:00	2	高送转
002900.SZ	哈三联	12.25	0.97亿	10:44:45	1	医药
300647.SZ	超频三	16.51	2.06亿	13:21:31	11	强势股反抽
300140.SZ	中环装备	11.47	2.29亿	13:25:16	1	雄安新区
002907.SZ	华森制药	21.69	3.50亿	13:48:01	3	医药+超跌
002199.SZ	东晶电子	8.7	0.51亿	14:00:01	1	超跌反弹
603507.SH	振江股份	20.79	0.76亿	14:23:46	1	风电
002285.SZ	世联行	5.4	0.79亿	14:29:01	1	住房租赁
600421.SH	ST仰帆	7.84	0.06亿	14:54:46	1	ST板块

把表2—1记下来,当天总龙头的市场情绪,资金主攻的主流热点板就一目了然。那么晚上的复盘就有了方向,观察的目标也很清晰,即总龙头+5G这条线。

(二)12月25日,周二

大局观:美股缩量暴跌,观察指数、总龙和竞价情况。

龙头股:市场的高标股两只:泰永长征(五板)、华森制药(四板)。

集合竞价1:泰永长征低于预期,出现核按钮,带出华森制药核按钮。

集合竞价2:达安股份(5G,超预期,一字进二板)

超讯通信(5G,超预期,一字进二板)

总龙头出问题,市场一定要高度谨慎。上日5G涨停前排个股超预期,说明今日市场有大分歧。关注会不会有新龙卡位。

开盘:总龙头核按钮后,低开高走。

5G题材:超讯通信(卡位,一字进二板)。

神宇股份(首板,前排助攻,9:56)。

赛意信息(首板,前排助攻,10:16)。

汇源通信(二板,前排助攻,10:40)。

百邦科技(三板,前排助攻,10:51)。

其他题材:超跌、创投、股权转让、并购预期等,有七八只零星上板。

小结:受美股暴跌影响,早盘上证指数持续低开低走,最低-2.5%。早盘看最强的主流还是5G,而且相对指数超预期,总龙头泰永长征走势较弱,市场分歧明显,5G题材在发酵。

早上,从指数风险的角度看,实际没有博弈的好机会。但是如果你在上日做了5G的先手,打了天奥电子与超讯通信、贝信通等个股,它们在今日继续上涨,5G板块又超预期,就会比较主动,可以守住观察午盘情况。当日,天奥电子涨5%,超讯通信与贝信通二连板。但是,如果博弈的是总龙头泰永长征,当天就出现风险了。

午盘:蓝筹维稳,指数开始反弹。

5G板块13:00后继续出现中富通、通光线缆、奥维通信等个股首板助攻5G套利。

总龙头泰永长征受指数反弹情绪影响,13:49大长脚从水上拉起涨停,市场的情绪一下扭转。

5G板块上日的前排助攻小弟:东方通信、贝通信、春光精工、东信和平相继涨停,出二连板。

总龙涨停后其他题材,如创投、超跌次新、高送转等都有个股跟风表现。所以,总龙头对情绪的影响是非常大的,但最主流,也最值得关注的板块当天仍是5G。

日内总结：

(1)总龙头当天出现大分歧,虽然换手上板了,但是对短线情绪和气势还是有影响,次日会怎么走有很大悬念。从盈亏比讲,当天总龙头的涨停,出货的概率大！

(2)当天的5G板块在总龙出现大分歧后,反而走出了一致,比上一日还要强,超出预期了。当天出现了6只二板股(东方通信、贝通信、春光精工、东信和平、超讯、汇源),1只三板股(百邦科技),就有联想了：

5G如此强,次日总龙如果衰落,5G中会不会有个股上位想卡位总龙头。那7只二连板以上的个股就是次日要关注的重要对象,也是当天晚上复盘要分析的重要对象。

再返过来看24日的策略：要么总龙头,要么主流卡位或前排。24日的卡位股天奥电子冲高回落,其他前排股东方通信、贝通信、东信和平、超讯、汇源都实现了连板,溢价非常不错！为什么天奥电子没有连板,看它的形态与筹码结构就明白了。而如果选择后排的跟风个股,当天就容易出现一日游。所以,打板不是只认涨停,而要有逻辑。

(3)当天5G板块出现一致性,次日就是分歧日,多数股会一日游,只能追最强。当天的交易策略就很简单：卡位股和前排股。还有就是两只走势强劲的趋势股(东方通信和春光精工)。其他随泰永长征情绪转板的后排都不考虑,分歧日会让大多数个股出现一日游,向少数股集中。

次日的策略：一是观察总龙头,二是在5G板块的二进三中,看有没有谁会卡位总龙头,玩龙头的高低切换！

以上就是大家每日盘中要做的功课。

要追踪的一定是把握市场环境、总龙头,还有主流板块的资金流向,它们就是市场的炒作逻辑和核心脉络,打板始终要理解的都是市场资金群体的合力,这就是打理解力板。不要受限于所谓的最强分时线之类的技术板,要超越技术板,技术板含于理解力板之中。

通过这两天的走势,看出一个结论,主流是走出来的,龙头也是竞争出来的,不是谁能设计的。

一板你能看出东方通信后来是龙吗?不可能。而二板能看出来吗?也不可能,只有顺着一个题材从"点火、发酵、加速、一致再分歧、再一致中"去观察和感受题材中连板股逐步的竞争淘汰,而胜出者才会是板块龙头。每一个板块中的个股都有资金在做,都希望自己的股成龙头,这就需要竞争。

行情强劲时,有的板块内争龙的个股很多,就更需要慢慢走出来。而有时有的板块合力在个股上相对集中,其龙头相可能更突出,就更容易判断些。

所以,对一个题材龙头的试错,通常是从二板开始,三板如果对了再加仓,如果选错了就要换仓,并在成功的三板股中再去试错。而对于一些大资金而言,有的个股有龙头相后,要在三板或四板出现后他们才会接力。所以,不要老想买在龙头第一板,买到也只是巧合,这只股正好走成了龙头而已。龙头战法的核心之一是不断试错。

当然,对于上一板或二板的问题,是需要结合市场的历史阶段和情绪周期来定。如果市场处于很难有二板赚钱的时期,参与二板就有问题了!就只能小仓位参与一板,当然这个时期最好是不参与,空仓休息更好!表2—2是12月25日同花顺涨停复盘。

表2—2　　　　　　　　12月25日同花顺涨停复盘

股票代码	股票简称	现价(元)	成交额(元)	涨停时间	连板天数	涨停原因
5G						
603322.SH	超讯通信	29	0.61亿	09:30:00	2	5G
300563.SZ	神宇股份	26.4	0.64亿	09:56:30	1	5G
300687.SZ	赛意信息	20.92	1.87亿	10:16:15	1	5G+华为
000586.SZ	汇源通信	9.22	1.50亿	10:40:00	2	5G
300560.SZ	中富通	20.06	1.38亿	13:09:00	1	5G
300265.SZ	通光线缆	7.54	1.01亿	13:25:00	1	5G
002231.SZ	奥维通信	6.9	1.33亿	13:51:45	1	5G
600776.SH	东方通信	9.34	9.25亿	14:03:15	2	5G

续表

股票代码	股票简称	现价(元)	成交额(元)	涨停时间	连板天数	涨停原因
603220.SH	贝通信	24.18	11.93亿	14:03:45	2	5G+次新股
300578.SZ	会畅通讯	16.75	1.63亿	14:14:15	1	5G
002547.SZ	春兴精工	5.69	8.33亿	14:15:30	2	5G
002017.SZ	东信和平	8.31	3.61亿	14:53:00	2	5G
次新						
300736.SZ	百邦科技	27.65	3.22亿	10:51:45	3	次新+5G+华为
002927.SZ	泰永长征	41.4	5.70亿	13:48:00	6	次新+5G+华为
603283.SH	赛腾股份	20.43	2.49亿	14:07:00	2	超跌次新
603516.SH	淳中科技	25.53	1.22亿	14:09:30	1	超跌次新
002922.SZ	伊戈尔	21.44	2.84亿	14:11:30	2	超跌次新
创投						
002571.SZ	德力股份	5.53	0.74亿	09:42:45	1	创投
600250.SH	南纺股份	8.12	1.25亿	10:43:00	1	创投
002417.SZ	深南股份	10.57	3.32亿	13:55:00	1	创投+5G
002451.SZ	摩恩电气	11.66	7.23亿	14:46:45	1	创投
002243.SZ	通产丽星	13.75	7.70亿	14:53:15	1	创投
000917.SZ	电广传媒	6.94	6.32亿	14:55:00	1	出售子公司+创投
其他						
002824.SZ	和胜股份	10.67	0.52亿	09:30:00	1	前期强势股
300635.SZ	达安股份	14.38	0.19亿	09:30:00	2	超跌反弹
300290.SZ	荣科科技	6.85	0.81亿	09:30:45	1	控股股东变更
000531.SZ	穗恒运A	5.48	0.33亿	09:31:15	1	出售公司
603168.SH	莎普爱思	7.63	0.36亿	09:33:00	1	股权转让
600877.SH	ST嘉陵	4.78	0.15亿	09:35:00	1	并购重组预期
002684.SZ	猛狮科技	7.57	1.84亿	09:36:15	2	国资驰援
002199.SZ	东晶电子	9.57	1.07亿	09:42:15	2	超跌反弹
002052.SZ	同洲电子	4.65	2.97亿	13:38:45	1	举牌

续表

股票代码	股票简称	现价(元)	成交额(元)	涨停时间	连板天数	涨停原因
002194.SZ	*ST凡谷	6.87	0.92亿	14:03:15	2	回购股份
002098.SZ	浔兴股份	8.47	3.22亿	14:12:45	1	电商
300140.SZ	中环装备	12.62	3.58亿	14:30:00	2	雄安新区
300392.SZ	腾信股份	8.12	2.26亿	14:31:15	1	超跌＋股权转让
300453.SZ	三鑫医疗	11.53	2.21亿	14:34:45	3	高送转
002252.SZ	上海莱士	7.11	13.03亿	14:38:30	1	超跌反弹

(三)12月26日,周三

26日后东方通信成龙的盘面情况如下:

5G板块的二板股中只有三只走出了三板,分别是达安股份、超讯通信、汇源通信。

26日出现了一个新情况。5G板块25日在一致后,26日出现分歧,资金集中到了其中6只上,上日的13只涨停股,多数都成为一日游,所以分歧日打板的风险很大,尤其是后排跟风首板。26日涨停的6只个股,3只是25日的前排连板股,2只后排助攻,1只首板。

但是在资金面上出现了一个新特征:特高压题材崛起了,当天出现了15只股的一致性涨停。5G被特高压抢了风头。总龙头泰永长征冲击7板后烂板破位,龙头地位不在。

盘面资金被特高压分流。后面看东方通信是第一期新龙头,而后面的第二期大龙头风范股份也在这一天出现首板,只是当时的定位只属于特高压题材的前排跟风助攻股。

26日在总龙头泰永长征烂板后,市场只有5G板块有3板股,就看3板中有谁能走出4板卡位上位成总龙。

而后来的总龙头东方通信在26日则是出现高位放量突破新高的大换手洗盘。而这是不是真洗盘或洗盘是否能成功,只有27日才知道,26日收盘上涨1.5%。但是当天的成交量是一个信号,如此大的换手如果在27日下跌,那就可以定义此股已跟风见顶。如果27日反包封板,性质就不一样了,就是属于空中加油,会极大吸引短期人气。表2—3是12月26日的复盘。

表2-3　　　　　　　　　12月26日同花顺涨停复盘

股票代码	股票简称	现价(元)	成交额(元)	涨停时间	连板天数	涨停原因
待高压+电网							
300617.SZ	安靠智电	22.15	0.16亿	09:30:00	1	特高压
603016.SH	新宏泰	18.47	0.45亿	09:30:00	1	特高压
503577.SH	汇金通	9.69	0.20亿	09:30:00	1	特高压
300069.SZ	金利华电	10.49	0.41亿	09:30:15	1	特高压
300514.SZ	友讯达	13.98	0.73亿	09:32:45	1	电网
600268.SH	国电南自	4.15	0.38亿	09:36:00	1	特高压
600379.SH	宝光股份	7.59	0.30亿	09:38:00	1	特高压
002879.SZ	长缆科技	13.76	1.13亿	09:42:30	1	特高压
002692.SZ	睿康股份	4.19	1.33亿	09:49:45	1	电网
603050.SH	科林电气	12.31	0.59亿	09:50:00	1	特高压
600290.SH	华仪电气	5.08	2.78亿	10:01:45	1	特高压
300491.SZ	通合科技	16.2	0.87亿	10:07:15	1	电网
601700.SH	风范股份	3.15	0.69亿	10:18:15	1	特高压
002270.SZ	华明装备	4.47	0.43亿	14:37:30	1	特高压
002560.SZ	通达股份	5.31	1.68亿	14:49:45	1	特高压
5G							
300265.SZ	通光线缆	8.29	0.21亿	09:30:00	2	5G
300635.SZ	达安股份	15.82	0.12亿	09:30:00	3	5G
603322.SH	超讯通信	31.9	0.38亿	09:30:00	3	5G
603618.SH	杭电股份	5.54	0.63亿	09:40:15	1	5G
300560.SZ	中富通	22.07	3.37亿	10:28:15	2	5G
000586.SZ	汇源通信	10.14	3.34亿	14:46:45	3	5G
创投+独角兽							
002571.SZ	德力股份	6.08	1.31亿	09:33:15	2	创投
002058.SZ	威尔泰	13.62	1.12亿	10:31:15	1	创投
002243.SZ	通产丽星	15.13	8.98亿	10:51:45	2	创投

续表

股票代码	股票简称	现价(元)	成交额(元)	涨停时间	连板天数	涨停原因
300462.SZ	华铬智能	17.07	2.54亿	10:59:00	1	参股独角兽
300687.SZ	赛意信息	23.01	2.62亿	13:53:15	2	创投
300148.SZ	天舟文化	4.69	4.08亿	13:56:30	1	创投
其他							

(四)12月27日,周四

27日盘面:

26日特高压出现一致性大涨,有15只个股涨停,而在27日的分歧日却只有一只出现连板(风范股份),其他全成一日游。27日指数高开低走,当天赚钱效应不明显,涨停股大幅减少。但是,5G板块再度成为主流热点,出了7只涨停,占了当日涨停股近一半数量,此日为一致性行情,次日必有分歧。

5G板块中出现了2只4板(达安股份和汇源通信)和东方通信2+1板。知道26日东方通信大换手的资金非常清楚,东方通信当天这个板的人气就非常高了,证明了上一日的大换手是大资金空中加油。这2+1板的人气就不比两只4板股差。市场已经没有总龙头,现在就看这三只股的竞争。而另一只股风范股份也悄悄地孤独走出了二板。表2-4是12月27日涨停复盘。

表2-4　　　　　　12月27日同花顺涨停复盘

股票代码	股票简称	现价(元)	成交额(元)	涨停时间	连板天数	涨停原因
5G						
300050.SZ	世纪鼎利	5.97	1.09亿	09:43:15	1	5G
300312.SZ	邦讯技术	7.9	1.26亿	09:47:45	1	5G
300123.SZ	亚光科技	8.91	1.08亿	13:23:45	1	5G
300249.SZ	依米康	6.99	1.80亿	14:03:45	1	5G
300635.SZ	达安股份	17.4	3.80亿	14:09:45	4	5G
000586.SZ	汇源通信	11.15	3.41亿	14:21:00	4	5G
600776.SH	东方通信	10.43	11.72亿	14:47:45	1	5G

续表

股票代码	股票简称	现价(元)	成交额(元)	涨停时间	连板天数	涨停原因
其他						
603169.SH	兰石重装	4.47	0.38亿	09:30:15	1	超跌反弹
300545.SZ	联得装备	18.81	0.91亿	09:44:45	1	超跌+高送转预期
000711.SZ	京蓝科技	6.08	0.98亿	09:58:45	1	大数据
603196.SH	日播时尚	11.31	2.87亿	10:05:30	1	疑似庄股
300362.SZ	天翔环境	5.58	2.59亿	10:34:00	1	债务重组
002761.SZ	多喜爱	17.48	3.24亿	13:06:45	1	解除平仓风险
600157.SH	永泰能源	1.4	4.22亿	13:39:45	1	超跌反弹
002006.SZ	精功科技	5.38	1.11亿	14:04:15	1	光伏概念
601700.SH	风范股份	3.47	2.00亿	14:45:00	2	特高压
002942.SZ	新农股份	34.02	7.31亿	14:49:15	1	近端次新
600113.SH	浙江东日	7.34	1.11亿	14:53:00	1	超跌反弹
002937.SZ	兴瑞科技	25.1	6.26亿	14:56:45	1	次新

(五)12月28日,周五

28日盘面:

题材较杂,5G、创投、超跌、年报、特高压都有涨停。主线不明显,重点在高标股的走势,有没有新龙出现。

5G板块符合预期,从一致转分歧,只有4只股涨停。上日的4板股中汇源通信淘汰,连板股只有达安股份5板和东方通信2+2板在竞争上位。龙头之争就集中到这两只股上,之前有泰永长征突破了7板高度,所以5板仍有上涨空间。

而风范股份作为特高压的活口,竟然走出了三连板独狼股,还带动了2只小弟涨停套利,这就是所谓的超预期。

市场高标股:达安股份5板、东方通信2+2板、风范股份3板。表2—5是12月28日的涨停复盘。

表2-5　　　　　　　　　　12月28日同花顺涨停复盘

股票代码	股票简称	现价(元)	成交额(元)	涨停时间	连板天数	涨停原因
5G						
300711.SZ	广哈通信	19.64	1.14亿	10:00:00	1	5G
300635.SZ	达安股份	19.14	4.06亿	14:45:03	5	5G
300312.SZ	邦讯技术	8.69	5.35亿	14:51:18	2	5G
600776.SH	东方通信	11.47	13.89亿	14:55:03	2	5G
创投						
600463.SH	空港股份	7.16	0.33亿	09:39:15	1	创投
002575.SZ	群兴玩具	7.55	4.05亿	111:08:15	1	偿还债务+创投
300236.SZ	上海新阳	24.81	1.78亿	13:11:03	1	创投
000058.SZ	深赛格	5.95	2.45亿	14:08:33	1	创投
年报预披露						
600193.SH	*ST创兴	3.14	0.03亿	09:30:00	1	年报预披露
600696.SH	ST岩石	4.9	0.24亿	13:52:03	1	年报预披露
600301.SH	ST南化	6.08	0.16亿	14:47:33	1	年报预披露
600408.SH	*ST安泰	2.6	0.33亿	14:51:33	1	年报预披露
特高压						
601700.SH	风范股份	3.82	1.93亿	11:17:15	3	特高压
002270.SZ	华明装备	4.63	0.69亿	14:00:33	1	特高压
603050.SH	科林电气	13.17	1.72亿	14:27:33	1	特高压
其他						
002333.SZ	罗普斯金	5.86	0.31亿	09:31:45	1	超跌反弹
600399.SH	*ST抚钢	2.5	0.22亿	09:32:00	2	超跌反弹
601558.SH	ST锐电	1.11	0.25亿	09:39:00	1	和解协议
600614.SH	鹏起科技	3.59	1.01亿	09:41:00	1	股权转让
300545.SZ	联得装备	20.69	2.35亿	09:51:45	2	高送转预期
600556.SH	ST慧球	6.22	0.31亿	09:54:00	1	拟借壳
603196.SH	日播时尚	12.44	2.50亿	10:14:15	2	疑似庄股

续表

股票代码	股票简称	现价(元)	成交额(元)	涨停时间	连板天数	涨停原因
000633.SZ	合金投资	4.59	0.68亿	10:15:45	1	超跌反弹
000982.SZ	*ST中绒	1.27	0.11亿	10:24:45	1	超跌反弹
000662.SZ	天夏智慧	6.18	0.82亿	13:15:48	1	超跌反弹
002496.SZ	ST辉丰	1.92	0.25亿	14:21:48	1	超跌反弹
002018.SZ	*ST华信	1.22	0.24亿	14:22:18	1	超跌反弹
600896.SH	*ST海投	3.77	0.06亿	14:28:18	1	超跌反弹
601177.SH	杭齿前进	8.98	0.34亿	14:42:48	1	强势股
002653.SZ	海思科	11.89	0.93亿	14:44:33	1	医药
000816.SZ	*ST慧业	1.53	0.44亿	15:00:00	1	超跌+乡村振兴

(六)1月1日,周二

元旦收假首日:

1月2日5G板块分歧转一致,体现了主流持续性强的特征,当天出现10只股涨停。东方通信卡位率先于达安股份涨停2+3板,达安股份尾盘时封板6板,呈秃势,表明东方通信成功卡位达安上位板块龙头,竞争市场总龙头。风范股份继续孤独地封板,当天市场高位4板以上股就只有这3只了。表2-6为1月2日涨停复盘。

表2-6　　　　　　　1月2日同花顺涨停复盘

股票代码	股票简称	现价(元)	成交额(元)	涨停时间	连板天数	涨停原因
5G							
300555.SZ	路通视信	8.84	0.30亿	09:48:30	1	5G
300615.SZ	欣天科技	19.12	1.79亿	10:14:30	1	5G
600776.SH	东方通信	12.62	11.90亿	13:46:00	3	5G
000070.SZ	特发信息	7.81	2.87亿	14:06:30	1	5G+创投
002017.SZ	东信和平	10.24	24.08亿	14:07:30	1	5G
600775.SH	南京熊猫	8.92	5.22亿	14:26:15	1	5G
300711.SZ	广哈通信	21.6	3.95亿	14:26:30	2	5G

续表

股票代码	股票简称	现价(元)	成交额(元)	涨停时间	连板天数	涨停原因
002194.SZ	*ST凡谷	6.66	0.62亿	14:53:16	1	5G
002231.SZ	奥维通信	7.5	2.26亿	14:54:31	1	5G
300635.SZ	达安股份	21.05	3.96亿	15:00:00	6	5G
创投							
600463.SH	空港股份	7.88	0.57亿	09:32:15	2	创投
002708.SZ	光洋股份	8.38	2.30亿	13:10:15	1	创投
600734.SH	实达集团	6.91	1.95亿	13:27:00	1	创投
002243.SZ	通产丽星	15.2	8.34亿	14:16:00	1	创投
超跌反弹							
002496.SZ	ST辉丰	2.02	0.09亿	09:31:30	2	超跌反弹
600701.SH	*ST工新	2.42	0.34亿	11:24:15	1	超跌反弹
600289.SH	*ST信通	2.63	0.18亿	13:38:00	1	超跌反弹
002552.SZ	*ST宝鼎	5.38	0.36亿	14:19:30	1	超跌反弹
600634.SH	*ST富控	2.68	0.35亿	14:38:00	1	超跌反弹
002289.SZ	宇顺电子	5.36	0.33亿	14:55:01	1	超跌反弹
002862.SZ	实丰文化	23.44	1.45亿	14:56:46	1	强势股反抽
其他							
600399.SH	*ST抚钢	2.63	0.01亿	09:30:00	3	重整计划
600605.SH	汇通能源	10.7	0.13亿	09:30:00	1	实控人拟变更
600610.SH	*ST毅达	1.81	0.01亿	09:30:00	1	控股股东变更
300104.SZ	乐视网	2.74	2.15亿	09:30:30	1	和解协议
300187.SZ	永清环保	5.72	0.22亿	09:30:30	1	雄安新区+环保
603016.SH	新宏泰	18.37	0.47亿	09:32:00	1	特高压
002869.SZ	金溢科技	17.39	0.30亿	09:34:00	1	车联网
002213.SZ	特尔佳	10.24	1.05亿	09:36:30	1	汽车零部件
300362.SZ	天翔环境	5.75	1.26亿	09:38:00	1	债务重组
600614.SH	鹏起科技	3.95	1.96亿	09:42:15	2	股权转让

续表

股票代码	股票简称	现价(元)	成交额(元)	涨停时间	连板天数	涨停原因
000533.SZ	万家乐	2.78	0.77亿	09:44:15	1	简称变更
601700.SH	风范股份	4.2	2.58亿	10:03:15	4	特高压
600677.SH	航天通信	10.42	3.89亿	10:22:15	1	军工
000755.SZ	山西路桥	4.38	0.30亿	10:44:00	1	基建+超跌
000592.SZ	平潭发展	2.94	2.38亿	13:58:30	1	福建自贸区
002098.SZ	浔兴股份	8.62	3.79亿	14:06:30	1	跨境电商
000056.SZ	皇庭国际	5.2	0.97亿	14:40:00	1	担保
600193.SH	*ST创兴	3.3	0.08亿	15:00:00	2	年报预披露

(七)1月2日,周三

1月3日盘面:

受最高层讲话消息刺激,军工板块成为当日热点,11只股涨停,而且军工还出现了一只3板股(鹏起科技)。而5G板块继续强势,有6只涨停(龙头不倒,资金就继续挖掘低位小弟套利),达安股份今日退席,东方通信在竞争中2+4板上位市场总龙头。

而风范股份5板成为总龙二,发酵带动特高压再度火起,9只特高压股涨停。而后数日,东方通信从3日收盘价的14.06元继续上涨到15日的18.14元才见顶。表2—7为1月3日涨停复盘。

表2—7　　　　　　　　　1月3日同花顺涨停复盘

股票代码	股票简称	现价(元)	成交额(元)	涨停时间	连板天数	涨停原因
军工						
600614.SH	鹏起科技	4.35	1.07亿	09:30:30	3	军工
600677.SH	航天通信	11.46	3.73亿	09:35:15	2	军工
000561.SZ	烽火电子	6.28	0.70亿	09:42:00	1	军工
300008.SZ	天海防务	2.85	0.94亿	10:02:15	1	军工
300719.SZ	安达维尔	11.47	1.47亿	10:52:45	1	军工
600855.SH	航天长峰	10.14	1.08亿	10:57:45	1	军工

续表

股票代码	股票简称	现价(元)	成交额(元)	涨停时间	连板天数	涨停原因
300447.SZ	全信股份	10.24	0.73 亿	13:00:17	1	军工
000901.SZ	航天科技	9.96	3.44 亿	13:31:47	1	军工
300337.SZ	银邦股份	3.8	0.35 亿	13:49:17	1	军工
600862.SH	中航高科	6.28	1.56 亿	14:45:02	1	军工
601606.SH	长城军工	13.13	7.25 亿	14:46:47	1	军工
5G						
000070.SZ	特发信息	8.59	4.93 亿	13:59:32	2	5G+创投
000890.SZ	法尔胜	5.07	0.43 亿	14:19:02	1	5G
600776.SH	东方通信	13.88	19.72 亿	14:29:32	4	5G
300615.SZ	欣天科技	21.03	4.43 亿	14:30:02	2	5G
002017.SZ	东信和平	11.26	6.41 亿	14:30:47	2	5G
000682.SZ	东方电子	3.7	0.65 亿	14:47:17	1	5G
特高压						
603016.SH	新宏泰	20.21	0.68 亿	09:30:15	2	特高压
002300.SZ	太阳电缆	5.93	0.50 亿	09:34:45	1	特高压+军工
002692.SZ	睿康股份	4.32	0.60 亿	09:41:15	1	特高压+军工
601700.SH	风范股份	4.62	4.08 亿	10:24:15	5	特高压
300265.SZ	通光线缆	9.31	2.25 亿	10:32:45	1	特高压
600268.SH	国电南自	4.58	1.32 亿	14:23:32	1	特高压
300069.SZ	金利华电	10.65	0.85 亿	14:24:17	1	特高压
002545.SZ	东方铁塔	6.62	2.30 亿	14:54:17	1	特高压
603577.SH	汇金通	10.1	0.99 亿	14:56:17	1	特高压
黄金						
000587.SZ	金洲慈航	2.55	1.14 亿	13:42:02	1	黄金
002716.SZ	金贵银业	7.04	5.94 亿	14:39:02	1	黄金
000426.SZ	兴业矿业	5.71	4.84 亿	14:54:47	1	黄金

续表

			其他			
002496.SZ	ST 辉丰	2.12	0.06 亿	09：30：00	3	超跌＋恢复生产
600399.SH	*ST 抚钢	2.76	0.02 亿	09：30：00	4	重整计划
600610.SH	*ST 毅达	1.9	0.01 亿	09：30：00	2	控股股东变更
002502.SZ	骅威文化	4.35	0.84 亿	09：34：15	1	股权转让
000592.SZ	平潭发展	3.23	3.77 亿	10：19：30	2	福建自贸区
000533.SZ	万家乐	3.06	1.93 亿	10：28：15	2	简称变更
002259.SZ	ST 升达	2.36	0.29 亿	10：33：15	1	超跌反弹
000820.SZ	神雾节能	6.13	1.50 亿	11：09：30	1	环保补助
002297.SZ	博云新材	6.61	1.09 亿	13：00：02	1	实控人拟变更
600734.SH	实达集团	7.6	6.18 亿	13：20：47	2	创投
601901.SH	方正证券	5.83	5.45 亿	13：51：32	1	合作协议
300104.SZ	乐视网	3.01	10.92 亿	14：47：17	2	和解协议

上面一周连续的走势分析，对理解板学盘面和龙头股的形成与走势应该有很大的启发。从中可以得出以下几个改变认识的结论：

其一，龙头是通过竞争淘汰后走出来的，所以不要妄想在一、二板看出总龙头。尤其在一板可能性很低，一板只能是对题材套利。而要想上龙头，就必须从二板开始，对热点题材的强势领涨股开始试错，对有龙头相的个股试错。如果试对了就往上加仓，试错了就要止损。所以，龙头股战法不是很多人想的那样，可以从一板吃到顶，可以从第一个涨停就能知道谁是龙头——那是运气。

其二，市场龙头产生于市场的大合力。上面这些龙头股在形成的过程中，常常都有很大的成交量。而这些成交量代表的是大换手，就会给人充分的上车机会。所以，不用担心买不到真正的龙头。

其三，热点题材板块的走势是从点到面，再到面与面的扩散，体现了从点火、发酵、加速、一致、分歧、再一致、再分歧的变化。在一个题材正常的扩散过程中，在出现一致性的涨停时，追涨停股一定要小心。没有把握，后排尾盘跟风股不要去碰，如果要买，最好是卡位和前排助攻股。但是在一致性的当天，特别是突发利好形成的一致性当天，前排都很难买到（不少股一字涨停没有量，都是老庄在拉高成本出货),能买到的次日吃面的可能性大。比如某日特高压题材出现并有15股涨停,结果在次日只有风范股份一只股出现连板。再比如某日军工板块出现11只股涨停,次日只有5只股上板,2只为上日前排股。所以,买前排虽然不是绝对的,但是成功的概率比后排股高。如上面军工板块突发利好的一致日当天,如果技术能力不强,最好不要马上参与,而是等次日分歧日出现,即等市场竞争后选出二板充分换手的强势股后再考虑参与。

其四,一个持续强势的热点题材,龙一龙二是相互竞争上位的。上不了龙一,上龙二也是一个选择。同理,市场总龙头也有龙一、龙二、龙三之分。如果龙一退位,龙二或龙三也可能卡位上位总龙头。短线交易市场和社会上的江湖一样,大哥的位置总有小弟惦记。而在龙头们竞争的过程中,在龙头没有出现前,在没有上到后来的龙一前,可以先上与其竞争的其他股,有机会再换到龙一,这也是一个办法。

其五,一定要重视题材的持续性。在上面的连续走势中,要深刻理解一个问题:题材的连续性。尤其是突发利好的题材其持续性是需要观察的,比如上面讲的特高压题材。看似当天非常的猛,一致性非常的强势,涨停了10多只个股,结果并没有产生很好的持续性。所以,对题材板块强势与持续的问题和对涨停个股分时线强势的问题一样。如果你只看分时线是否够强,是很难在概率上确认次日是否会继续连板的。同样,如果只看题材板块一天的一致性高潮就想判断这个题材的强度是不够的。必须结合题材级别、情绪周期、实际趋势和个股观察。一个板块要有持续性,如果连三板股都走不出来,就没有持续性可谈。所以,有一些专做接力的大资金就非常重视题材板块三板的问题。他们并不会因为某题材突然出现一天的一致大涨而妄动,而会耐心等市场在分歧后给出答案再参与。因此,对于题材的判断,不要冲动!尤其在突发一致性利好时,一定要思考清楚交易的逻辑。

其六,游资的周期情绪反映在题材的赚钱与亏钱效应上,如海浪的浪起浪落上下起伏,市场是呈周期性变化的。

上面的总结只是从板学的一段盘面观察得出的,大家切不要忘记还有大局观,还要有对指数技术周期与情绪周期的融合理解。只有将大局与局部结合起来分析,板学之路才能走得更远。

第三节　寻龙诀

一、逆势出妖的逻辑

市场中有一句话：逆势出妖，强势出龙！这句话意思是说，在市场极弱之时，容易出现妖股，而在强势市场中通常会出现龙头股。这句话已经点出了两者的区别：妖股是纯粹资金情绪炒作的产物，它可以独立于板块与题材而存在，是纯资金博弈到极致的行为。它像市场中一只独狼，特立独行，完全不受市场行情的约束。典型的例子就如股灾中的特立A。

而龙头股则不一样，龙头股与题材和板块联系紧密，龙头股受益于板块中其他股的联动性，又反过来强化了板块的持续性，与题材板块共生共存。所以，龙头不是单一的个股资金行为，而是板块团体的资金行为，是题材板块个股的团体作战。

何为"逆势出妖"。其最核心的含义是：妖股短线资金情绪在弱势压抑中迸发到极致的产物。要理解妖股，首先要明白短线资金的利益、理念与模式就是炒作套利。为什么弱势之中容易出妖股？要从以下几个维度来理解。

第一，妖股为何是点，而不是面？

在弱势之中做多资金是非常有限的，尤其在弱势中后期，随着市场的下跌，资金被套牢严重，恐慌心理蔓延。市场很难形成板块赚钱效应这种团体作战的合力，也就是说，在"块"上这时是难形成合力的。市场没有这个条件，所以弱势无龙头。但是，有限的资金却可以在点上，即在个股上产生较大的合力。这也是妖股总是特立独行的一个原因，所以妖股如八卦里的"阴中之纯阳"，刚烈而勇猛。

第二，妖股产生内在条件和原因。

妖股不会产生于股市下跌的初期，而往往产生于弱势大跌的阶段性底部的否极泰来之时。在股市下跌的初中期，市场会恐慌，所以，短线资金群体会受到市场连续的压制。这种压制会带来资金情绪的极度压抑。随着市场亏钱效应的出现和扩大,短线资金过去在上涨或反弹中的成功炒作经验,特别是对板块的炒作经验,在下跌的过程中会屡屡失灵,屡受打击。所以,短线资金的情绪在股市大跌中会持续压抑,屡屡受伤的短线资金群体迫切需要宣泄口。

而这个宣泄口一定是产生于极度压抑之后。因为短线资金群体在极度压抑后才能形成一致性情绪,所以其必然容易出现于弱势大跌的阶段性底部区域。只有大跌后的相对底部区域的出现,才能为反弹创造机会。而底部反弹区域的出现让短线资金群体的宣泄成为可能,此时的上涨反弹压力也是最轻的。

但是,连续大跌或突然暴跌让资金如惊弓之鸟,恐慌心理仍然很重,而大跌对资金的消耗很大,所以市场要出现整体板块的大反弹、形成整体上涨并不容易。按照市场总是沿最小阻力方向运动的规律,市场合力或极致情绪的爆发点产生在个股上的可能性最大,这也是市场的最小阻力方向。所以,独立于指数行情的妖股就可能产生了。这个最小阻力方向不仅体现在单纯的个股上,还体现在个股的筹码外在结构与内部结构上。如果个股的形态、价格与位置适合炒作,而且股东结构中基金、老庄的占比不大,题材上还有配合,就有可能成为短线资金攻击的对象。

所以,妖股是短线资金群体的炒作标的。它是短线资金群体压抑的情绪宣泄,和个股投资价值、成长价值的关联性并不大。它反映的只是一个资金短期炒作的行为,而不是长线投资行为。看妖股绝对不能从价值与业绩的角度考量,更不需要在意那些媒体和不懂炒作的评论专家们对妖股"没有投资逻辑、没有投资价值"等的点评,妖股是弱势中最珍贵也最鲜美的大肉。

股灾中的大妖特力A是如何产生的?

一是逆势出妖。特力A出现在股灾第一段最猛烈下跌的末期,这正是指数第一段暴跌企稳的否极泰来之时。特力A的几段上涨都和指数的暂时性止跌有很大的关系。所以,这提示我们在经历市场暴跌之后,在指数有企稳的迹象之时,一定要密切关注短线资金情绪与异常个股的情况。在大跌或暴跌的市场环境中,机构类股票是很难有作为的,机构类股票是不可能逆势而为的,它们只会明哲保身。

大跌或暴跌的市场环境中的机会主要来自情绪被压抑的短线资金群体,尤其是短线资金群体的情绪受到极致压抑时,这个宣泄口就一直在酝酿。投资者所要关注的目标也一定要符合短线资金炒作的条件。

第三,妖股也是博弈出来的。

很多人有一个误解,认为像特力A这样的妖股一定是有实力的主力设计出来的,一定是有计划有预谋的。其实这是一个很大的误区,大家一定要记住,短线玩的是合力,是资金群体实力与情绪的博弈。

妖股,妖股,没有资金的合力,哪有妖可言!

所有妖股从第一个涨停板开始参与的主力就没有谁知道这只股能够成妖的!因为妖股是资金博弈(尤其是短线资金博弈)后的产物,而不是设计出来的产物。

所以,妖股的出现具有很大的偶然性!只要把特力A的上涨进行复盘,就能一目了然。

一是成交量的变化。

2015年6月上旬,历史性的股灾开始出现,特力A随指数大跌。指数在深度暴跌1个月左右后,在7月9日开始出现企稳反弹迹象。而这一天,特力A从32元跌到了10元左右时,出现了第一个反弹涨停。这一天,市场出现千股涨停反弹。

当日它的成交量只有1亿元左右,换手率不到6%,市值在30亿元以下。说明第一板开始的人气并没有那么足,而后成交量一直保持在2亿元内。这也在提醒我们,妖股从开始出现到成妖的过程,是慢慢走出来的,也是不可预知的。

应该说在第一个反弹涨停开始,很多个股在深跌后都出现了连续的反弹涨停。而反弹比较有力的个股出现了四连板。换言之,特力A在四板之前,和其他股一样,并没有出现妖股相,也看不出妖股相。但是从9日开始反弹的第五天出现调整,很多个股止于4板,而在出现第5板时,市场上走出5板的个股已经可以数出来,妖股的竞争其实就开始了。而特力A比较突出的一点是在这一段走出了7个板,成为市场上耀眼的明星和关注的焦点。这是非常重要的,短线中的个股,不论龙头还是妖股,最重要的是人气。人气是形成合力的基础,最有人气的个股是成为妖股的条件。

在形成7板股价翻倍之后,特力A在高位持续整理5天,随后再现涨停板突破新高,超出预期,妖气显露,随后这一波又连涨了10板,成为妖股。超预期是短线中非常重要的概念,一旦超预期就会吸引和强化市场资金的做多意识。

所以,妖股也是博弈竞争出来的,不可能由谁提前设计。

随后,指数在反弹一个月后再走二波暴跌!特力A随指数大跌。在指数暴跌再次出现企稳后,为何特力A再次出现暴涨,连续干了15个板。

我们只要从资金情绪、老妖人气的角度思考,就容易理解这一妖股的内在逻辑。

在股灾中,短线资金情绪容易被压抑到极致。所以,短线资金群体一定会伺机寻找宣泄口。特力A成妖有偶然性,但是一旦走成妖股,在市场中的影响力与号召力就是无与伦比的。所以,每一轮暴跌短暂企稳后,短线资金都会伺机找目标博弈。

如果新一轮暴跌后,出现新的妖股,老妖就会被取而代之。但是,没有新妖出现,最大的人气还是在老妖上。而作为妖股的特力A,在股灾最惨烈的第一段走出了妖气。这对于短线资金心理层面的影响是非常大的,信心影响也大。随后特力A回调非常充分,在指数再度企稳后,自然会有短线资金尝试点火引导二波行情。

没有人会想到,点火的二波行情竟然走出了15板的空间,大大超出预期!而在第一波走出妖气后,市场的关注度升温,加上获利盘换手,特力A的成交量也在不断提高。在第二波上涨中,成交量明显比第一波大很多,活跃很多。所以,该股的成交量给了我们启发:人气是慢慢起来的,妖股是从合力中走出来的。

二是分时线的变化。

妖股与龙头均因持续性合力接力而产生,所以,从分时线上的变化可以清楚地看出这种特征。合力接力的过程其实也是一致性与分歧性在一只股上变化的过程。

我们可以把特力A两波上涨的图打开,感受从第一个涨停板开始的涨停分时线的走势。我们可以明显感受到,资金群体心理在盘面上先分歧、然后再一致、再分歧、再一致的变化。但是每一只股票的这种规律,在具体分时上会有不同。有时分歧可能走一板，有时可能走二板，有时一致可能走一板，也可能走二板、三板。这种走势是动态的、没有固定规律的，具体情形与当时的情况和市场强弱有关系。

对分时线的理解要点在于势与利的分析。势就是分歧后的结果是多方占优，还是空方占优。与环境的关系是符合预期，还是超预期。利就是成本关系，接力关系，如果锁仓资金太多，获利盘太多都不利于接力。所以，从分时的关系上可以看出，妖股是合力与接力产生的。

如果我们再参照当时的龙虎榜分析，就可以更加肯定地看出妖股中的合力与接力关系，就会清楚妖股是不可能提前设计并受某一资金控制的。

一言以蔽之，妖股是资金博弈与接力后的产物。

第四，先手与位置在妖股中的重要性。

以特力 A 为例。观察该股整个上涨的分时线变化会发现，如果没有对先手和位置关系的理解，单纯通过对分时线的掌握参与个股交易是比较困难的。

这也是妖股交易的一个误区。

从特力 A 的分时线变化可以发现，在连续涨停的中后期的位置，尤其在分歧日，分时线的波动是非常大的，这时是多空在博弈。所以，既要掌握日内交易的技巧，同时更需要理解先手和位置的重要性。否则，持股成本较高的投资者很容易被震下车，而没有买入者又不敢买。

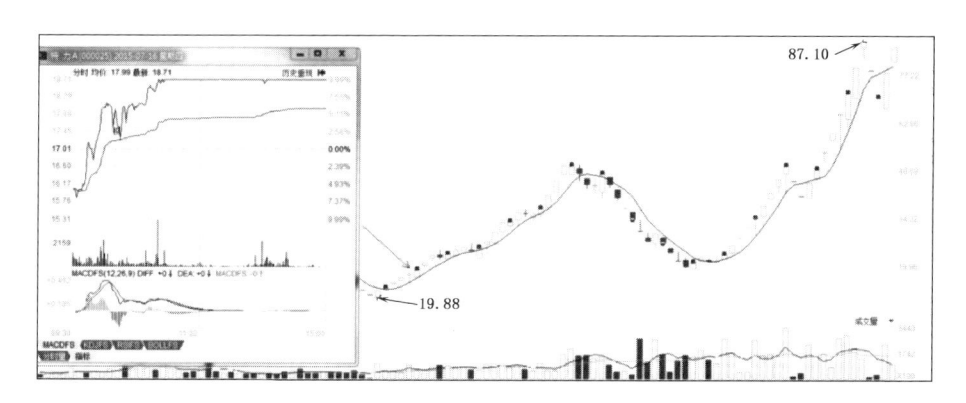

我们看看特力 A 上涨的几根分时线（如图 2－9 所示）。

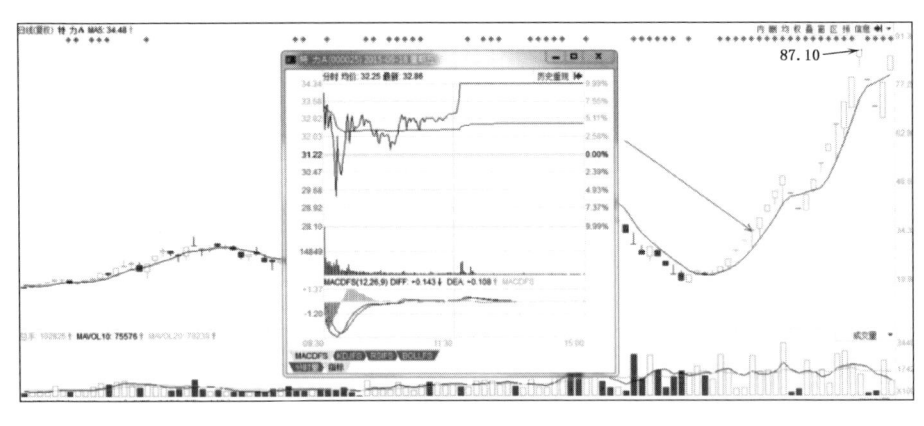

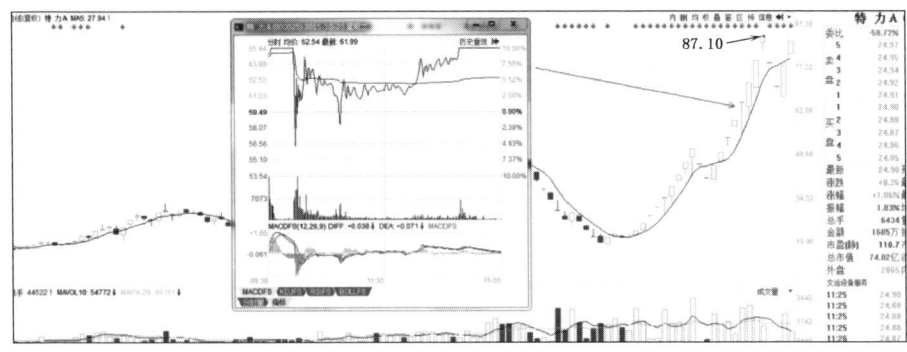

图 2-9　特力 A 上涨的几根分时线

上面几张在分歧日的图,如果投资者的买入位置不利,与这些分时线的位置的成本接近时,投资者是很难不被震出来的,就更不用说敢买的问题了。从图 2-9 可以看出,在这些位置之后,都有非常大的上涨空间。

所以有人说,最好的心理是好的成本与好的位置带来的,这比技术更重要。这句话充分体现了参与先手与位置的重要性。位置越往后,风险越大,但是,只要投资者的成本不高且介入较早,就有利润空间。淡定观看多空的分歧博弈后再做决定,也能抗住这个过程的大波动。这就是为什么短线必须持续复盘,必须参与试错。

作为弱势中短线资金情绪压抑到极致的产物,妖股是非常稀缺的。所以,在弱势之中,要放弃其他的机会,但是一旦有妖股产生的条件和有妖相的股出现,就不能放弃。同时还要清楚不仅逆势出妖,市场拐点之时,强势之中也容易产生妖股。

二、龙头：龙头战法精要

(一)认识板块龙与市场总龙头股

逆势出妖。大妖股相对于龙头股而言更有稀缺性，所以，龙头战法相对于妖股更具普遍性和适用性，龙头战法才是股市板学的常态化战法和精髓。

龙头股与妖股的区别之一在于，妖股的特性是特立独行，而龙头股的特性是"领涨"——领涨市场或领涨板块。领涨的特性充分说明一点：龙头股主要产生于市场的赚钱效应周期中，并影响赚钱效应周期。把握了龙头股的"领涨"属性，就等于把握了龙头股的特点：龙头股不是独行侠，而是属于团体作战，团队成员讲究分工协作。

所以，不是连板股就是龙头股，而是具有领涨性质、团体作战性质和对整体有影响力性质的连板股才是龙头股。因为具有团体作战的特征，所以龙头股在属性上可以分为板块龙头和市场总龙头。

板块龙头是指整个题材板块的领涨股，它的走势影响整个板块的走势。所以，它的影响力主要在于板块。而市场总龙头股不一样，市场总龙头是整体市场短线走势的精神领袖，对短线市场具有很强的号召力，影响整个市场的短线走势和赚钱效应。

一般情况下，只要龙头股不倒，市场的赚钱效应就会持续，因为短线资金围绕龙头股的套利行为就会不断出现。市场总龙头股通常产生于板块龙头，是各板块龙头股在竞争中走出来的优胜者。尤其在赚钱效应强的强势市场中，同时会有多个板块呈现龙头竞争，市场总龙头的上位就会比较激烈。而在热点比较集中的情况下，市场总龙头股的上位就比较单纯，其往往产生于这个热点板块的内部，能从这个热点板块中脱颖而出。

所以板块龙头与市场总龙头之间的关系是很密切的，任何龙头的形成都不会是天生的，而是需要竞争上位的。在认识龙头战法时一定要明白龙头股产生的"竞争性"原理，同时破除很多人思维中的龙头股产生的"阴谋论"(即认为龙头股是庄家设计好的)。

龙头股是竞争出来的，参与龙头股就一定要搞清楚龙头股的竞争上位规律。

(二)龙头诞生受周期与情绪共振

在大局观的理解中,我们一直强调市场机会的重要性。炒股票是有规律的,这个规律就是要懂周期,要懂市场的情绪,在两者形成共振之时,市场就容易产生对于短线交易而言最重要的核心基础——市场合力,也就容易带出市场赚钱效应。所以,要参与龙头股的行情,在周期上需要清楚两个关键点:第一,明白什么是赚钱效应与亏钱效应;第二,龙头股与赚亏钱效应之间的关系。

1. 龙头股产生的周期性

对于超短打板而言,也许每天都可以小仓位参与博价差。但是,对于龙头战法而言,则需要学会选择时机。龙头股作为市场合力的必然结果,其产生是有条件的,这个条件就是要明白市场的赚亏钱效应。

炒股必须讲时机。好的机会不可能天天都有,而龙头股的机会通常都产生于市场否极泰来之时,因为这是在市场合力产生的拐点上。

对于短线交易来说,市场的变化无非是赚钱效应与亏钱效应中的轮回。赚钱效应段上涨的过程,就是龙头股的产生、不断竞争上位与带动板块和市场上涨的过程。这个过程可能产生一只龙头股,也可能出现多只龙头股接力,这和赚钱效应的持续性有关。

而亏钱效应的出现,代表了一段龙头股行情的结束。亏钱效应代表了市场合力极差,在亏钱效应中,偶会出现连板股,但这些连板股多数不会是龙头股。所以,在亏钱效应中更适用于小仓位的超短打板。

2. 龙头股引导出赚钱效应

赚钱效应的产生和短线交易周期走到一个情绪共振的拐点有关。而龙头股正是在这个否极泰来的拐点中承担了点火的作用,所以并不是龙头股的作用造成了赚钱效应。形成赚钱效应的内因是短线周期和情绪,而龙头股的作用是外因,是点火,它带动了板块与市场,引导了赚钱效应的出现,知道了这个关系,就可以明白为什么龙头股会先于市场整体赚钱效应而起,因为市场需要它点火。

如果等到市场赚钱效应明显时再参与龙头股行情,龙头股的走势必然已经很明显了,这对于很多畏高又希望参与龙头股的投资者是一种挑战,因为已经失去了"先手"的机会,这个关系是非常清晰的。

当然,如果市场够强势,走出三段以上大涨行情,出现多只龙头股接力,就要把握好后面龙头股的"先手"问题。所以,龙头股必先于每一轮赚钱效应的启动而启动,亏钱效应也随龙头股的熄火、利益兑现的重新分配而产生,短线市场就是如此周而复始。

(三)题材板块情绪如何点火发酵

这一节,从整体上来推演整个龙头股的走势。这个推演的前提条件是:处于短线周期与情绪共振的拐点。

任何一个热点题材板块的出现,都是从题材的点火或发酵的形式开始的。这种点火与发酵的形式主要通过两种情况出现:一致性和分歧性。所以,题材的出现有突发性和渐进性两种。一致性就是受突发消息刺激,在当日和次日出现题材板块内大量个股涨停。而分歧性是指一个题材由点到面慢慢启动,有的会出现多波炒作,这种题材一旦走出来,其持续性和成功概率相对第一种情况更强和更高,基础更好,因为有实质性的东西。比如5G题材。这是有实质性支撑的题材,市场会持续关注,在不同的时间点出现多波炒作。

题材是板学研究的一个重点。研究板学必须持续关注题材,加强对题材的研究。题材研究的重点包括题材的级别、题材对应的环境,还有题材在市场中的真实反应。所以,理解题材要从多维关系入手。"题材"是炒作的药引子。

龙头战法的要义告诉我们,市场并不是因为题材而成就了龙头股,也不是因为龙头股而成就了赚钱效应,而是因为市场时机成就了它们。所以,我们在股票炒作的认识上一定要有一个不同于普通散户的逻辑。普通散户理解市场基本是"1+1=2"的关系。普通散户会认为,如果条件1成立,条件2也成立,那么结果就是必然的。也就是"1+1=2"的思维定式。放在股市上,一个好的题材一定会被炒上天。一个好的政策出来一定会让市场出现上涨。

这种思维在市场上非常多,是不完整的,这是一种典型的线性思维。这种思维看到了股市的科学性,却忽视了股市的艺术性。

就以"千年雄安"题材为例,这么一个大级别的题材在市场中的炒作就没有成功。同样,在熊市之中超预期降准这样的大政策,也只是让市场出现了高开低走的一日游行情。

因此,对股市的理解绝对不能养成"1+1=2"这种主观上的认识。如果股市是"1+1=2"的市场,那么电脑程序就能成为最好的炒手,就能解决市场的问题,股市就完蛋了,炒作有一致性了,就没有了存在的价值。而恰恰正是股市的艺术性和难以琢磨性,让股市保存了生机。所以,对于股市的理解一定要建立在1+1可能不等于2的思维上。它可能是1、2或3。有了这种思维,我们就多了一份谨慎,就能够以动态的思维和逻辑观察问题。

下面以题材、龙头、赚钱效应和市场时机阐述这个问题。

题材是短线资金群体点火的药引子。想要了解题材能否引发龙头股、催生赚钱效应行情,就需要把"题材"所处环境的多维关系搞清楚,就需要动态地看待"题材与市场行情"的关系。是市场行情(市场时机)成就了题材、龙头股和股神。所以,在研究题材时,必然要从多维关系上考虑。

第一,对市场时机的研究。

对市场时机的研究包括市场的短线周期处于一个什么阶段,市场的资金情绪如何,市场的筹码结构如何,是否已经处于赚钱效应中或处于赚亏效应否极泰来的拐点上。这是通过对市场整体性的判断来预判行情对题材的溢价。如果行情有利于上涨,就为这个题材成为热点板块增加了溢价,但这只是一个预判。

第二,对题材本身的研究。

题材的级别往往对于板块的点火能力和持续性有很大的影响。好的题材遇到好的时机,必然容易共振出好的机会。题材级别弱也可能点火,但是给资金的信心会不够强,持续性也会差。

第三,重视市场实际走势与预期的关系。

理解这个关系可以正确地认识股市的逻辑。在市场中我们经常会听到高手讲,超预期了,或低于预期了。这说的就是市场与他们的预判结果的对比出现了差距。这是炒股中非常重要的思维,即用预判做参照,用跟随思维尊重市场。这个超预期与低于预期,在盘面上受实际走势、资金情绪和监管政策及资金对监管政策的反应的影响,最终体现的是市场资金群体的主流选择。所以,我们对于一个题材的判断,不能仅限于对题材本身的理解,而是要从多维度动态地思考。

市场常常由理智化向情绪化演变。一个题材的炒作刚开始可能走的是理智化（题材级别）路线，市场情绪被调动起来后，就会从理智化向情绪化演变，这时就需要放下理智化的判断，转化到跟随情绪化的判断上来。

市场有一句话：龙头的上涨何处是尽头！在利益面前，股民的疯狂常常会超出你的想象！所以，对于题材的理解不能单一化、片面化，而应该具有全局性思考。

观察题材板块情绪如何点火发酵，就是从上述几个方面入手，结合突发性、渐进性、题材级别、市场环境做出预判，最后通过真实走势纠正预判，转为跟随。题材的点火存在突发性与渐进性两种类型。对题材日常研究的积累是很重要的基本功，要能够对任何以突发性或渐进性出现的题材及时地做出判断。建立起题材多维关系的概念后，对于题材"生逢其时、生不逢时及超预期"的理解就会更深入。

一个题材的发酵，不是从第一个板开始就能体现出来的，是需要通过时间和市场检验的。题材的点火与发酵，只能通过跟随实际走势来确认，根据交易策略来应对，而不能想当然地认为好或不好。

（四）第一板参与试错的核心逻辑

"审时度势、聚焦主流"永远是追板的核心技术要点。

审时度势是对追板的时机、周期与情绪共振的理解。是时机成就了龙头股，而非题材。大家一定要牢记这一点，时机是龙头板块产生的土壤。

聚焦主流是指追板一定要打当日最主流的题材板块，其他非主流、技术板、趋势板都不是龙头战法打板的目标，只是超短打板的目标。所以，龙头战法永远必须围绕主流热点题材入手。

下面从几个维度讨论第一板的逻辑问题。

首先，第一板在板学中成功的难度非常大，参与人数最多。因为第一板的位置最低，在心理上是散户的舒适区，第二板开始会让散户有畏高心理。所以，参与第二板的技术将更职业化。职业化的体现是有逻辑支撑的，而不是凭感觉和单纯的技术指标。

其次，第一板鱼龙混杂，主流、次主流、非主流、技术板、趋势板都在里面。在主流中能走出二板的个股也是少数，其他类型大多是一日游。普通散户的投资方式大多数是没有核心逻辑支撑的，多数只会根据单纯的技术感觉追板，所以成功率很低,追板也就成为普通散户的陷阱,发出"打板穷三代,超短毁一生"的感叹。

再次,上面讲了,即使是主流题材在第一板也只是处于点火的阶段,这个题材能否成功发酵也是未知的,或者即使能成功发酵,也不可能让第一板都出现二连板,只有少数股票能走出二连板。所以,选对这个主流题材也不是没有风险。因此,关于是否追第一板的问题,主流的主力资金群体在模式的选择上也是有区别的。有的主力资金群体就不愿意追第一板,而是希望题材出来时再参与接力。当然也有的喜欢做第一板,这是模式与仁者见仁的问题。

是否参与第一板是一个选择题。

这一部分是阐述龙头战法,第一板涉及"先手"的问题,所以从模式上讲,第一板可以参与。但是,这个参与的逻辑条件必须清楚。下面探讨龙头战法参与第一板的逻辑。

第一,时机问题。

龙头战法认为只有两种条件下可以参与第一板的试错。一是市场处于短线亏钱效应末期,短线情绪周期末期,市场将出现否极泰来的拐点,周期与情绪将出现共振。一个好的题材在这种时期容易提前于市场走出热点板块,这时就有必要参与试错,抢占先机。二是市场行情已经处于赚钱效应之中,市场可能会出现三轮以上的上涨,产生多只板块龙头股,这时就可以对主流题材板块的分轮上涨参与一板试错。

试错的目的是什么?一是及时把握盘感和炒作的脉络;二是抢占先手争取主动。所以,龙头战法是否可以参与第一板与时机有很大的关系。如果市场并没有龙头板块产生的土壤,还讲龙头战法就没有意义了,那是属于小仓位超短打板的玩法。

第二,板块个股选择逻辑。

板学是游资市场的玩法。选股的目标是以游资选股的条件为条件的,这就要求在选股时做到以下两点:一是必须避开机构(基金重仓股),有的个股质地不错,有基金参与,但是基金总仓位不重的也可以考虑(庄游股只存在于熊末和牛市)。二是要重视价格、市值、形态和筹码结构。游资喜欢价低市值,因为低价格更容易吸引人气,市值小拉动的资金需求压力小(市值的问题也不是越小越好,取决于参与短线资金的规模)。游资股很重视上涨的阻力。资金总是喜欢选择最小阻力路线,而个股的形态与筹码结构能给出最直观的阻力判断,所以K线形态与位置好,而上涨的筹码结构,特别是历史平台压力筹码不重的个股,最受资金喜欢。三是要重视涨停的时间位置。这是一个很重要的问题,买首板一定要选择主流板块中的前排。前排就是板块中涨停排在前面的个股,这类股多在早盘上涨,分时很强,成交量足,代表了资金的信心相对较足。而在第一板中处于后排的个股多数是跟风股,这类股的风险很大,不能参与。

有一些板块是在下午受消息刺激,也可能在下午出现涨停,所以也要考虑前排的问题。当然不是说尾盘股就完全没有机会,比如之前提到的5G炒作中的春兴精工,这类走趋势股就可以参与,但是条件会更严格。从概率上讲,第一板必须选择主流的前排参与。

第三,突发式与渐进式的处理逻辑。

受消息突发式刺激当天,题材板块一定是一致性多股涨停的大阳,次日必然是分歧日,所以后排的跟风股一律不考虑。考虑前排符合标准的,如果能上第一板卡位股是最好的。不能上卡位的,也必须上前排助攻,绝不上后排跟风。这种突发式的涨停,考验的是平时对题材板块和其中个股研究的功力,还要考虑当天的下手是否快。渐进式涨停的题材,板块内第一板位上板的个股不一定多,这种题材需要慢慢发酵,如果选择的时机正确,成功的概率是有的,这种情形依然只能选择前排参与,绝不选跟风股。

上面是参与第一板的逻辑。总之,第一板的成功率普遍不高,需要我们从逻辑上聚焦,提升成功率。这个成功率就是"审时度势、聚焦主流",是我们对时机和题材级别的理解以及对个股和时间位置的理解。另外还要考虑对仓位的管理。因为第一板的定位是试错,是绝对不能上大仓位的,这一点一定要牢记。如果第一板上大仓位,试错没有成功,或是没有打在龙头上都会非常被动。

(五)第一板后,复盘涨停股基因

复盘是打板的日常课,打板一族每个交易日都必须复盘。复盘的内容是多样化的,这里重点针对第一板参与的复盘。首先是对盘面行情的判断,整体市场与短线市场是否在预期内,盘面是否支撑行情继续发展,首先要有一个预期,其次是必须重点对当日的涨停板块做详细复盘。

每一天、每一轮的上涨,都会有不同题材的板块表现。如果热点题材集中是最好的,最容易产生合力和容易辨认,但市场往往是多题材板块上涨。所以,对当日的涨停行情在收盘后要有一个判断,这个判断可从两个方面入手:一是从板块之间做分析,二是从板块内部做分析。

先说板块之间的分析。板块之间就是要判断主流、次主流的趋势。有时主流与次主流并不是马上能走出来,可能存在竞争,因为有不同的资金群体在里面运作。不论是自己判断的主流,还是次主流板块中的个股都心里有数,要研究。对于热点板块而言,最重要的是什么?是持续性。而持续性比一日的强势更重要。比如2018年年底出现了多种题材的轮动,有5G、有特高压、有游戏,如果从一日的强度上讲,不论是特高压或军工第一板的当日,其上板涨停数量都是绝对大于当日5G的涨停数量的。但是它们在次日就开始熄火了,而5G板块开始不停地发酵,从分歧到一致,走成主流。所以,研究板块需要研究题材的级别和资金关注的持续性。就5G、特高压与游戏而言,5G显然从题材的级别与当时的关注上更高(华为事件,中美贸易摩擦都与5G有关,人气更高)。当然,如果是在强势市场中没有打到主流板块的龙头,而打到了次主流板块的龙头,也会有不错的收益。因为市场总龙是板块龙头间的竞争上位,二龙、三龙也有大收益。

再说板块内部的分析。我们一定要记住一点,一个板块能不能有持续性,或是如果产生持续性成为热点。有一个特征是非常重要的,就是这个板块一定会有龙头在持续领涨,绝对不会是持续地每天产生新的一板股。这就是说持续性热点板块的出现,一定有多只股在持续连板。所以,题材在走出一板后的复盘,就是要你从当日的上板股中找出最具有龙头相的个股进行关注和研究,做出次日的操盘决策,为次日竞价提供预期参考。

(六)第二板中寻找试错的重点目标

第一板什么也看不出,而第二板中有黄金。如果选择的时机没有问题,题材也不错,第二板对于龙头战法的意义就很大了。

之前我们阐述了一个很重要的理念:持续性热点板块的出现,一定有多只股在持续连板。这句话的含义是:龙头股大概率是在二板股中产生。所以,当一个板块在一板点火之后,一定要重点关注的就是二板。二板能看出谁会是龙头股吗？肯定不能，因为二板是龙头股的种子。因此，在一板后的次日阶段，集合竞价阶段的观察就非常重要。第一方面，必须观察市场整体行情是否在预期内。第二方面，要观察板块的表现是否在预期内。第三方面，要观察是否出现新的题材板块。第四方面，也是最主要的方面，要盯住上日预判的题材中谁最先出现二板。如果上面前两个方面都在预期内，这个最先出现的二板就是我们要上的二板。

谁最可能出现二板，在集合竞价时通常已经能看出端倪：一是高开的情况，二是封单的情况。如果在 9:25 后仍然处于高开阶段，开盘后封涨停的几率就比较大。当然，也会出现另一种情况，就是第一个二板股是一字板。龙头通常是从分歧中接力走出来的，是换手上去的，所以换手的二板股更好。因此，题材板块在二板位置阶段时，一定是追二板，追第一个高换手上去的非一字二板股。

为什么要求不能在一板中加大仓位？一是面临试错的风险，板块没有连续性。二是面临打错的风险，如果没有打中二板股，今天就有资金追二板股了，一板大仓位就容易错失二板先手的机会。所以，追二板比追一板更有确定性，在二板中才会产生龙头的种子。

在二板阶段的交易策略，通常只会以追二板股为主，放弃追二板位阶段的一板股。二板股比这一阶段的一板股更容易吸引资金，吸引人气，主力资金群体也更关心二板股，把资金用在刀刃上。

龙头战法无非是龙头套利和小弟套利。而战法的核心是抓住龙头，所以在二板阶段的目标仍然是追龙头种子做，而不是做小弟跟风套利。二板属于题材的发酵阶段，在成交量的换手上，应该呈现逐步提升的特征。

(七)第三板中确认板块小龙头加仓

二板种子有溢价，能够走到三板的个股就不多了。所以说三板现龙头相。

追主流二板的溢价在于：二板种子中藏龙头，二板较一板有溢板，即使不能三连板，大概率也会高开。同样，在当晚的复盘中，其中一项重点就是研究二板股，掌握清楚二板股。在集合竞价时，要盯好板块和二板股的表现。

一个题材在经历一板分歧点火、二板发酵后，通常在三板会形成加速或一致性上涨。所以一个题材第三板的出现，代表了这个板块中已经有个股走出龙头相,三板是龙头相的代表。一个题材板块出现三板的意义在于:一是这个题材板块具有了持续性,已经有了成为热点题材的可能,题材就可能成为市场真正的主流热点,三板会进一步加强和聚焦市场资金的吸引力,提升题材人气。二是三板股的出现代表此题材板块开始出现高标股走出板块龙头。如果板块内出现2~3只三板股,它们将开始竞争上位板块龙头。三板之后,板块内会竞争出龙一、龙二,甚至龙三。所以,一个题材板块中出现的第一个三板股最具有板块龙头的特征。在集合竞价时,就必须要做好随时上第一个三板股的准备。

而从一板参与试错,到追入二板股,在第一个三板出现时,如果我们追对了二板股,那么在出现三板时,就应该加大仓位上了。一个真正的主流热点板块,三板的位置是最佳的加仓位。

只要我们能肯定当下的时机与环境有利于龙头股的炒作,这个题材大概率将走成真正的主流题材,三板就大胆加仓。三板位抓住了板块龙头股,如果这只股票走出市场总龙,我们就占据了先手的优势,后面将掌握非常大的主动权。

龙头股有一个核心的特征就是它是市场正负合力博弈的结果。三板之后越往后面走,其后会经历分歧与一致的多轮博弈,这个博弈的过程,形成连续涨停板的过程,其分时线就会体现出一致和分歧时大起大落的表现。如果没有先手的优势,很多朋友必然会在上涨的途中在分歧日被分时线的大起大落甩下车。所以,三板是一个很重要的介入位置。

前文介绍过有一些大资金只考虑专门参与三板开始的行情。在一个题材出现一板一致性的集体涨停时,投资者根本不为所动,而是观察。在他们的理念中,一个题材板块一板不论出现多少只股票涨停,如果不能出现三板股,都说明这个板块很可能是一日游,只有出现了几只三板股才能给他们的模式带来确定性。

龙头战法最核心的套利就是追龙头,这是最好的交易策略。通常在走到三板的位置,板块的龙头基本已经能够确认,市场的各种消息面也会帮你确认。所以,三板的最佳策略必然是追入龙头。在二板的位置,我们强调这个位置的最佳策略就是追入二板,放弃二板位置的一板,因为二板比一板溢价高。但是在三板的位置,这个策略就需要微调。最佳策略必然是追龙头(第一个涨停的三连板),次要策略就不是如二板位置一样再追后面的跟风三板股了。三板如果是龙头的跟风股,走出四板的概率会大大降低。因为板块龙头一旦在竞争中出现,短线资金会集中维护龙头的地位,其他板块内高标股的力量就会被分流,非龙头股走出四板的可能性在降低,风险性增大。

板块内个股龙头相一现,围绕龙头股的"卡位、助攻、跟风"套利模式和短线资金板块抱团炒作手段就开始了。所以,三板后的次要交易策略是围绕龙头股的卡位股与助攻股套利,但不能碰跟风股。卡位股就是当日题材板块内在第一只第三板股涨停前的第一只一板股,它是为三板龙头股涨停开路挡刀的先锋,这只一板股通常是当日一板股中最强的。

再次一点的策略就是龙头股的助攻股。如果第一只三板股较早涨停,就要在它涨停后跟随板块内涨停的第一只一板股,这只是龙头股的前排助攻股,也是相对比较强的。

那是不是说在三板股的位置,除了龙头股就只能再追一板卡位和助攻股?这只是从成功的概率上总结的,并不是绝对的。如果确认时机与题材较好,早盘板块内有比较强的二板股出现也是可以追的,关键在于对时间位置与个股条件(价格、形态、筹码结构)有正确的分析。

所以,三板在龙头战法中是一个非常关键的位置,是确认题材板块具有热点相和个股走出龙头相的关键位置。

(八)理解板块中龙头股位置的竞争

一个题材板块从点火的一板,到走出二板、三板,应该给大家一个非常明显的启示。

一个题材板块要成为热点,并不是一开始就会非常确定的。即使是一板出现看似很强的多股涨停,也可能存在一日游的可能。一个题材板块只有具有持续性,才有可能发酵并吸引资金走出热点,而出现三板是一个关键点。

市场每天或每轮的题材炒作,很少只有一个题材在炒作,而是会出现多个题材在炒作,这和当前的市场资金规模与强度以及资金的喜好都有一定的关系。所以,任何一个题材板块要成为主流热点,也是需要在资金群体的博弈中走出来的。有一些板块的走势可能符合预期,还有一些可能会超出预期,或者低于预期。任何预判最终都必须忠于市场、跟随市场。预判的目的只是给交易的分析作一个参照,让投资者明白市场在走强或走弱。所以,热点板块是在题材的竞争中上位的。

一个好的热点题材板块,必然是题材级别与市场时机的共振结果。同样的道理,不论是市场总龙头,还是板块龙头,也都是在题材的持续性中,由板块中的个股相互竞争走出来的,它们是资金竞争的佼佼者。

所以我们一定要摒弃单一的主力思维。

市场中的主力资金众多,理念不同,贪念不同,来路不同,目标不同,利益不同,面对市场时他们既有共同的利益,也有各自的利益。所以,抱团相互竞争是市场主流主力资金群体共同利益与个人利益的体现。最终哪些短线资金群体在当下或一轮炒作中能胜出,取决于板块的合力和板块中个股的合力。只要清楚地认识龙头地位上位的竞争性,才能真正理解龙头股,明白龙头股的形成模式和参与模式。

(九)评估政策与环境对四板的压力

三板是龙头战法的关键位置,而四板则可能是龙头股的一个分水岭。评估政策与环境对四板的压力,既可能是共性的问题,也可能是一个特殊性的问题。

说共性,是因为不少题材板块的个股在四板的位置,常会出现天花板。止步于四板。这种现象在2018年的市场中比较突出。这种现象在市场中反复出现就会形成共识或叫记忆习惯,对四板的压力是非常大的。说特殊性,是因为2018年这种现象的出现除了和市场特征有关外,还与监管政策的导向有很大的关系。2018年监管层对游资炒作的打击力度是前所未有的,四板也成为监管的一个高度。

这里点到四板的位置,主要是想引出大家对市场习性与监管政策的重视,并不是说凡是到四板的位置,都可能出现2018年的这种现象。我们一定要密切重视每一年中的每一个炒作阶段,题材板块连板的高度习惯在几板,监管层对于题材炒作连板的监管和政策有什么特点。

以上两点是板学炒作必须关注的内容。市场是有记忆的,市场情绪是会受记忆影响的,更会受监管政策所制约。再好的题材,如果有政策压顶,也是撑不住的。"千年雄安"题材就是典型的例子,管理层不希望投资者炒作,投资者非要去炒,不跟政策走,就要撞南墙。所以,龙头股的炒作必须密切关注这些习性和监管导向。对于这个问题更要灵活认识。2019年后的市场就出现了与2018年完全不同的情况。一方面是市场已经处于熊末的底部,市场的资金面与心理面都会发生趋势性的变化。而在监管方面的政策导向,也完全不同于2018年前,监管领导也换了人,市场文化也是领导文化。市场会出现新特征,需要及时调整。炒作的市场环境和政策环境出现更宽松的情况时,就可以更大胆一些,更主动一些。

(十)五板判断上涨空间与市场总龙

市场有句老话:有五就有七,有七能成妖。一只个股如果走出五板就可以上位参与同期市场总龙头的竞争。个股走出三板呈现的是板块龙头相,而个股走出五板呈现的则是市场总龙相。在一个强势阶段的市场中,五板将打开短线资金对上涨空间的想象。所以,当一只个股走出五板时就需要对市场情绪、题材、时局和个股形态与成交量进行再判断,分析板块龙是否有走成市场总龙头或妖股的预期。

四板和五板都是板块龙头的一个门槛。很多题材板块的龙头走到这里基本就到头了,主力资金会放出巨量出货。但是,如果板块龙头迈过了这个门槛,市场对其预期就会大幅改变。这里好比趋势类股票的一个阶段高位,如果机构类个股涨到这个位置出现放量滞涨,那么这里基本就是一个顶部,资金的心理预期会蜂拥而出。而如果在这个位置创出了新高,气势很好,资金的心理预期就会转到"对面",认为上涨的空间被打开,市场龙头的故事就要开始,反而会强化资金做多的情绪。这时的五板将把龙头股的炒作由理智化向情绪化转变,将吸引市场短线资金的最大关注度。所以,在五板出现后,一定要从上面的多个维度思考是否有走成市场总龙或妖的逻辑!

龙头战法是以追板块龙头为切入,最高目标是能抓住市场总龙头或妖股。但是,不会每轮板块龙头都能走出成为七板、十板的市场总龙头,也没有谁在一开始就清楚哪一个热点板块龙头能成总龙,因为总龙需要一步步走出来。龙头战法的步伐也就需要一步一步地围绕板块龙头的形成规律和市场总龙的形成规律去试错,去换股,去追板,去加仓,先按板块龙头去玩,等市场走出五板,再按市场总龙头或妖股的思维思考。

在强势市场中,会出现多个板块龙头突破五板,在一个总龙的带领下向上走,出现总龙一、二、三的情况,更多的情况会出现多板块的同时轮动,即主流板块龙头、次主流板块龙头、妖股和独狼股共同轮动的情况。所以,五板之上的连板,可能走成市场总龙头,也可能走成与板块关联不大的妖股,还可能在五板熄火。

下面再讲讲几个与五板相关的问题。

第一,走成总龙还是妖股的区别。

强势市场不会是一个热点题材在表现,通常是多题材在同一天表现。所以一天中会有多个题材板块的个股涨停,不断有新题材冒出。如果一个板块龙头在走出五板后,这个板块仍是市场的主流板块,那么它就有可能突破在五板后带领板块上位市场总龙。龙头与板块有很强的团体和关联关系,上位总龙后,市场就可能围绕它做板块内的低位套利(追一板卡位或助攻股)。如果一个板块龙头走出五板后,这个题材板块不再是市场的主流板块,被新题材代替,那么这个五板如果突破六板向上走,就可能脱离板块的影响,走成特立独行的妖股,这时就不能再围绕这只妖股做原有题材的套利。而市场会围绕这只妖股做其他题材的低位轮动挖掘套利,只要妖股不倒,资金就会不断地挖题材在市场中形成套利轮动,但是除了主流题材外,多数会是一日游。因为市场合力聚焦在主流上,其他题材的合力通常不会强。

第二,理解市场时机与市场情绪。

从以往的经验来讲,有两个时机最容易产生领涨市场的大龙头:第一个是阴转阳之机,第二个是强阳之机。什么是阴转阳之机?阴转阳之机就是我们一直强调的市场在一轮时间较长的深调后出现拐点,在那个否极泰来之时,在市场思涨、管理层也思涨维稳之时,在一个题材应时而生之时,这种情形下的博弈情绪是最高涨的,市场迫切需要出现龙头领涨刺激市场。有经验的投资者可以强烈地感受到这种情绪氛围。大家只要通过几次参与,必然会产生强烈的感受。比如 2017 年 8 月的中科信息在次新指数深调后的反弹中走了出来,2018 年 10 月的恒立实业在市场恐慌下跌的反弹中走了出来。2023 年底,捷荣技术在市场的持续下跌中走了出来,这些都是市场周期拐点与情绪共振的产物。

在强势市场的强势氛围下产生的强势赚钱效应中,短线资金群体也会借势造龙造妖,炒作出龙头股的大涨空间。这个在市场从熊转牛之后经常出现,而在牛市上涨阶段的深调之后也容易产生这种情绪的共振。像中科信息、贵州燃气、恒立实业这类市场总龙与妖股每年出现的情况,可能就 2～3 次,如果平时能玩好板块龙头,稳定积累本金,每年再能抓到 1～2 次市场总龙,那收益将是相当可观的。

这是对时机的分析。

一个板块的点火启动到二板、三板的发酵,到四板、五板的加速一致与分歧走势,其情绪必然出现从分歧到一致、再分歧、再一致、再分歧的变化,这个演变的过程就是资金在情绪上的变化。情绪的东西有两个重要的特点:它是变化的,它是自我强化和弱化的。变化的意思是指,它容易反复,所以会反复出现分歧与一致的特点。自我强化和弱化的特点是指,如果在分歧后不能封板,情绪就会在分歧中走弱;但是如果在分歧之后,换手上去了,还能强势封板,反而说明市场在走强,会自我强化情绪上的强势。

上面是从个股趋势上的情绪分析。

而市场要出龙出妖,对于当下市场整体情绪的分析则是很重要的。五板再往上,实际就是走的情绪板了,这个情绪与当时的市场情绪、监管政策有很大的关系。一种情况就是在强势市场下的顺势而上,还有一种就是逆势市场下的该弱不弱就是强,阴中出极强,逆势出妖股。我们只要经历过一次类似情况,自然就会明白。

第三,对形态与成交量上的分析。

五板之后,不仅要关注龙妖之别与市场情绪,还有一条就是个股的形态与成交量的分析,这涉及两个问题的判断:一是上升途中压力平台的压力,二是获利盘套利的压力。所以,五板之后,如果市场情绪配合,个股就会参与市场总龙头的竞争上位或者妖股的竞争上位。在五板这个位置的交易策略有三条。首要策略:坚守龙头。在没有新题材出现替代老主流题材之前,通常最佳策略就是追龙头,坚守对龙头的交易。所以,五板出现,如果市场情绪较好,不论这个五板是板块龙头还是妖股种子,都应该以追它们为主。它们代表的是市场最强的合力之一。次要策略:低位套利。如果此龙头的板块仍是主流,就可以继续围绕龙头做卡位一板股(低位)的套利。如果已经不是主流板块,就根据市场情绪追五板这个妖股种子,放弃低位套利。特别策略:试错新题材一板或套利新主流。如果在五板出现后,市场又出现了有可能成为主流的好题材,这时的策略就是试错新题材的第一、二板。如果新题材持续,就可以按照一至五板的交易策略开始新主流题材追板块龙与小弟的套利。

三、多题材混战下的龙头交易策略

真实的市场,题材板块的演义不会单一。随着股票市场规模的增大,资金规模的增多,短线资金群体必然在规模与类型上呈现出更明显的多样化特征。所以,在强势市场中,在有更多资金参与,大量增量资金入场的情况下,市场经常出现多题材轮动混战的局面,而不是单一题材上涨的情况。多题材轮动混战是强势市场下龙头股战法最典型的市场常态之一,也是这一节要研究和讨论的一种局面。

(一)认识市场板块轮动现象

在强势市场的赚钱效应阶段,整体市场从点火、发酵开始,每天都会同时出现多个以上的题材板块在里面轮动,让人不知所措!实际上,这种轮动有一定的特点和规律,这种轮动下的操盘也有策略。下面以实际案例做分析。

2019年春节后的行情属于典型的"强势题材轮动混战行情"。

2月11日是春节后的第一个交易日,市场出现了猪年开门红的"一致性"大涨。当天有80多只个股涨停,其中5G题材10只、猪肉题材6只、业绩题材8只、光伏风电题材10只(银星能源在赚钱效应前启动并领涨后,最容易走成妖股)、超跌反弹21只(ST居多),还有20多只其他题材或题材界定还不明显的个股。

节后第一天,最主流的题材是节前的主流5G,其次是猪肉和超跌。超跌板块涨停虽多,却因为多为ST股,难以成为主流。节后首日选择强势的5G是因为没有新题材的出现,短线资金主力主要炒老主流。这一天的火爆行情,在整体市场上属于一致性行情。

2月11日,市场最高标个股是光伏风电中银星能源的4板,具体见表2—8。

表2-8　　　　　　　　　　　　2月11日行情

股票代码	股票简称	现价(元)	成交额(元)	涨停时间	连板天数	涨停原因
5G						
603912.SH	佳力图	13.42	0.15亿	9:30:15	1	5G
603220.SH	贝通信	30.58	5.03亿	9:52:30	1	5G
300312.SZ	邦讯技术	7.78	0.78亿	9:58:00	1	5G
600776.SH	东方通信	13.75	8.39亿	10:05:45	1	5G
002017.SZ	东信和平	9.88	1.64亿	10:08:30	1	5G
600734.SH	实达集团	7.15	1.87亿	11:13:46	1	5G
002547.SZ	春兴精工	6.49	5.70亿	11:28:46	1	5G
600775.SH	南京熊猫	8.14	3.27亿	13:41:01	1	5G
002359.SZ	北讯集团	7.74	3.57亿	13:55:46	2	5G
000070.SZ	特发信息	10.16	6.10亿	14:18:07	1	5G
猪肉						
002157.SZ	正邦科技	7.03	2.41亿	10:57:15	1	猪肉
002477.SZ	雏鹰农牧	1.62	0.71亿	11:03:16	1	猪肉
600975.SH	新五丰	4.47	0.64亿	11:05:16	1	猪肉
002124.SZ	天邦股份	8.67	3.15亿	11:30:00	1	猪肉
002567.SZ	唐人神	6.44	1.78亿	14:29:22	1	猪肉
002714.SZ	牧原股份	38.01	4.48亿	14:53:56	1	猪肉
业绩预增						
600247.SH	*ST成城	5.23	0.07亿	9:33:45	3	业绩扭亏
300250.SZ	初灵信息	13.08	1.94亿	10:10:30	3	业绩预增
300487.SZ	蓝晓科技	31.34	2.06亿	13:08:46	1	业绩超预期
002552.SZ	*ST宝鼎	5.83	0.23亿	14:13:35	1	业绩扭亏
002384.SZ	东山精密	12.08	8.18亿	14:23:07	1	业绩增长
002189.SZ	利达光电	15.16	2.61亿	14:34:22	3	业绩预增
300582.SZ	英飞特	14.72	2.52亿	14:51:21	1	业绩预增
002675.SZ	东诚药业	10.00	1.60亿	14:56:26	0	业绩预增

续表

股票代码	股票简称	现价(元)	成交额(元)	涨停时间	连板天数	涨停原因
能源概念							
000862.SZ	银星能源	4.36	2.13亿	9:30:15	4	光伏+风电
600537.SH	亿晶光电	3.58	1.25亿	9:35:30	2	光伏概念
601218.SH	古鑫科技	2.81	0.82亿	9:43:15	2	风电
002451.SZ	摩恩电气	11.29	2.70亿	10:21:15	1	电力
600744.SH	华银电力	2.94	0.34亿	10:22:00	1	电力
603063.SH	禾望电气	7.23	0.68亿	10:44:30	1	光伏+风电
000958.SZ	东方能源	3.95	1.21亿	13:09:01	1	光伏概念
600163.SH	中闽能源	3.60	0.57亿	13:28:01	1	电力
601908.SH	京运通	3.97	3.30亿	13:45:16	2	光伏概金
601016.SH	节能风电	2.72	2.89亿	14:53:41	1	风电
超跌反弹							
000518.SZ	四环生物	2.88	0.19亿	9:38:00	1	超跌反弹
300042.SZ	朗科科技	14.73	0.26亿	9:50:15	1	超跌反弹
600732.SH	ST新梅	5.18	0.12亿	9:52:45	1	超跌反弹
600321.SH	*ST正源	2.08	0.09亿	10:04:45	1	超跌反弹
300277.SZ	海联讯	6.22	0.43亿	10:16:45	1	超跌反弹
600614.SH	鹏起科技	4.60	2.82亿	10:26:45	1	超跌反弹
000953.SZ	ST河化	3.48	0.04亿	10:45:30	1	超跌反弹
000018.SZ	神州长城	2.27	0.59亿	11:16:46	1	超跌反弹
002260.SZ	*ST德奥	2.72	0.21亿	13:52:31	1	超跌反弹
002568.SZ	百润股份	10.46	0.91亿	13:52:46	1	超跌反弹
600275.SH	ST昌色	2.55	0.08亿	13:53:16	2	超跌反弹
000893.SZ	*ST东凌	4.21	0.09亿	13:57:31	1	超跌反弹
600146.SH	商赢环球	5.53	0.89亿	14:11:46	1	超跌反弹
300432.SZ	富临精工	5.82	0.66亿	14:15:21	1	超跌反弹
002512.SZ	达华智能	4.03	1.47亿	14:21:22	1	超跌反弹

续表

股票代码	股票简称	现价(元)	成交额(元)	涨停时间	连板天数	涨停原因
603363.SH	傲农生物	8.33	0.61亿	14:35:07	1	超跌反弹
300604.SZ	长川科技	29.18	1.63亿	14:42:22	1	超跌反弹
000995.SZ	*ST皇台	4.01	0.14亿	14:49:21	1	超跌反弹
002427.SZ	ST尤夫	11.98	0.30亿	14:49:21	1	超跌反弹
600228.SH	ST昌九	7.84	0.06亿	14:53:26	1	超跌反弹
002774.SZ	快意电梯	9.85	2.14亿	14:55:26	0	超跌反弹
其他

2月12日，这一日出现了一个新题材（OLED），吸引了市场关注。

当天OLED有12只涨停，医药9只，光伏风电10只，业绩5只，5G分化只有4只，超跌10只，其他22只。市场仍有67只涨停，人气仍然火爆。

上一日的主流5G在新题材OLED被挖掘出来后分化弱化，上日猪肉题材一日游。最高标股银星能源在火爆情绪下继续5板，有成妖之势。当天的主流变成新题材OLED，见表2-9。

表2-9　　　　　　　　　2月12日行情

股票代码	股票简称	现价(元)	成交额(元)	涨停时间	连板天数	涨停原因
OLED
300545.SZ	联得装备	22.59	0.98亿	9:44:00	1	OLED
300481.SZ	濮阳惠成	13.67	0.86亿	10:15:15	1	OLED
600707.SH	彩虹股份	4.83	0.65亿	10:21:00	1	OLED
002387.SZ	维信诺	10.23	1.50亿	10:35:45	1	OLED
002845.SZ	同兴达	16.27	0.65亿	10:40:45	1	OLED
300566.SZ	激智科技	13.34	0.30亿	10:50:00	1	OLED
300097.SZ	智云股份	11.98	0.84亿	11:02:15	1	OLED
603996.SH	中新科技	8.93	0.62亿	11:06:30	1	OLED
000859.SZ	国风塑业	3.40	0.55亿	13:01:00	1	OLED
601208.SH	东材科技	4.24	0.47亿	13:05:45	1	OLED

续表

股票代码	股票简称	现价(元)	成交额(元)	涨停时间	连板天数	涨停原因
600552.SH	凯盛科技	4.18	1.18亿	13:11:15	1	OLED
000725.SZ	京东方A	3.01	60.83亿	13:53:02	1	OLED
医药							
000518.SZ	四环生物	3.17	0.14亿	9:30:00	2	医药
300436.SZ	广生堂	25.44	0.15亿	9:30:00	1	医药
000806.SZ	银河生物	3.48	0.57亿	9:39:45	1	医药
603676.SH	卫信康	11.33	0.42亿	9:51:00	1	医药
002826.SZ	易明医药	10.67	0.18亿	9:52:45	1	医药
300519.SZ	新光药业	14.32	0.38亿	10:18:30	1	医药
000566.SZ	海南海药	5.82	1.63亿	11:02:00	1	医药
002437.SZ	誉衡药业	3.11	0.96亿	14:26:55	1	医药
603707.SH	健友股份	21.63	1.21亿	14:48:41	1	医药
清洁能源							
000862.SZ	银星能源	4.80	0.23亿	9:30:00	5	光伏+风电
603063.SH	禾望电气	7.95	0.49亿	9:30:00	2	光伏+风电
600095.SH	哈高科	4.21	0.33亿	9:30:45	1	光伏+医药
002660.SZ	茂硕电源	5.81	0.23亿	9:36:00	1	光伏概念
600192.SH	长城电工	6.57	1.87亿	9:46:15	2	燃料电池
000815.SZ	美利云	7.54	0.52亿	9:52:45	1	光伏+宁夏
601218.SH	吉鑫科技	3.09	3.15亿	11:19:30	3	风电
300128.SZ	锦富技术	3.43	2.12亿	13:23:15	1	光伏概念
002592.SZ	八菱科技	19.17	0.68亿	14:05:32	1	燃料电池
002451.SZ	摩恩电气	12.42	5.93亿	14:39:41	2	风电
业绩预增							
600247.SH	*ST成城	5.49	0.07亿	9:30:45	4	业绩扭亏
300250.SZ	初灵信息	14.39	2.24亿	9:33:15	4	业绩预增
002552.SZ	*ST宝鼎	6.12	0.30亿	10:15:15	2	业绩扭亏

续表

股票代码	股票简称	现价(元)	成交额(元)	涨停时间	连板天数	涨停原因
300582.SZ	英飞特	16.19	2.67亿	10:29:30	2	业绩预增
002661.SZ	克明面业	13.70	2.18亿	11:12:15	1	业绩预告大增
5G							
603912.SH	佳力图	14.76	0.35亿	9:30:00	2	5G
600776.SH	东方通信	15.13	20.85亿	14:03:32	2	5G
002017.SZ	东信和平	10.87	5.57亿	14:22:10	2	5G
002786.SZ	银宝山新	9.21	1.42亿	14:52:56	1	5G
超跌反弹							
002638.SZ	勤上股份	2.56	0.30亿	9:33:15	1	超跌反弹
000700.SZ	模塑科技	3.32	0.32亿	9:33:45	1	超跌反弹
600084.SH	中葡股份	2.76	0.29亿	9:44:00	1	超跌反弹
002529.SZ	海源复材	7.00	0.32亿	9:49:15	1	超跌反弹
002427.SZ	*ST尤夫	12.58	0.28亿	10:51:00	2	超跌反弹
600807.SH	*ST天业	4.19	0.83亿	14:47:56	1	超跌反弹
600892.SH	大晟文化	6.31	5.45亿	14:49:41	1	超跌反弹
600701.SH	*ST工新	2.23	0.23亿	14:51:41	1	超跌反弹
002870.SZ	香山股份	16.31	0.51亿	14:55:56	1	超跌反弹
600766.SH	园城黄金	7.56	1.55亿	14:56:26	1	超跌反弹
其他							

2月13日,火爆行情持续,市场继续呈现一致性高潮,当天又有80多只股票涨停。

其中:OLED在上日出现点火的12只一致性涨停后,当天再现一致性强化涨停达37只,二连板达到17只,出现了牛市才会有的强势情绪,说明这两天的资金积极性很高。

盘面情况:OLED达37只,5G有7只,新增芯片9只,其他分化后的超跌、独角兽、光伏风电等30只。

OLED题材发酵,成为当天绝对的主流,而最高标股银星能源6板,已经脱离板块影响,走出独立情绪化的妖股行情,上日的医药板块一日游(见表2-10)。

表2-10　　　　　　　　　　2月13日行情

股票代码	股票简称	现价(元)	成交额(元)	涨停时间	连板天数	涨停原因
OLED						
000859.SZ	国风塑业	3.74	0.24亿	9:30:00	2	OLED
002387.SZ	维信诺	11.25	0.22亿	0:30:00	2	OLED
002600.SZ	领益智造	3.49	0.54亿	9:30:00	3	OLED
002845.SZ	同兴达	17.90	0.62亿	9:30:00	2	OLED
300128.SZ	锦富技术	3.77	1.00亿	9:30:00	2	OLED
300481.SZ	濮阳惠成	15.04	0.27亿	9:30:00	2	OLED
300545.SZ	联得装备	24.85	0.23亿	9:30:00	2	OLED
600707.SH	彩虹股份	5.31	0.12亿	9:30:00	2	OLED
601208.SH	东材科技	4.66	0.35亿	9:30:00	2	OLED
300256.SZ	星星科技	3.48	0.60亿	9:30:15	1	OLED
300263.SZ	隆华科技	4.85	0.79亿	9:30:15	1	OLED
600355.SH	精伦电子	4.13	0.85亿	9:30:15	1	OLED
002870.SZ	香山股份	17.94	0.71亿	9:31:30	2	OLED
300566.SZ	激智科技	14.67	0.70亿	9:32:15	2	OLED
600552.SH	凯盛科技	4.60	1.57亿	9:35:30	2	OLED
300706.SZ	阿石创	24.73	0.85亿	9:37:15	1	OLED
300097.SZ	智云股份	13.18	2.58亿	9:38:15	2	OLED
000536.SZ	华映科技	2.20	1.49亿	9:41:30	1	OLED
000725.SZ	京东方A	3.31	50.07亿	9:52:45	2	OLED
000050.SZ	深天马A	12.07	8.70亿	10:02:15	1	OLED
002655.SZ	共达电声	7.04	0.76亿	10:11:45	1	OLED
002669.SZ	康达新材	11.46	1.36亿	10:20:45	1	OLED
300120.SZ	经纬辉开	7.35	0.50亿	10:21:30	1	OLED
000727.SZ	华东科技	1.75	2.84亿	10:41:45	1	OLED

续表

股票代码	股票简称	现价(元)	成交额(元)	涨停时间	连板天数	涨停原因
300576.SZ	容大感光	15.60	0.57亿	10:41:45	1	OLED
300054.SZ	鼎龙股份	8.18	3.44亿	11:16:00	1	OLED
000413.SZ	东旭光电	4.97	12.20亿	11:19:00	1	OLED
603996.SH	中新科技	9.82	2.88亿	11:19:30	2	OLED
300057.SZ	万顺股份	7.21	1.27亿	13:00:17	1	OLED
300328.SZ	宜安科技	8.59	1.51亿	13:00:17	1	OLED
600503.SH	华丽家族	3.59	2.08亿	13:15:35	1	OLED
603110.SH	东方材料	11.78	0.41亿	13:20:21	1	OLED+石墨烯
002326.SZ	永太科技	8.64	4.12亿	13:46:07	1	OLED
603160.SH	汇顶科技	82.58	4.21亿	14:04:52	1	OLED
000100.SZ	TCL集团	3.33	15.77亿	14:08:22	1	OLED
002724.SZ	海洋王	6.14	0.57亿	14:21:39	1	OLED
000045.SZ	深纺织A	6.49	1.59亿	14:54:41	1	QLED
5G						
002231.SZ	奥维通信	6.33	0.44亿	10:07:45	1	5G
300537.SZ	广信材料	10.29	0.44亿	10:22:30	1	5G
600776.SH	东方通信	16.64	19.21亿	10:48:15	3	5G
600522.SH	中天科技	9.13	12.56亿	13:48:52	1	5G
300134.SZ	大富科技	10.93	4.67亿	14:38:54	1	5G+OLED
300593.SZ	新雷能	19.09	1.25亿	14:50:26	1	5G
603912.SH	佳力图	16.24	3.48亿	14:54:56	3	5G
芯片概念						
300514.SZ	友讯达	11.96	0.30亿	9:40:45	1	芯片概念
002405.SZ	四维图新	19.61	8.20亿	9:49:45	1	芯片概念
300184.SZ	力源信息	9.06	1.76亿	9:51:00	1	芯片概金
300139.SZ	晓程科技	7.54	1.01亿	9:54:45	1	芯片概念
300323.SZ	华灿光电	7.59	3.20亿	11:15:45	1	芯片概念

续表

股票代码	股票简称	现价(元)	成交额(元)	涨停时间	连板天数	涨停原因
002079.SZ	苏州固锝	6.38	3.97亿	13:33:51	1	芯片概念
002409.SZ	雅克科技	15.94	1.04亿	13:46:52	1	芯片概念
300671.SZ	富满电子	17.44	1.08亿	14:20:39	1	芯片概念
603078.SH	江化微	28.17	0.61亿	14:41:39	1	芯片概念
其他						

2月14日,市场开始分化,涨停股有54只。OLED分歧后有16只涨停,热点持续性相当强势,16只中有四板股1只、三板股11只、二板股4只;创投9只、光伏风电4只、5G有3只、其他22只。其中,高标妖股银星能源7板超预期。上一日的芯片、独角兽一日游(见表2—11)。

表2—11　　　　　　　　2月14日行情

股票代码	股票简称	现价(元)	成交额(元)	涨停时间	连板天数	涨停原因
OLED						
002600.SZ	领益智造	3.84	0.95亿	9:30:00	4	OLED
000859.SZ	国风塑业	4.11	0.30亿	9:30:00	3	OLED
002387.SZ	维信诺	12.38	0.33亿	9:30:00	3	OLED
002870.SZ	香山股份	19.73	0.15亿	9:30:00	3	OLED
300481.SZ	濮阳惠成	16.54	1.08亿	9:30:00	3	OLED
300545.SZ	联得装备	27.34	0.33亿	9:30:00	3	OLED
600552.SH	凯盛科技	5.06	1.07亿	9:30:003	3	OLED
600707.SH	彩虹股份	5.84	0.28亿	9:30:00	3	OLED
601208.SH	东材科技	5.13	0.36亿	9:30:00	3	OLED
300128.SZ	锦富技术	4.15	1.94亿	9:37:15	3	OLED
002669.SZ	康达新材	12.61	2.43亿	9:44:18	2	OLED
300263.SZ	隆华科技	5.34	4.40亿	11:04:19	2	OLED
300097.SZ	智云股份	14.50	4.94亿	11:05:19	3	OLED
603110.SH	东方材料	12.96	1.00亿	13:32:19	2	OLED+石墨烯

续表

股票代码	股票简称	现价(元)	成交额(元)	涨停时间	连板天数	涨停原因
000536.SZ	华映科技	2.42	7.35亿	13:32:19	3	OLED
002845.SZ	同兴达	19.69	5.42亿	13:35:34	3	OLED
创投							
002164.SZ	宁波东力	3.37	0.53亿	9:32:45	1	创投
600207.SH	安彩高科	4.80	0.65亿	9:35:45	1	独角兽
600689.SH	上海三毛	9.85	1.01亿	9:47:03	1	参股独角兽
002288.SZ	超华科技	5.16	4.04亿	9:49:33	2	独角兽
300221.SZ	银禧科技	6.60	1.29亿	9:53:48	2	创投
603366.SH	日出东方	4.31	0.47亿	9:58:18	1	独角兽
300512.SZ	中亚股份	14.52	1.53亿	11:30:00	1	OLED+创投
000068.SZ	华控赛格	4.73	3.05亿	13:20:49	1	创投
300479.SZ	神思电子	14.66	1.97亿	14:40:50	1	参股独角兽
清洁能源							
000862.SZ	银星能源	5.81	0.77亿	9:30:00	7	光伏+风电
603063.SH	禾望电气	8.89	3.47亿	11:15:34	1	光伏+风电
300118.SZ	东方日升	9.19	5.43亿	14:45:20	1	光伏概念
600218.SH	全柴动力	8.95	9.14亿	15:00:00	1	燃料电池
5G							
300593.SZ	新雷能	21.00	1.86亿	14:08:50	2	5G
600776.SH	东方通信	18.30	21.80亿	14:11:35	4	5G
300250.SZ	初灵信息	15.64	4.03亿	14:57:00	0	5G
其他							
300338.SZ	开元股份	7.92	0.31亿	9:30:30	1	教育
002689.SZ	远大智能	3.82	0.44亿	9:31:45	1	人工智能
002450.SZ	ST康得新	4.83	5.09亿	9:44:18	3	债务问题取得进展
600399.SH	*ST抚钢	2.86	0.36亿	10:17:48	1	摘帽预期
002756.SZ	永兴特钢	14.50	1.71亿	10:27:18	1	高送转

续表

股票代码	股票简称	现价(元)	成交额(元)	涨停时间	连板天数	涨停原因
002074.SZ	国轩高科	14.70	6.51亿	10:36:49	1	签订协议
300389.SZ	艾比森	17.12	0.66亿	13:05:04	1	业绩增长
600518.SH	康美药业	8.37	16.95亿	13:19:49	1	超跌反弹
300356.SZ	光一科技	7.02	2.93亿	13:50:49	1	知识产权保护
600975.SH	新五丰	5.26	1.49亿	13:55:49	1	猪肉
600610.SH	*ST毅达	2.15	0.27亿	14:09:05	5	实控人拟变更
601700.SH	风范股份	5.73	8.06亿	14:14:20	1	特高压
002102.SZ	ST冠福	1.68	0.92亿	14:17:35	1	超跌反弹
002252.SZ	上海莱士	7.25	8.17亿	14:18:50	1	超跌反弹
002147.SZ	ST新光	2.64	1.21亿	14:19:35	1	超跌反弹
603959.SH	百利科技	16.93	1.22亿	14:30:50	1	锂电池
002767.SZ	先锋电子	14.80	0.94亿	14:33:20	1	物联网
002040.SZ	南京港	8.97	1.40亿	14:36:35	1	港口
000518.SZ	四环生物	3.84	2.06亿	14:38:05	4	医药
300579.SZ	数字认证	26.74	1.54亿	14:40:20	1	知识产权保护
601975.SH	ST长油	2.27	1.86亿	14:50:39	1	ST板块

11日—14日连续4天的情况可以总结如下：

第一，不论涨停多少股，只跟随最主流题材。每天都在出现题材轮动，但是主流热点保持了很好的持续性。不论是新主流的OLED，还是成为次主流的5G，都出现了持续涨停。所以，不论市场中的题材如何轮动，每天有多少题材股在里面涨停，只有紧紧地抓住最主流的板块才是要点。主流板块最大的特征就是持续性，持续性就是持续出现连板股。

第二，正确认识热点板块、独狼与妖股的关系。市场中的妖股或总龙头不一定是当日最主流板块中的个股。比如这几天最强势的主流板块是OLED，但是市场的高标妖股却是七板的银星能源。次高标股有3只，分别是OLED的领益智造、5G的东方通信，还有医药的四环生物。显然四环生物是从题材一日游后的一个活口走出了独立的高换手独狼连板行情，只有换手充分才能走出这种行情。

为什么市场总龙、妖股或高标股不一定是最主流题材中的龙头股？为什么一日游的题材会走出独立的连续连板的个股？原因其实很简单：一是因为市场是立体的，主流题材与高标股在启动的时间上会有差异，市场中强势股与板块的启动时间不可能都完全一致，所以最高标股可能刚开始并不在主流板块，但是主流板块的板块龙头在高标股熄火后完全有可能接力成市场总龙头。二是资本市场在升级，市场中的资金众多，存在不同的短线资金群体，就存在不同资金群体选择不同进攻方向，多样化的交易策略，在市场中形成不同的合力分支。这种板块龙、妖股、独狼股混后轮动的现象在强势市场中会是常态。

第三，选股的第一策略永远是聚焦领涨股、干领头羊。这一段行情选股的第一策略一定是主流板块和市场的板块龙头、妖股或独狼。因为这些股在强势市场中是市场合力的几类分支，是最具有持续性的个股。如何选择要看个人的模式。以我们的模式，首选是主流板块的龙头，其次是妖股。

(二) 围绕板块轮动的套利策略分析

以上面行情为例，如何套利？

1. 2月11日

2月11日是春节长假后的开门红。当日出现的这个一致性暴涨行情，在次日通常是会分化的，毕竟是炒作老主流。所以在11日，如果交易，一定是炒作主流的卡位股、题材老龙头和助攻股。对于助攻股，同时还要考虑个股的形态与筹码结构。

11日当天5G的卡位涨停股是佳力图，9:30秒板。随后助攻股有贝通信、邦讯技术。龙头东方通信在10:05涨停，东信和平在10:08随后助攻涨停。

这是当日主流板块最核心的标的，首选一定是卡位的佳力图和老龙头东方通信，从龙头战法的角度，应该聚焦龙头东方通信。而要上佳力图在开盘后只有几秒的时间，必须在竞价就锁定它才有机会。在东方通信涨停后，随其后的只有东信和平是目标。当然贝通信、邦讯科技如果形态与筹码结构可以，和东信和平一样都是套利的次要标的。

图2-10是几只股的分时线与次日涨停情况。

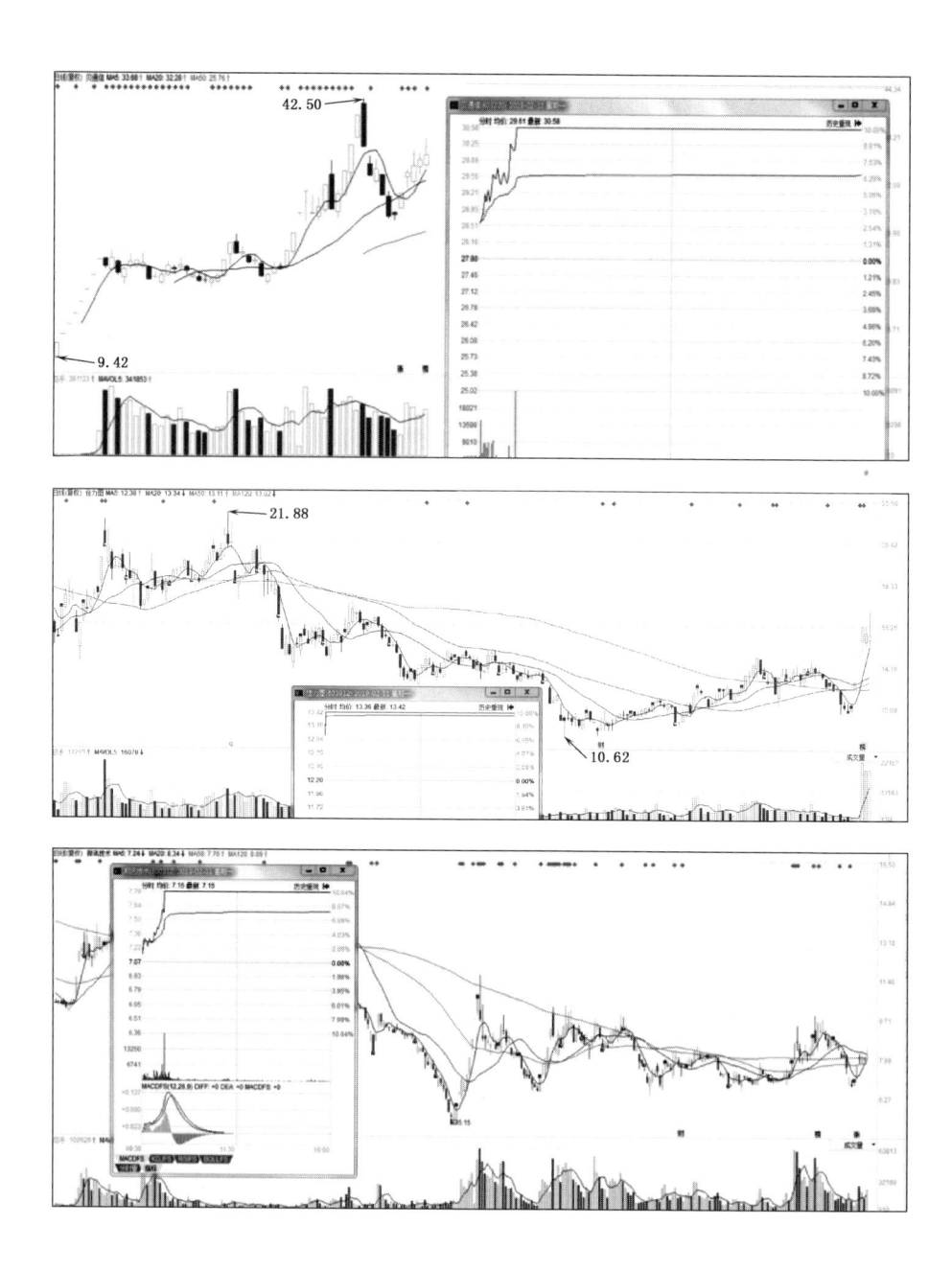

顿悟股道:龙头战法的逻辑、体系与策略

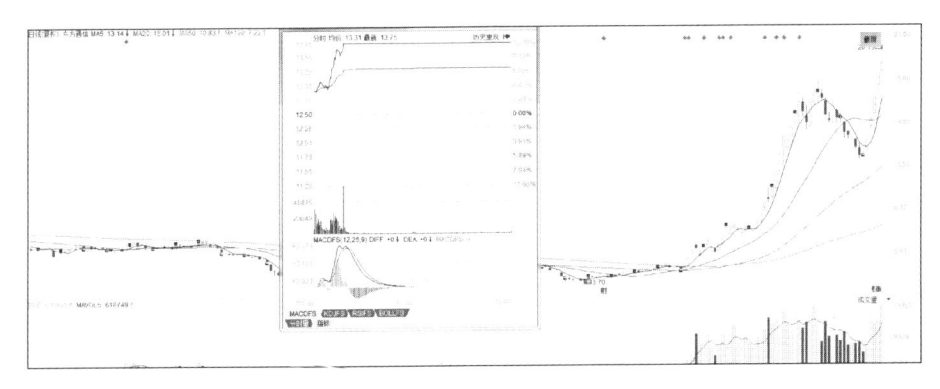

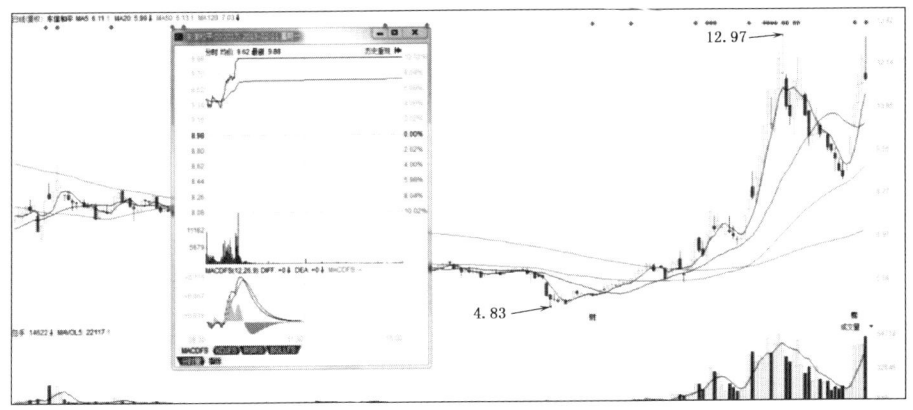

图 2—10　几只股票的分时线与次日涨停情况

从上面套利后一周的走势看：第一板的卡位板佳力图在一周内走出了三板，追一板后有 25% 的溢价。老龙头股东方通信走出了四板，追一板后有 40% 以上的溢价。另一只助攻套利股东信和平回调 50 日均线及成交量萎缩充分，追一板有 20% 左右溢价。其他三只的筹码结构压力重，贝通信回调不充分，没有板，也有一定的溢价。

高标股"银星能源"秒板，走出第四板，量价和筹码结构都不错，破了前高平台区的大阴线。银星能源四板仍在板块龙头内，资金仍围绕其做光伏风电的助攻套利，这时套利的重点在之前讲过有两类：一是前排卡位股，二是追二板股。当天没有卡位股，前排二板只有亿晶光电和吉鑫科技（见图 2—11）。

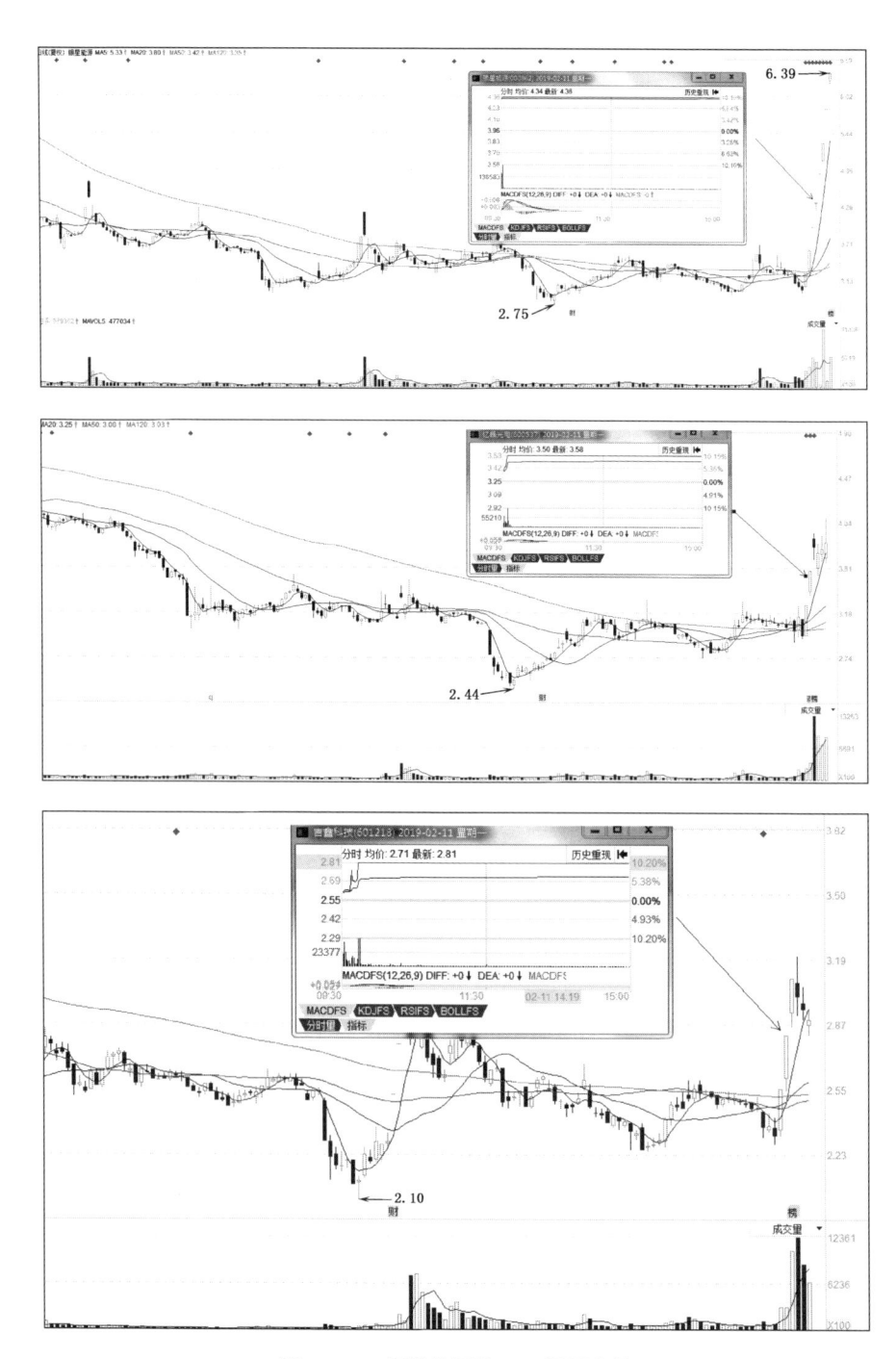

图 2-11 银星能源等三只股票走势

亿晶光电三板破板,而吉鑫科技走出三板。围绕高标股和追助攻二板的套利还算比较成功,在次日都会产生溢价。但是光伏风电题材不再是主流题材,所以围绕此题材的套利应该谨慎。

2. 2月12日

OLED题材点火日,首板12只涨停。联得装备9:44首先卡位涨停,随后在早盘前排涨停的有濮阳惠成、彩虹股份、维信诺、同兴达等个股陆续助攻涨停。

看看OLED首板后这几只前排股的一周表现。

联得装备走出4板,上面的筹码较好,没有压力。二板后全是一字板,第一板如果不参与,后面不会有机会(见图2-12)。

图2-12 联得装备走势

濮阳惠成走出四板破板,筹码结构形态不好,二、三板是一字板,第一板如果不参与,后面难有机会(见图2-13)。

图2-13 濮阳惠成走势

彩虹股份走出四板破板,筹码结构形态不错。二、三板是一字板,同样第一板如果不参与,后面难有机会(见图2—14)。

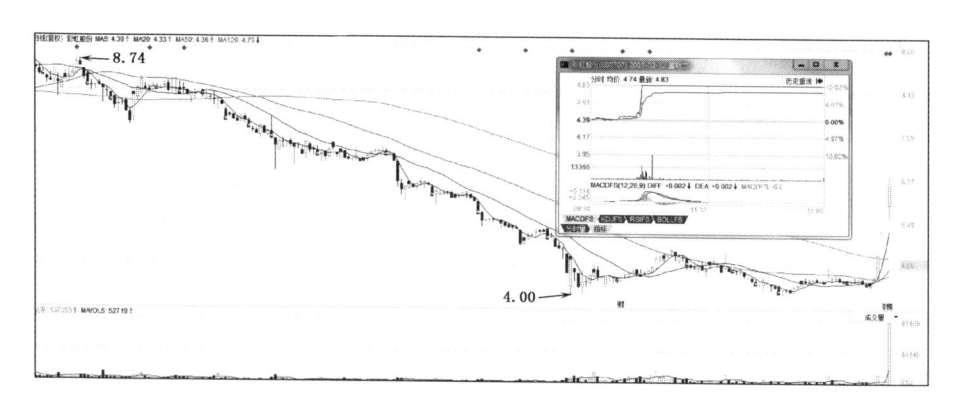

图2—14 彩虹股份走势

维信诺走出四板,后面全是一字板,同样第一板如果不参与,后面难有机会(见图2—15)。

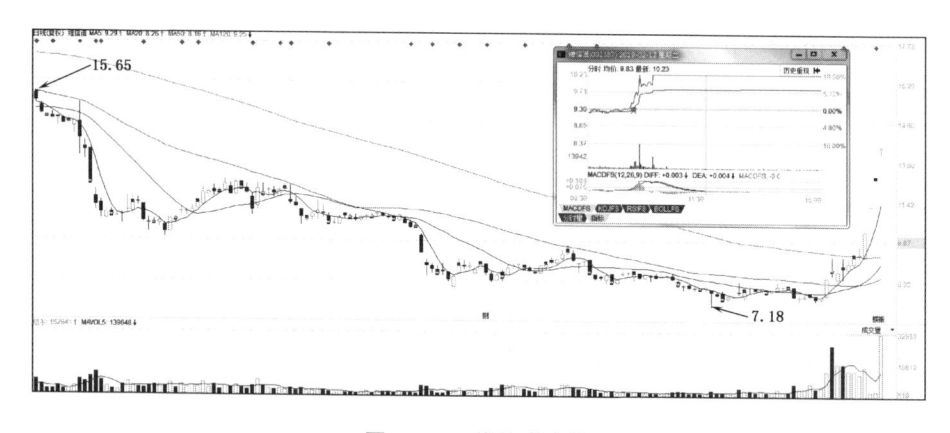

图2—15 维信诺走势

从OLED首板的情况,在一个好的题材和周期环境配合下,首板试错是很重要的。如果周期环境配合,敏感题材不错,题材第一个板的卡位和前排助攻都是不错的选择,参与的机会也是很大的,而后排的跟风股没有把握就不要参与。

高标股"银星能源"一字板,走出第五板。在强势市场有一个经验,有五必有七，有七会成妖。进入第五板的银星能源，因为光伏风电题材不属于主流，所以进入第五板后，实际已经转为情绪妖股板，继续围绕其做光伏风电题材的套利已经意义不大，且风险增加。银星能源五板，光伏风电题材仍有 6 股围绕其套利。没有卡位股，前排助攻的有禾望电气一字二板、哈高科和茂硕电源首板。如果套利禾望电气一字进不了，只有看后面两只，下面是后面两只的表现（见图2－16、图2－17）。

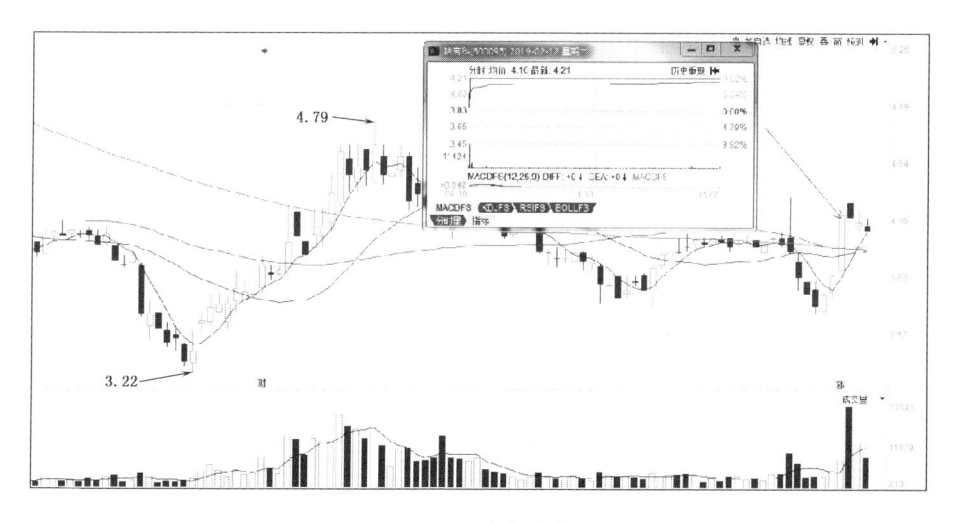

图2－16　哈高科走势

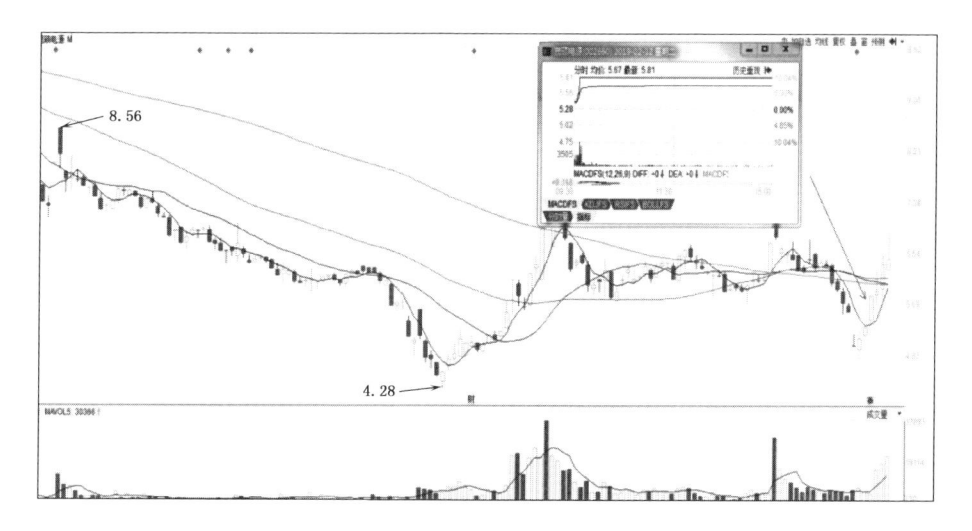

图2－17　茂硕电源走势

哈高科一日游,茂硕电源虽有溢价,但是参与的价值并不高,如果不是在强势的市场行情下,溢价更低,风险更大,所以没有套利的意义。

3. 2月13日

13日的盘面特点:OLED爆发高度一致性行情,37只股涨停。次主流5G持续,新加入芯片题材,银星能源成妖股六板。

OLED持续走出了三日的一致性行情,早盘出现8只二板股一字板和1只三板股一字板,很有牛市的味道。所以,在强势市场,资金充沛的情况下,一个好的题材,一板参与是很关键的先手,二板开始容易出现资金连续顶一字,后面只能在高位换手后才有机会。早盘开盘后没有顶一字的二板还有6只。

二板位是看不出龙头的,但最有信心最先上涨的二板股往往最有溢价。当日的场面,最强势的二板股都是一字,没有机会参与,如果我们在一板没有上车,如何套利?二板位置套利的策略之前讲过:追领涨二板或追一板卡位,但是领涨的二板一字追不进了,也就没有卡位,只有一板的前排助攻,应该如何处理?看一板的前排助攻和二板助攻的表现如何。

9:30:15,第一只一板助攻隆华科技秒停,追入次日涨停,涨停后破板,有溢价(见图2-18)。

图2-18 隆华科技走势

9:30:15,第二只一板助攻股星星科技秒停,追入次日涨停破板,及时走有溢价(见图 2—19)。

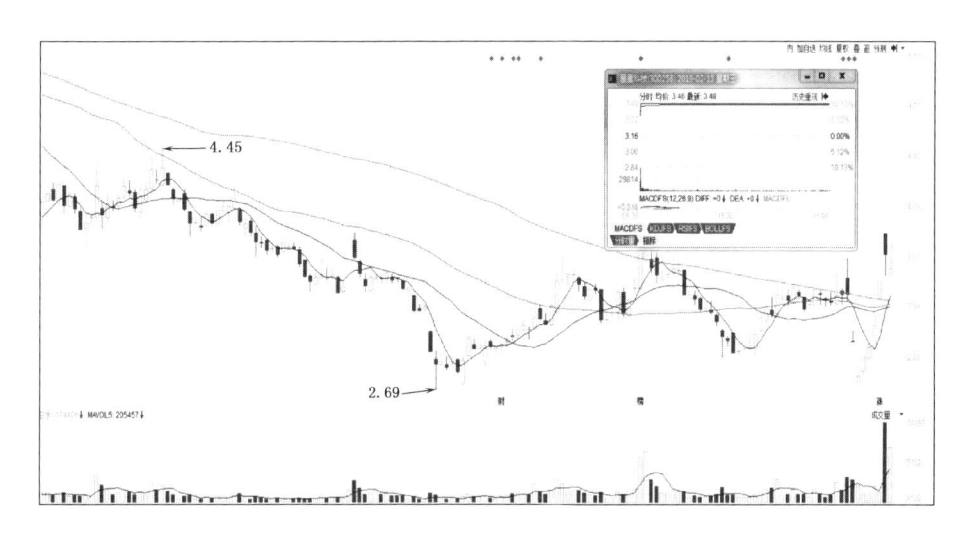

图 2—19 星星科技走势

9:31:30,第一只二板助攻股香山股份涨停,追入次日与二日又现两个涨停,溢价高(见图 2—20)。

图 2—20 香山股份走势

9:32:15,第二只二板助攻股激智科技涨停,追入次日涨停破板,有一定溢价(见图 2—21)。

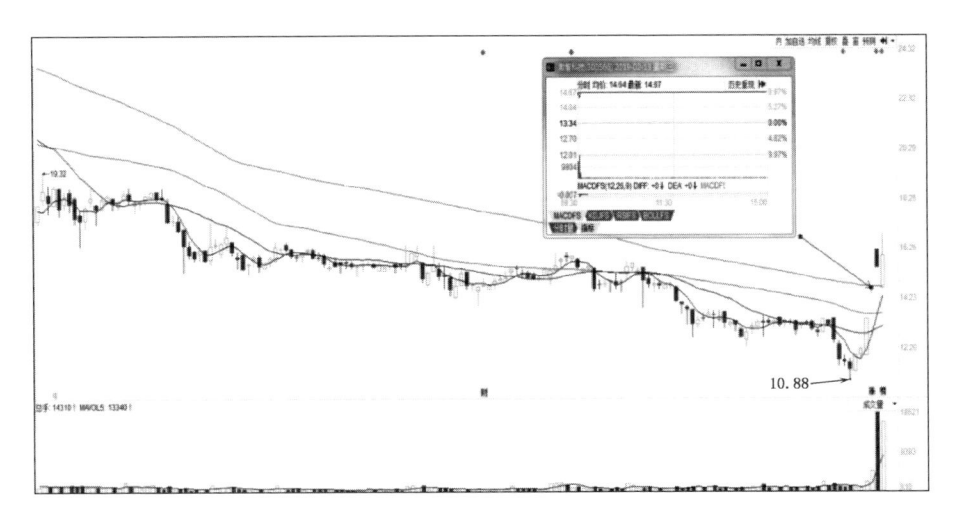

图 2—21 激智科技走势

在 9:35:30,第三只二板助攻凯盛科技涨停,追入次日后又出现两个涨停,溢价高(见图 2—22)。

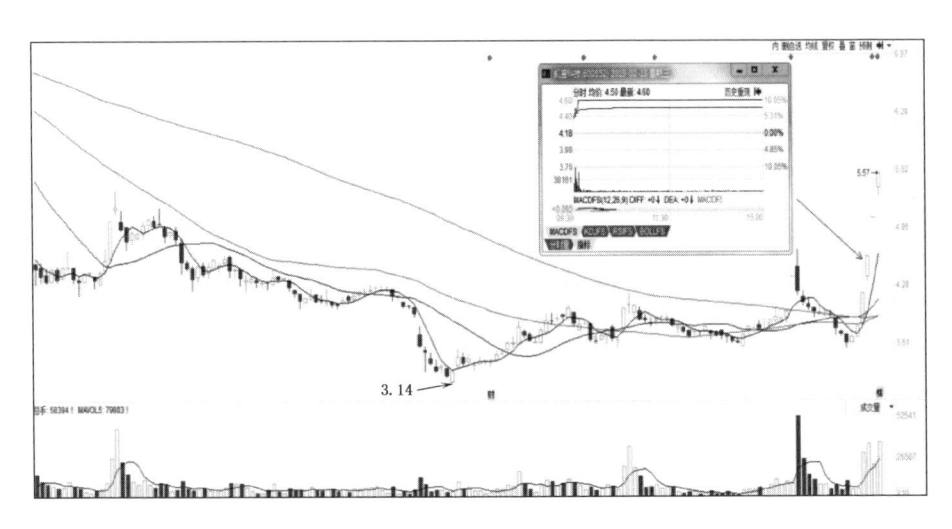

图 2—22 凯盛科技走势

9:37:15,第三只一板助攻股阿石创涨停,追入次日高开低走,溢价低(见图 2—23)。

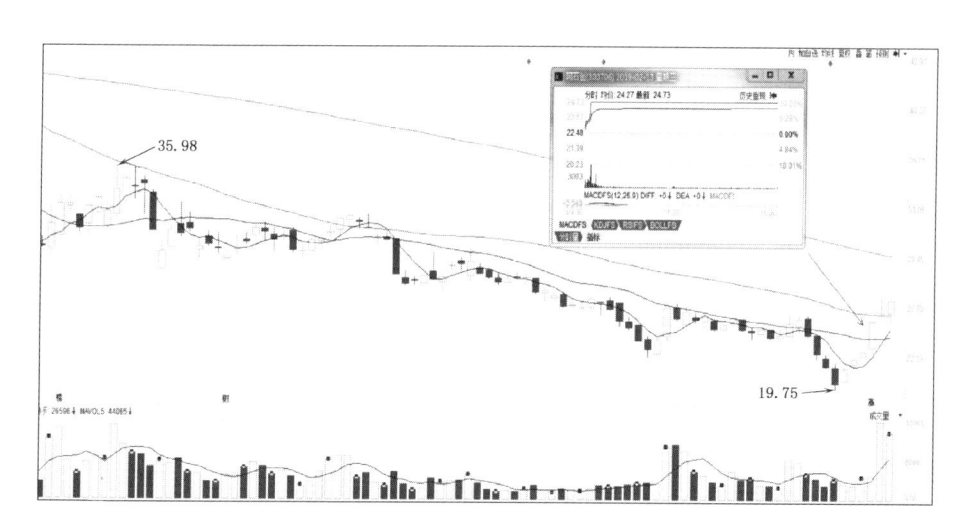

图 2—23 阿石创走势

9:38:15,第四只二板助攻智云股份涨停,追入次日再涨停(见图 2—24)。

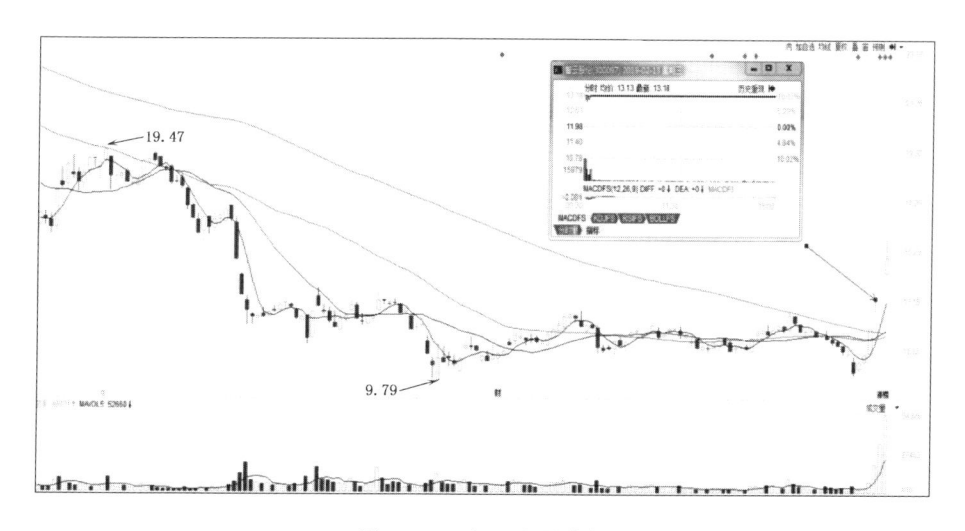

图 2—24 智云股份走势

所以,从整体的表现看,在二板的位置,追二板助攻的溢价明显高于一板助攻股,这个走势也完全符合我们的交易策略。

实际上,从龙头学的交易策略而言,真正的游资龙头都是合力龙头股,连续一字板是庄股,进入二板位的首要目标一定是放弃二板庄股,追二板合力股。

因此，在二板位的 6 只非一字板的二板股才有交易的目标。这里有一点要注意，市场中还有一类大龙妖是由庄股演化而来，是以庄股一字板连涨起涨，后面再由游资接力往上做，这类股起涨时的市值通常不太大。

在二板位的非一字二板股中，最先涨停的有三只：香山股份、激智科技、凯盛科技。从涨停时间、形态与成交量是否暴量上，最优选香山股份。其他两只个股激智科技、凯盛科技的成交量不符合标准。在二板位时，如果上了香山股份（见图 2－25），就吃上了后面的大肉。

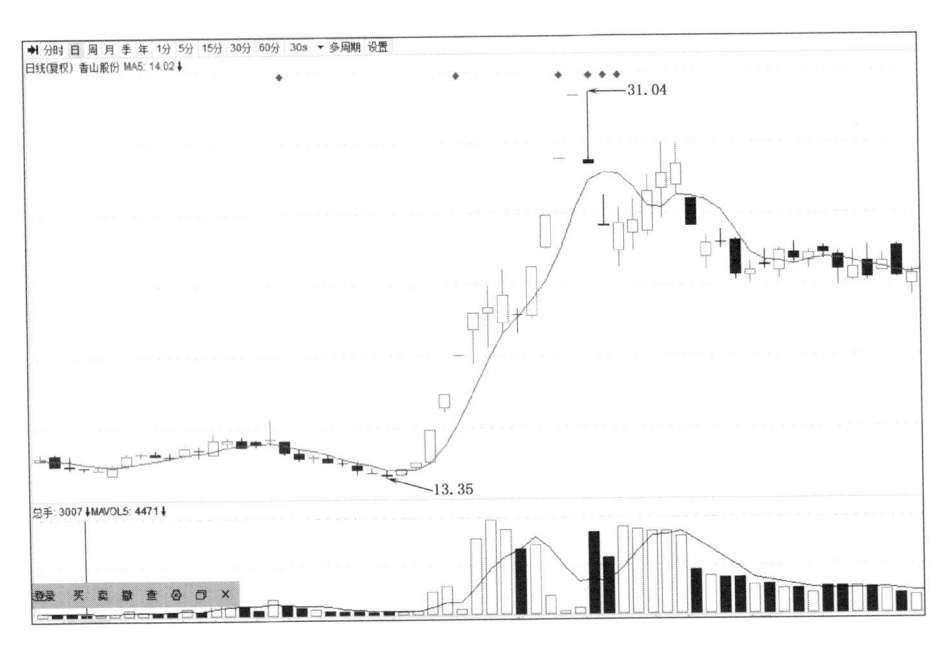

图 2－25　香山股份走势

四川双马的这段就是由庄股演化的庄游龙妖典型形态，这种形态要高度关注（见图 2－26）。

此日，后面还有二板的跟风股，从只做最强的策略与概率上讲，凡跟风股都不要碰。

在当天 OLED 的行情中，有一只股同样需要格外关注，就是京东方 A，它是这个题材的中军股，也就是题材板块中体量和交易量最大的一只股，当天在 9:52 也走出了两板（见图 2－27）。第一个板成交量炒出了 60 亿元的天量，二

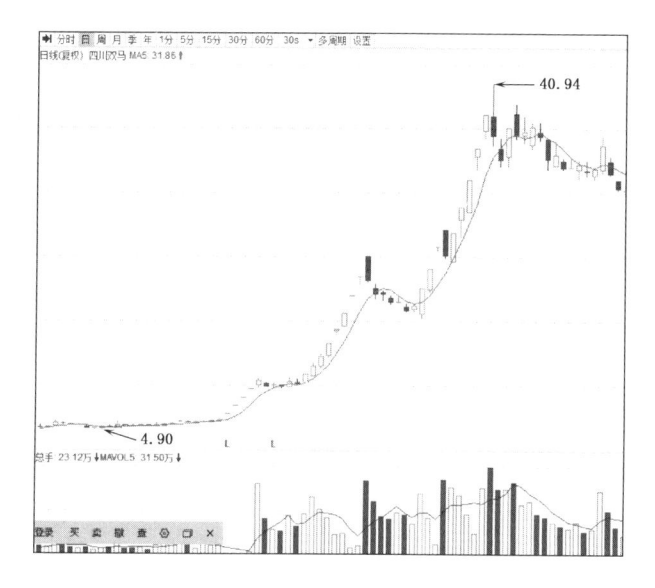

图 2—26　四川双马走势

板炒出了 50 亿元。这种股通常属于庄游混合，所以才会炒作如此大的巨量，走的是趋势＋游资的混合模式。作为中军，是非常好的一个套利标的。此股二板次日又创出 140 亿元的成交天量，成交非常活跃，这类股有很强的市场号召力，是板块龙头的有力竞争者。但是，大市值与天大的成交量又会成为其上涨的障碍！

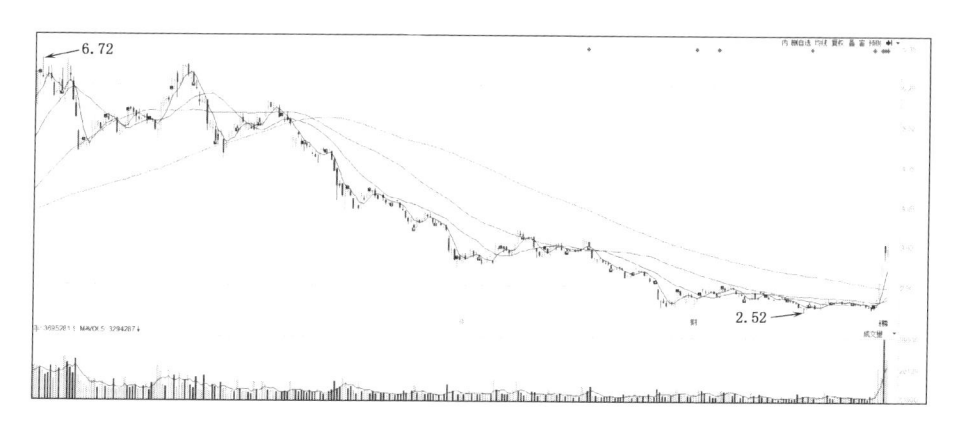

图 2—27　京东方 A 走势

再看两个次主流题材 5G 和光伏风电的套利情况：5G 围绕东方通信继续套利，东方通信 3 板，当天的卡位与助攻股是奥维通信与广信材料（见图 2—28）。

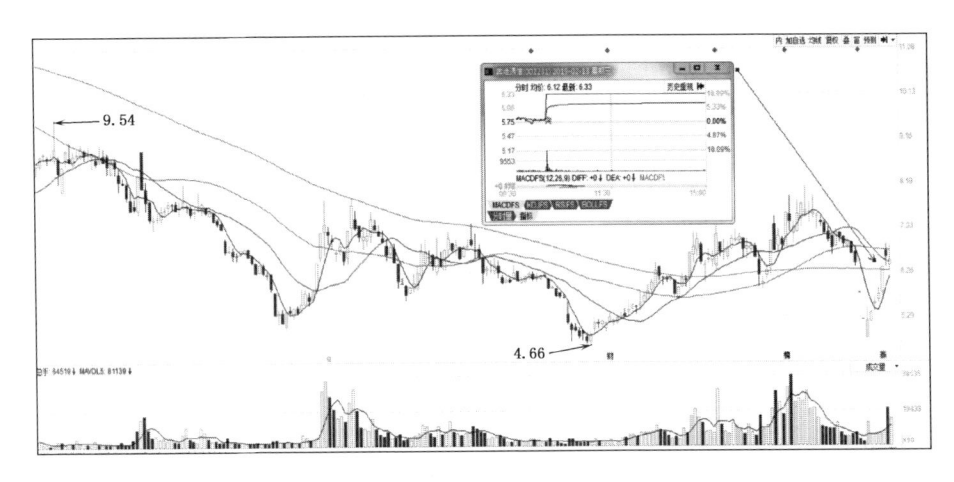

图 2—28　奥维通信走势

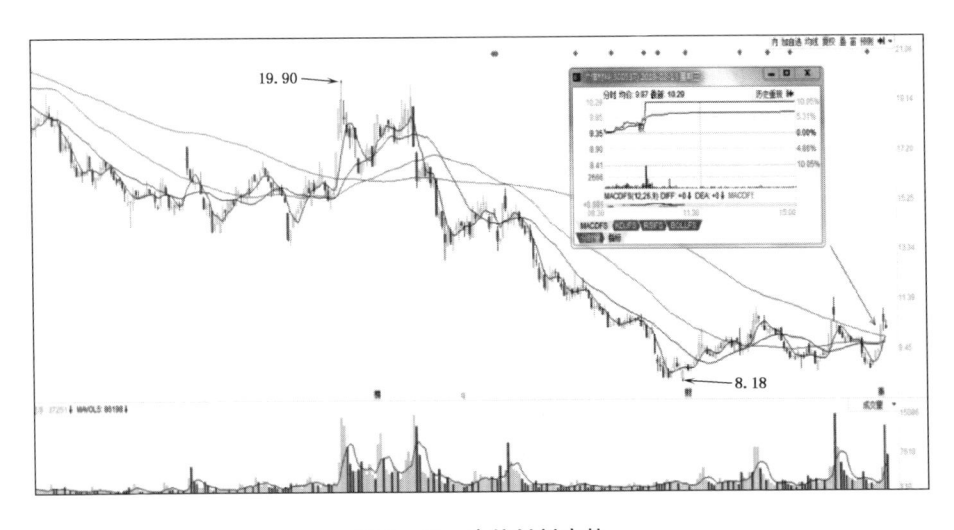

图 2—29　广信材料走势

可以看出，卡位与助攻的溢价都差。所以，次主流的股，要套利只能追龙头本身。

光伏风电的龙头是银星能源，实际上银星能源在走出五板之后，光伏风电这个题材成为非主流，围绕银星能源的题材套利已经没有溢价，只有风险。在五板之后,它实际上已经脱离了对板块的影响,而走向了情绪妖股。

对银星能源的套利,只能围绕其本身做情绪板的套利,而不是做其板块内的跟风小弟。实际上,当日银星能源的六板已经是独立行情,没有了光伏风电其他股票的参与。

之前讲妖股与龙头股时已经讲过,只有龙头股在,才存在板块的套利机会,当个股脱离板块走成妖股后,这个套利的关系就结束了,妖股影响的是短线市场的总体情绪和空间高度。但是,如果这只个股的题材仍是主流题材的话,就不叫妖股,而叫市场总龙头。围绕总龙头的板块题材套利仍可以继续,这个关系必须清楚。

银星能源五板是一致性的一字板,这个六板是一个高换手的分歧板。高换手的分歧板一旦稳定封上,而市场情绪仍在亢奋之中,走出七板的可能性就非常大(见图2-30)。

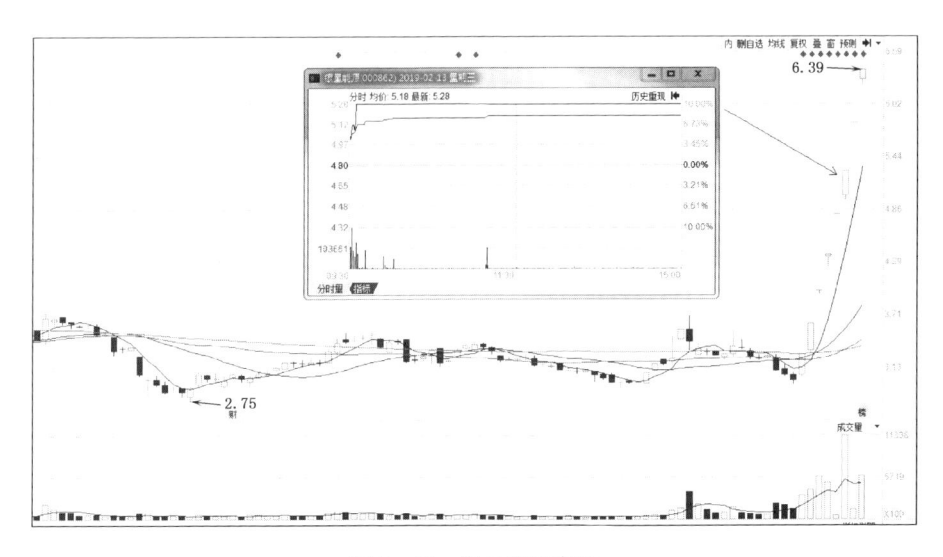

图2-30 银星能源走势

4. 2月14日

OLED从一致性走向分歧日,从37只涨停股分化到当天只有16只股。

这一天的情况复杂,操作上较难做。在板块的三板位置后,套利的策略:一是追卡位三板龙头,回避跟风的三板股,因为通常板块中只有具龙头相的个股能冲入四板,所以跟风股三板大概率会是顶。要么追龙头相的合力三板股(最先涨停的三板股），要么追卡位的一板股，放弃二板和跟风三板。但是当天具有龙头相的三板股都是一字，而且没有一板股，也就不存在一板卡位股，交易策略就没有下手的地方。这说明当天的分歧还不够清晰，还需要等分歧清晰后出手，如果之前没有先手，当天应该观望为主。

这个策略是否正确，我们看看三板龙头相股与跟风三板、二板在次日的表现。

其一，三板龙头相股：领益智造、国风塑业、维信诺、香山股份、联得装备。领益智造一字四板、国风塑业一字三板、维信诺一字三板、香山股份早盘三板、联得装备一字三板，说明具有龙头相的个股溢价满满。后面的走势中，国风塑业与联得装备是纯粹庄股，没有关注价值，香山股份走成了合力翻倍板块龙头，而领益智造在连续一字板后，游资接力走出了庄游的大妖股行情。香山股份与领益智造是这波 OLED 题材炒作最适合炒作条件与策略的个股。

其二，跟风三板股：智云股份、同兴达。智云股份冲板失败、同兴达低开绿盘收盘。

其三，跟风二板股：康达新材、隆华科技、华映科技。康达新材低开平盘收盘、隆华科技冲板失败转阴线、华映科技低开低走。

当天在操作上的策略完全正确，分歧不明朗之前，不买入好股，买进的大概率是坑！

以 2 月 15 日的走势看，下一个交易日将是板块龙头上位日。最先涨停的四板（或五板股）将有在分歧中上位板块龙头的可能，而其他四板股将出现分化止步于四板。

5G 龙头东方通信当天冲击五板失败！妖股银星能源继续拓展空间玩出八板。

5.看懂非主流新题材的一日游风险。

从 2 月 12 日、2 月 13 日的行情说两个非主流的题材。

2 月 12 日，市场增加的一个新题材是医药。有 9 只股涨停，领涨股是四环生物。

2 月 13 日，市场增加的一个新题材是芯片，也有 9 只股涨停，领涨股是友讯达。

我们一定要记住,当一个题材出现,也并非主流时,其市场合力往往是很差的。有人一看到市场出现新题材,有很多股涨停,要么很兴奋,要么不知道如何理解。其实道理很简单,不论任何新题材出来,能不能走成主流,或能不能挑战当下已有的主流或次主流,上位为新主流或次主流是很重要的。如果不能,其合力一定是有限的,它就是非主流。非主流通常一日游行情概率较大,千万不要看到这个题材有近10只股涨停,就认为一定会是热点,记住热点是走出来的,热点需要持续性,热点必须是市场的焦点。

那么,像这样非主流的题材如何套利?通常是不做,如果要做,只能选择这个题材的第一只卡位领涨股,其他一律不选。

看看12日9只医药股在次日的表现,9只股唯有卡位领涨的四环生物走二板。再看13日9只芯片股在次日的表现,卡位领涨的友讯达高开跳水低走,其他8只股无一只连板,且多是高开低走。所以,在市场已经具有明显的主流板块运行之时,非主流板块通常容易一日游,风险很大。板学一定要坚守只做最强的理念!

四、详解龙头形态及分歧与一致的关系

龙妖形态背后的逻辑,是资金群体多空博弈的轨迹。所以它们会存在典型的技术与形态特征。分歧与一致的关系,反映了龙妖在上涨过程中特有的情绪变化。

(一)游资龙头形态

1. 游资短线一波流龙头形态

游资炒作的短线龙头股,特征是一波上涨到顶。一波流龙头的特点是:起涨期的盘子不大,流通市值20亿元上下居多,市值小容易拉升翻倍,一波上涨到顶后,炒作结束,后面一地鸡毛。短线一波流可分为(1)流、(2)流、(3)流三类。

(1)庄股一波流形态:国脉文化

国脉文化连续7个无量一字板翻倍到顶(见图2-31)。一波流见顶的庄股,不会给参与机会,有参与机会就是坑,这类庄股可以完全不理会,没有内部消息,想通过基本面与技术面提前潜伏是不可能的,所以庄股没有研究与关注的价值。

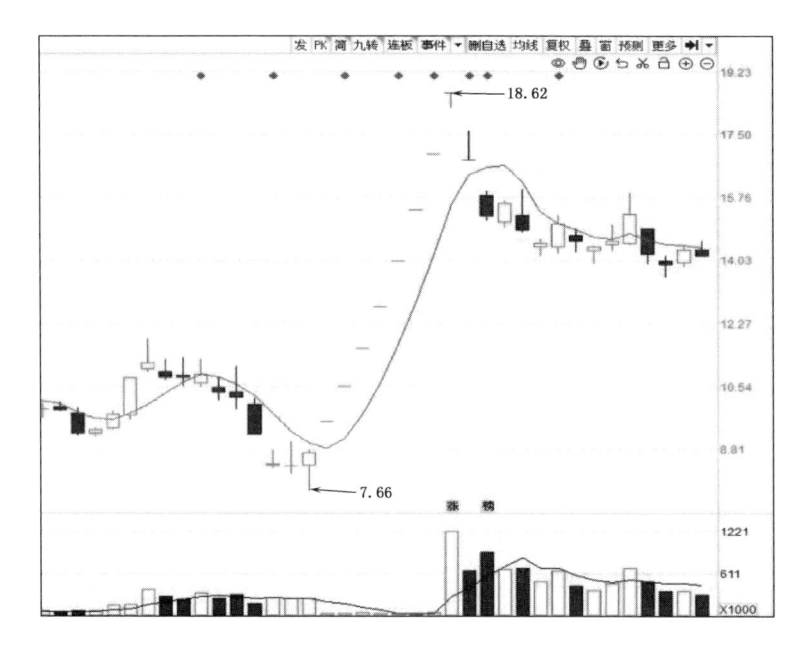

图 2—31 国脉文化走势

（2）游资一波流形态：深中华、竞业达、维海德

上涨形式分为两类：日间分歧转一致型与日内分歧转一致型。日间分歧转一致型有深中华与天龙股份等（见图 2—32）。

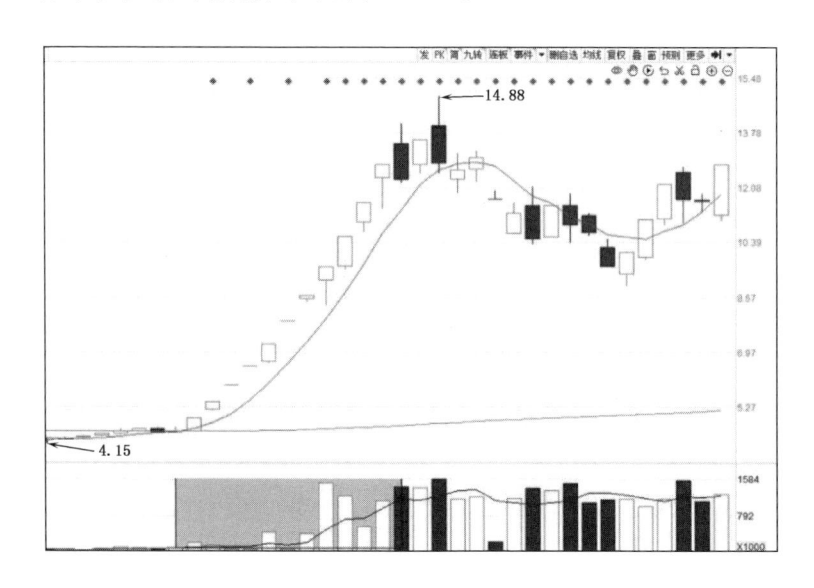

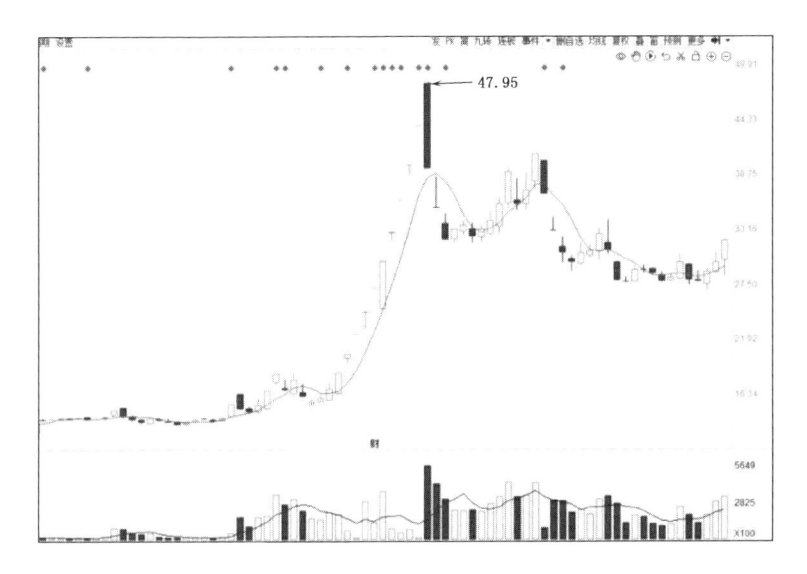

图 2—32 深中华与天龙股份走势

日内分歧转一致型有杭州热电等(见图 2—33)。

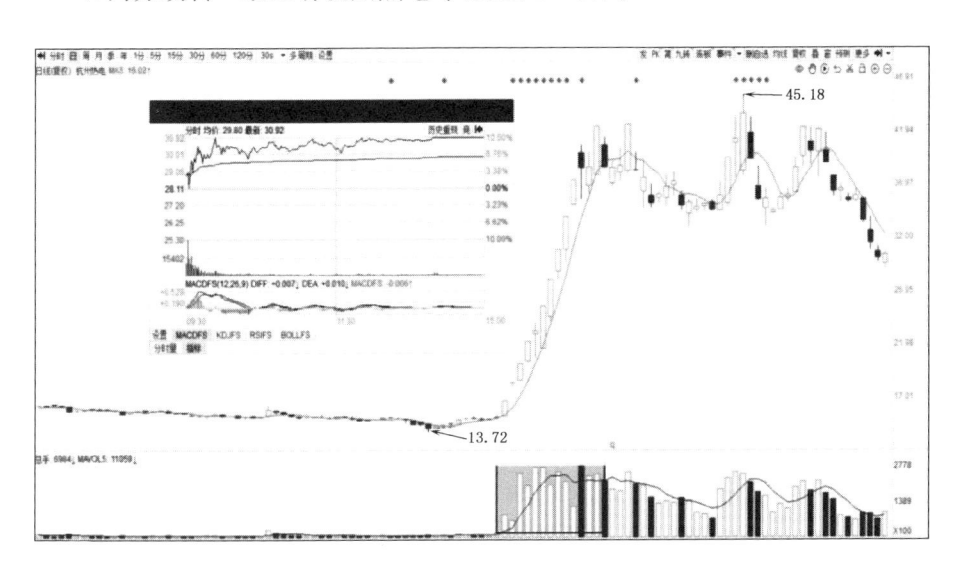

图 2—33 杭州热电走势

日间分歧转一致型的特征反映在日成交量上。分歧日成交量暴涨,一致日成交量大幅萎缩。日成交量上呈现暴涨与萎缩特征,多数时间都以涨停收盘完成上涨,一波涨到顶。游资合力的龙头最大的特征就是每天或者一路上都会有上车的机会。

日内分歧转一致型的特征反映在日成交量上,每天的成交量都是暴量,看不出分歧与一致的关系。在每天的盘中,它往往在分时线上完成分歧与转一致的变化,多数时间都以涨停收盘完成上涨,一波涨到顶的过程中,每天都给投资者上车的机会。

(3)游资一波流 20CM 炒作

20CM 涨停制的推出,使得游资在短线的炒作上赚钱效应更强烈。此类一波流龙头股的 K 线上涨形态呈现两种变化:连续涨停一波流和非涨停一波流。两种形态的上涨,都带来了快速且巨大的上涨空间。

①连续涨停一波流形态

20CM 并不妨碍出现连续涨停板上攻的问题。图 2-34 维海德从 16 元到 63 元,仅用了 7 个交易日,赚钱效应爆棚。

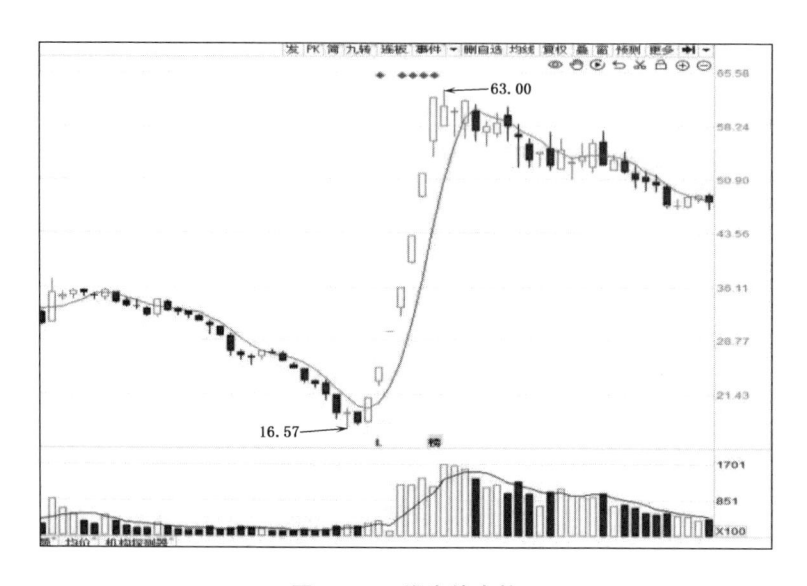

图 2-34 维海德走势

②20CM 非涨停一波流形态

20CM 非涨停一波流的上涨形态,赚钱效应同样突出,上涨过程中涨停板虽然不多,但是 20CM 的上涨空间带来的日内涨幅即使不涨停,上涨速度与幅度均不亚于10CM涨停板(见图2—35)。

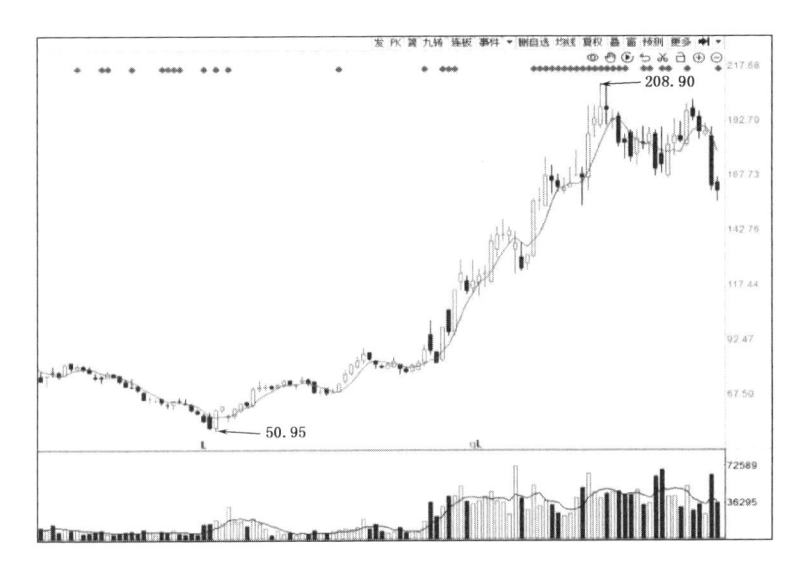

图2—35 绿的谐波走势

(4)庄游一波流形态:克来机电

克来机电盘子不大,主力资金群体有实力,控盘强,起涨初期类似于庄股,首板涨停后,连续一字封板拉升,一字板盘中成交量较庄股大,上涨途中出现几次快速放量洗盘,再一字拉升,实现一波上涨到顶(见图2—36)。

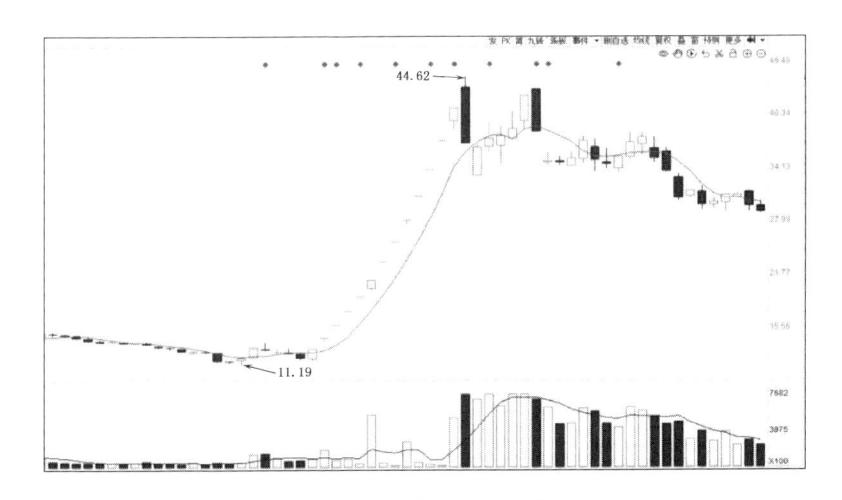

图2—36 克来机电走势

2.游资短线波浪龙头形态

游资短线炒作的另一种结构呈五浪或三浪的波浪结构上涨,炒作初期的市值都不会太大,上涨时间在1~2个月。按照上涨的K线形态可以分为涨停式与非涨停式上涨两类。

涨停式K线形态表现为上涨的过程中涨停板较多,上升浪主要以涨停的形式进行。以短线形式上涨的龙妖股,其成交量都需要暴量换手上推,这是短线波浪龙头的主要上涨方式(如图2-37所示)。五浪结构中,主升浪可以是第1浪,可以是第3浪,也可以是第5浪,多数是第3浪。

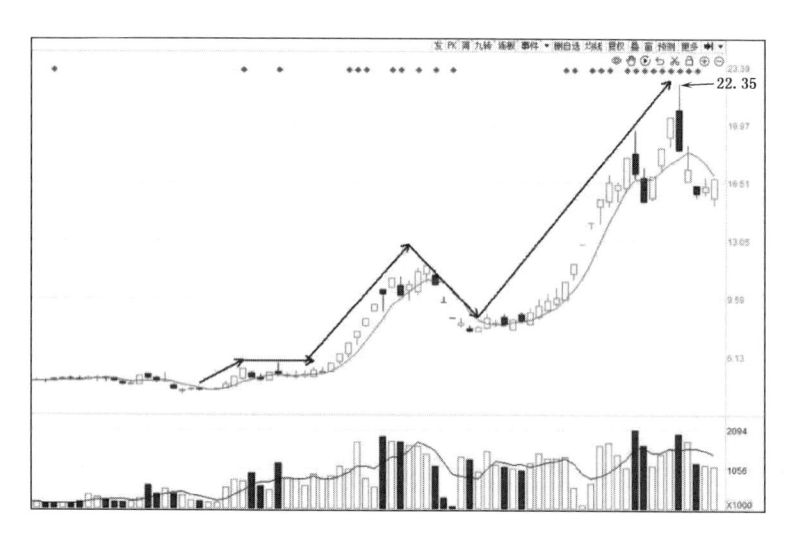

图2-37 涨停式龙头形态(西安饮食)走势

非涨停式的例子如图2-38所示的奥联电子,其上涨的过程中涨停板较少,上升浪主要以非涨停的形式进行。这种非涨停类型的短线波浪结构上涨龙头在游资股中较少,在机构股中居多。

3.游资中线波浪龙头形态

游资炒作的中线龙头,通常持续时间在2~6个月,会有1~N倍上涨空间,甚至出10倍龙妖股。中线龙头最多的形态为涨停型与庄游型。

(1)涨停型

游资炒作的中线龙头,其波浪结构有时简单,有时又较为复杂,如果不懂波浪结构的特征,复杂型会比较难把握,很容易在中途被洗出来。其上行驱动浪

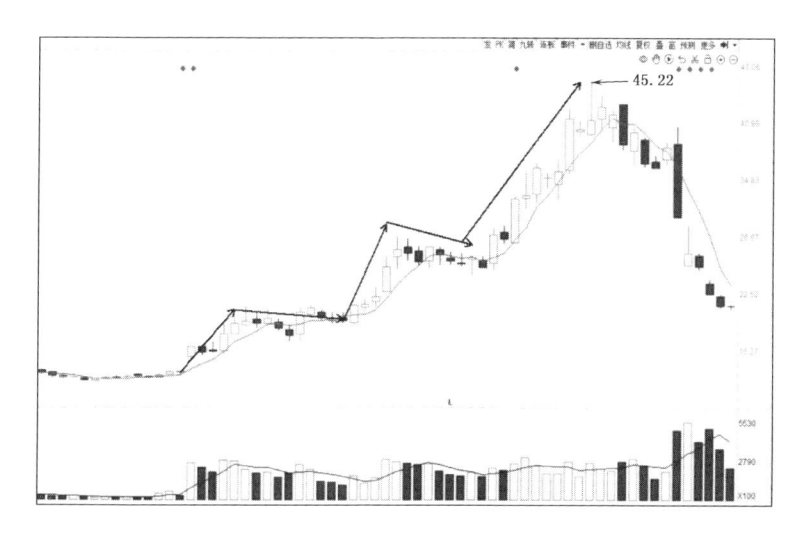

图 2—38　非涨停式龙头形态(奥联电子)走势

多以涨停板的形式上攻。

东方通信是 5G 龙头,在半年内暴涨完成 10 倍空间。10 倍空间的出现,需要以五浪波浪结构的形式实现,上行驱动浪 K 线多以涨停形态上攻(见图 2—39)。

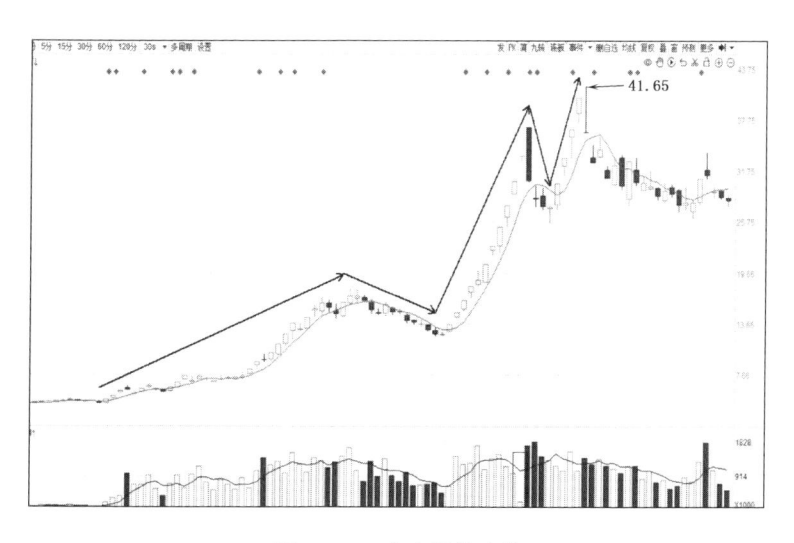

图 2—39　东方通信走势

(2)庄游型

如图 2-40 所示,四川双马第一浪启动时 4 个无量一字板,典型的庄股特征。启动时市值很小,恰逢题材成为热点,市场大势配合,4 个一字板开板后,仍小的市值与大势环境的支撑,给了游资敢于向上炒作的空间与胆量。4 个一字板后,由游资群体巨量接盘,开始向上接力拓展空间,走出了数倍大牛。4 连板后,其在市场风头十足,加上小市值、低价、热点题材、大势支撑,其成为竞争龙妖地位的牛股,这也是能走成数倍大牛的重要条件。

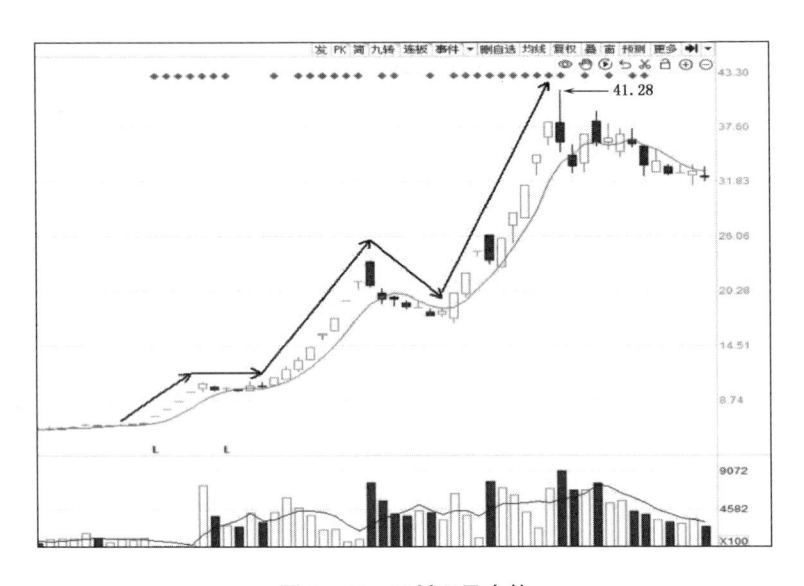

图 2-40 四川双马走势

当小市值的庄股成为热点时,一定要密切跟踪关注,一旦庄股走成暴量换手龙头,就会有很好的介入机会与上涨空间。

(二)从成交量看一致与分歧关系

成交量、分歧与一致的问题在个股的判断上是一个很重要的概念,对于短线合力股而言,最标准和健康的上涨关系就是成交量上的高换手。如果一只连板股出现这种成交量结构,在赚钱效应行情中是可以大胆追的。来看看两只龙头的成交量关系。

风范股份第一波上涨,相对历史成交量是非常大的,且持续暴量,最后在放出巨量后见顶。图 2-41 中由于第二波上涨的量更大,让第一波在图中感觉不是很突出。但是在第二波没有出现前,第一波量能看上去的确很漂亮。当然第二波上涨出现后的换手量能更加漂亮。这种量能就是标准的高换手量能。

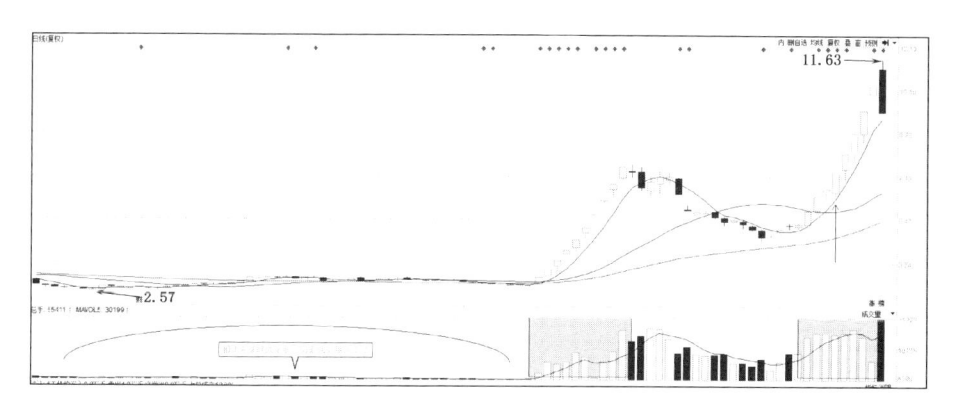

图 2-41　风范股份走势

每一个涨停板的换手量能和前一个板相比都不低,这代表今天的买单量大部分接了昨日的买单,那么里面的锁仓成本与新买单就不会偏离太大,接力资金也敢往上干!

单看第一波的部分(见图 2-42),这个换手率是不是很足、走势是不是很漂亮呢?!

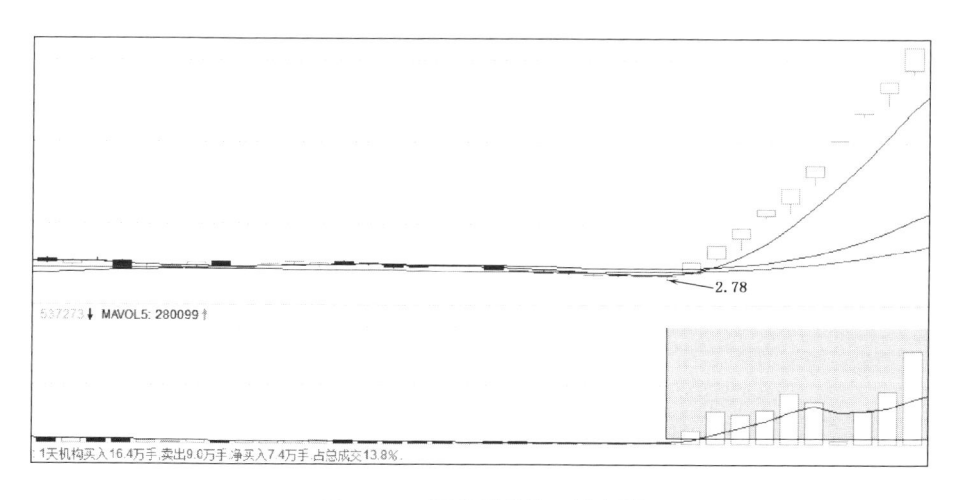

图 2-42　风范股份第一波上涨

再看第二只股:东方通信(见图 2-43)。

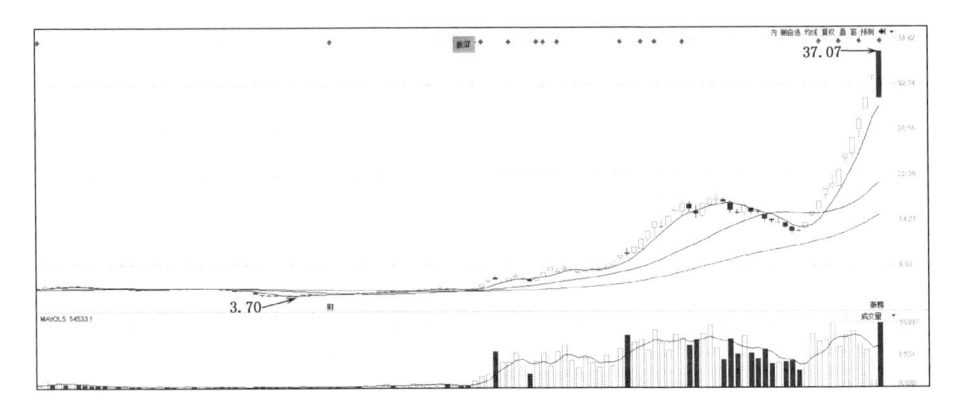

图 2-43 东方通信换手成交量

东方通信的换手成交量是不是也非常漂亮。所以,短线有量就有肉。一开始不怕量大,而是怕量不能持续放大。

拉更长时间维度看,上涨的成交量与历史成交量相比完全是暴量或巨量(见图 2-44)。如果只有单根量能放大就有问题,持续的巨量代表的就是强大的资金合力与接力,这种暴量代表的就是空间,就是钱!所以,不怕量大,就怕没量;不怕暴量,就怕暴量不持续。

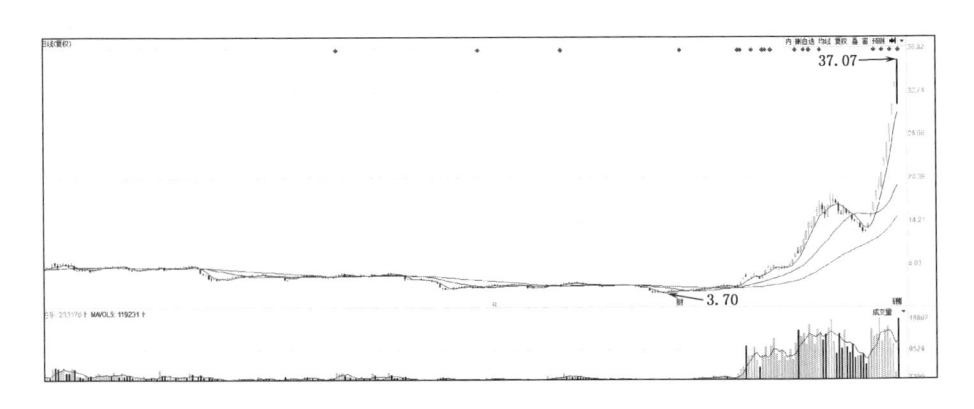

图 2-44 东方通信长期走势

第三只股:贵州燃气(见图 2-45)。

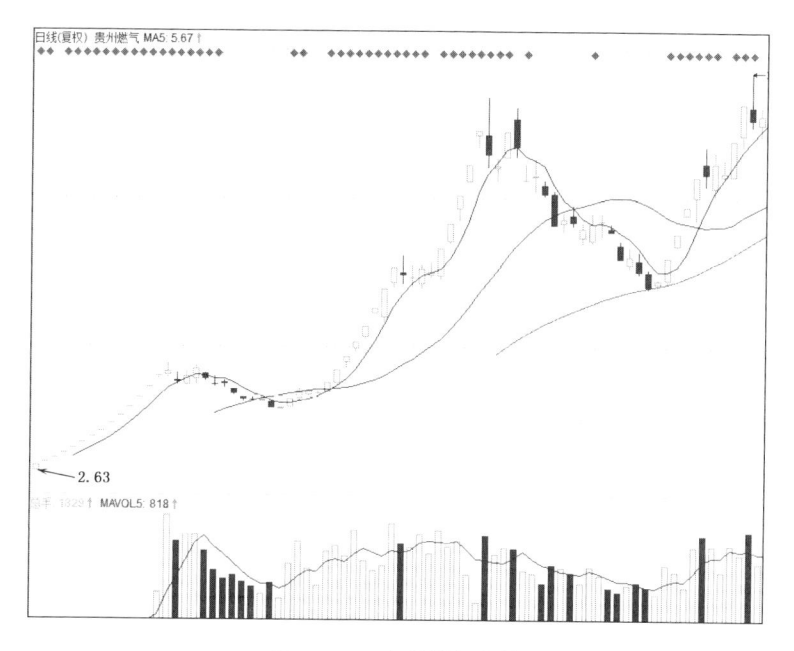

图 2-45　贵州燃气走势

这些妖股都有非常漂亮的高换手成交量,健康的成交量,表明这是一只典型的合力股。

因此要认识量能变化与一致性和分歧性的关系。

凡是在盘中出现一致性看好时,里面的筹码就会出现锁仓的情况,个股就会出现逼空式的大涨,这种大涨的极端就是以一字板出现,或是快速封死涨停板,只有很少筹码流出,成交量就会非常少。这种现象代表了新买单的成本将会比里面锁仓资金的成本高。

1. 越往上走出现一字板,其成本差距会越大,后面接力主力资金的情绪会越低

凡是在大涨很多板后再出现一字板,基本可以判断,行情快要见顶,只要接力一断,行情就完了。面对在高位置出现连续一字板或加速缩量板的个股,如果没有先手,通常职业炒手是不会去接的,盈亏比已经不划算。在里面锁仓的资金一定是希望外面的资金来接盘兑现利润的。所以,高位一字板与加速板之后都容易出现大坑。

183

看看下面的例子：

图 2-46 的(a)和(b)是龙头股在上涨的后段一字加速后把行情带到顶部。

而(c)和(d)是在上涨尾盘的缩量加速板把行情带到顶部。尤其是右边东方通信的顶部，让当天追板的资金一下吃了 15% 以上的大面。

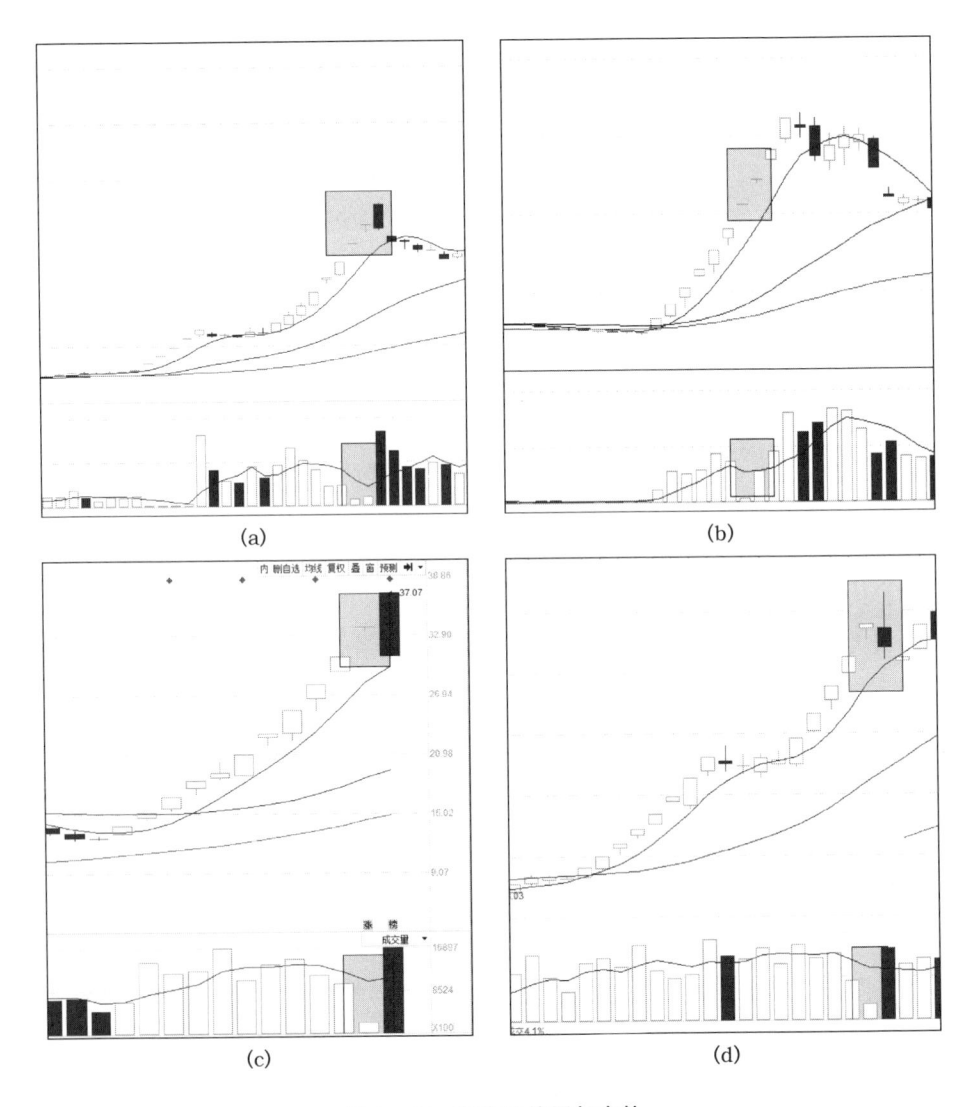

(a)

(b)

(c)

(d)

图 2-46　东方通信局部走势

所以，当市场行情的氛围已经有明显的阶段顶部特征时，龙头股出现这种在高位无量一字或缩量加速的情况一定要小心。如果没有盈亏比,就不要追高位一字龙了。如果自己有筹码在里面,就需要计划卖出策略。通常谨慎的大资金一定不会在最后一天卖出,而是会提前兑现利润,放弃头部最后的利润。而小资金可以跟随到最后,但是你必须清楚行情已经到尾端,必须全天盯盘不能离开。从经验来讲,在尾部缩量板后,即使再出现强势一字板也必须全天盯盘。道理很简单:里面锁仓时间较长的大资金一定会在普通股民掉以轻心之时,给没有经验的普通股民来一个措手不及出货。尤其是到了尾期,涨停板盘口的封单量会从几十万手降到几万手,在整体行情有见顶之势时,里面的大资金是非常迫切想出货的。

2月26日的东方通信就是一个例子,下午收盘前给人一个措手不及的出货(见图2—47)。

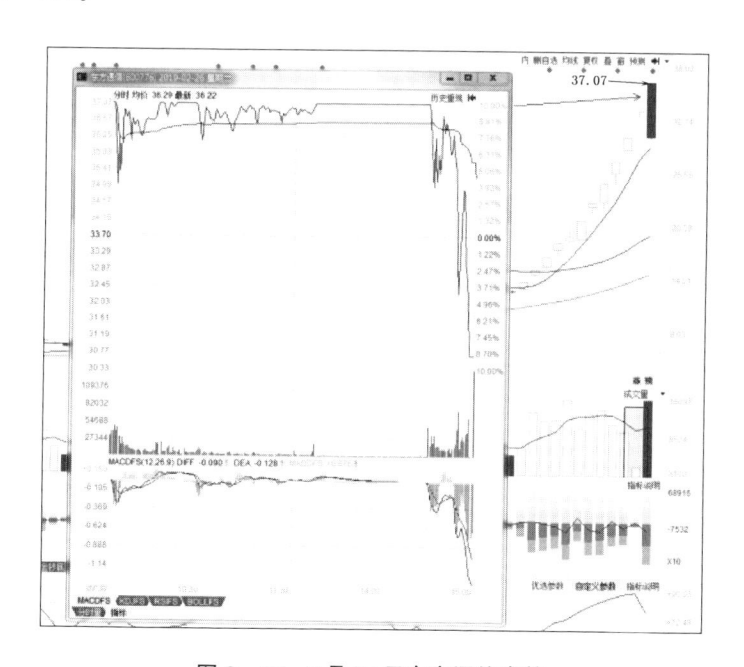

图2—47　2月26日东方通信走势

上述案例可以帮我们形成这样一个意识:当龙头股处于高位时,一定要小心缩量加速的情况。要明白这是里面的主力在锁仓提高了接力的成本,这时就需要用大资金思维思考这些问题。

2.一字板就一定会出货吗

这个答案是否定的,不是绝对的,再看几只股的情况。

顿悟股道：龙头战法的逻辑、体系与策略

恒立实业（见图2—48）、超频三（见图2—49）、国风塑业（见图2—50）三只股票的K线走势又是另外一种类型。这说明一个问题：接力的形式是多样化的，不完全是标准型。标准型最好辨识，但不是唯一的。因为每一只股面临的炒作资金性格、炒作环境都会不一样，资金在里面的态度与情绪会不一样。

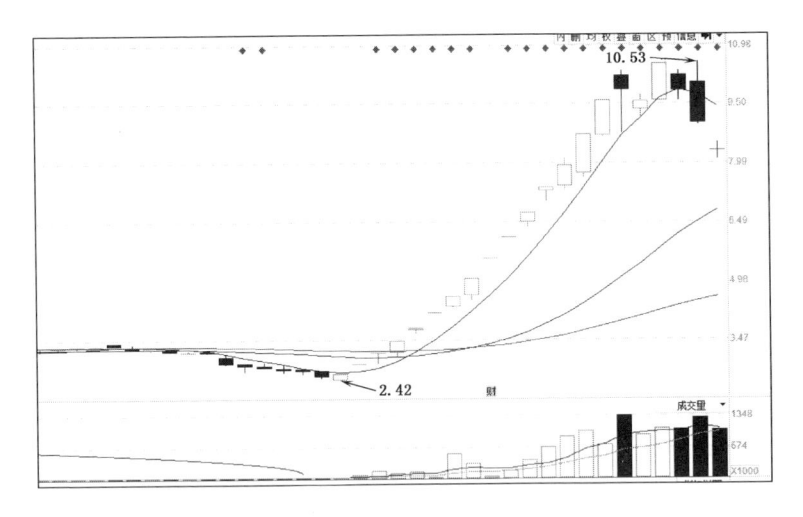

图2—48 恒立实业走势

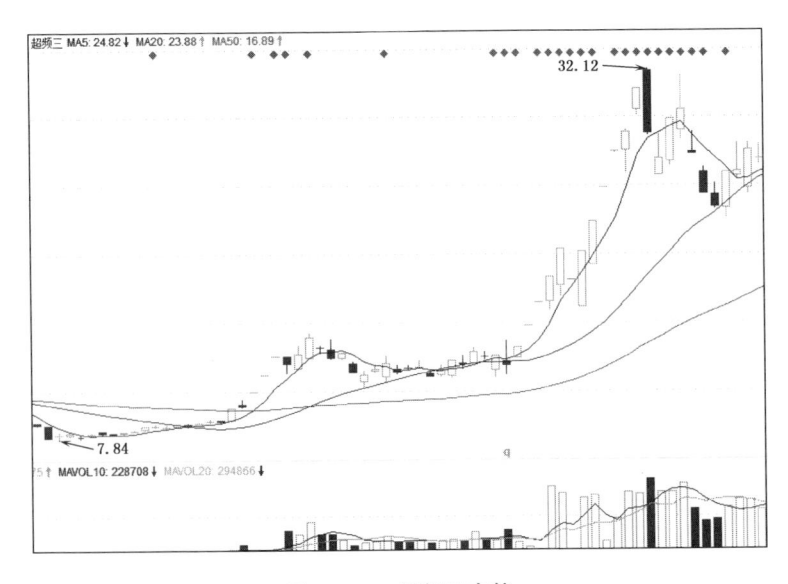

图2—49 超频三走势

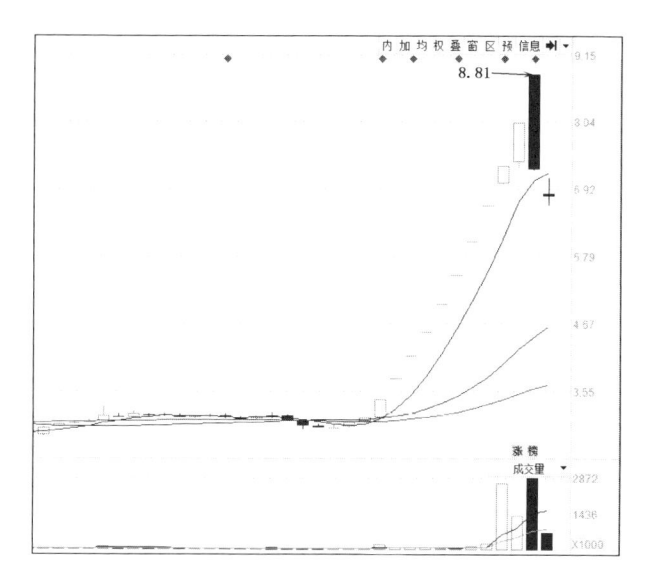

图 2—50　国风塑业走势

图 2—33 的国风塑业一字顶到底，不让投资者接力，典型的庄股模式，开盘之后就是见顶之时，连续三天出货。这时还进去就是真正的傻子。而恒立实业、超频三则是换手龙头，一字是一致日，一致后是分歧日。股价在分歧与一致中大涨。

3.分析的主线或规律

有没有什么分析的主线或规律可以遵循呢？当然有。记住，短线的一切都是合力与情绪，都是接力，都只会在分歧与一致性的博弈中变化，这就是要死死扣住的主线，再深度做一下剖析。

任何接力都只会反映在资金情绪的分歧与一致性的关系中。这种关系在个股方面既可以体现在 K 线上，也可以体现在分时线上。体现在 K 线上，是因为 K 线形态与成交量能展现从分歧到一致、从一致到分歧的关系。体现在分时线上，是因为在每天的分时线中都在完成分歧到一致的关系，但在 K 线和成交量上就只是反映出股价连续涨板，成交量连续放大。

所以，个股短线连续上涨的形式无非四种结构，三种为合力，一种为庄股。

第一种是标准的高换手结构。上面案例的代表是风范股份、东方通信，它们走势接力的核心特点体现在日内分时线上，称日内分歧式。

第二种是非标准的高换手结构。上面案例的代表是恒立实业和超频三,它们走势接力的核心特点体现在K线与成交量上,称为日间分歧式。

第三种是庄股结构。上面案例的代表是国风塑业,一字顶上去,完全没有换手。

第四种是庄游结构。典型的代表是四川双马,刚开始上涨是庄家一字向上顶,上涨完一轮后,因为个股的位置、价格与市值仍不高,个股题材正好碰在周期情绪与题材的风口上,游资接盘参与进来,形成合力把个股干上去,后面的上涨可以是标准换手结构,也可以是非标准换手结构。

所以,从换手结构上分,就是以上四种。

一只强势上涨的游资合力股,不论在K线上的表现或是在分时线上的表现,接力中的分歧与一致的转换关系是不变的。即分歧之后一定是一致,一致之后就是分歧,这个关系在短线接力中永远不变。但是转换时间、强度和形式则是多样化的,不是固定的,不是说今天是分歧,明天就一定是一致,可能分歧会有几天才转到一致,这一点要理解清楚。

这个变化在以K线形态体现"分歧或一致"的结构上表现得尤其突出:"分歧或一致"可以是一天后出现转换,也可以是几天后才出现转换,也可能是日内的分时线上就完成转换。

在这个关系中,如果分歧(利益兑现,多空激战)后转一致性上涨(封涨停),那么行情会继续强化,一致后会再转分歧(再次利益兑现,多空激战)后,再转一致上涨(封涨停),那么行情再继续强化,这个斗争的过程呈现多样化,每一次分歧多方要逼出获利筹码,然后再完成强势封住涨停,行情就是这样反复循环,循环的强度取决于市场的强度。

而在这个斗争的过程中,如果分歧过大,成交量巨大就有很大隐患。尤其在上涨的后半段,即使多方在斗争中战胜,最后封住涨停,但对于多方筹码或力量的消耗会很大,后面的行情就需要观察,这些逻辑都是常识。

4.案例分析

(1)标准高换手型:东方通信

①第一个特征。从K线形态与成交量上看,这类股的K线形态贴5日线上涨,每只涨停K线都充分饱满,成交量的换手非常足(见图2—51)。

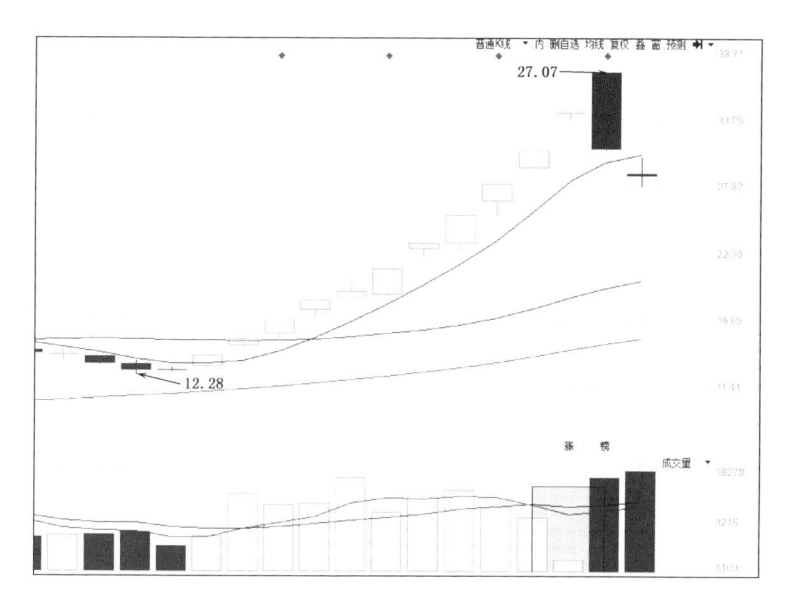

图 2—51 标准高换手型的第一个特征

②第二个特征。每一板都是在每天的盘中就完成了"分歧转一致"或"分歧转一致、转分歧、再转一致"的转换封死涨停板往上涨。打开每一板都可以很清楚地看到这个变化。

图 2—52 所示的前五板图充分体现了"分歧转一致"或"分歧转一致转分歧再转一致"的关系。分歧是多空的换手,一致是多方完胜空方(涨停)。

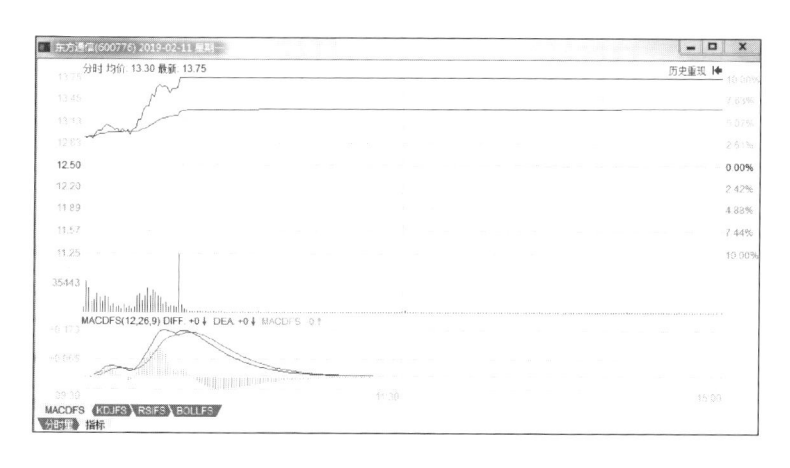

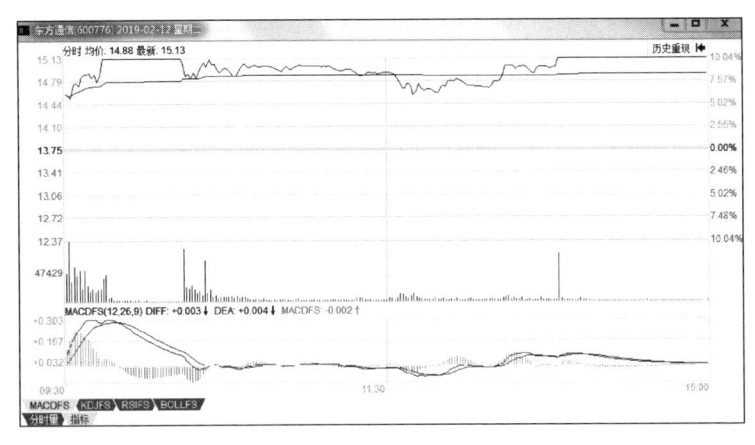

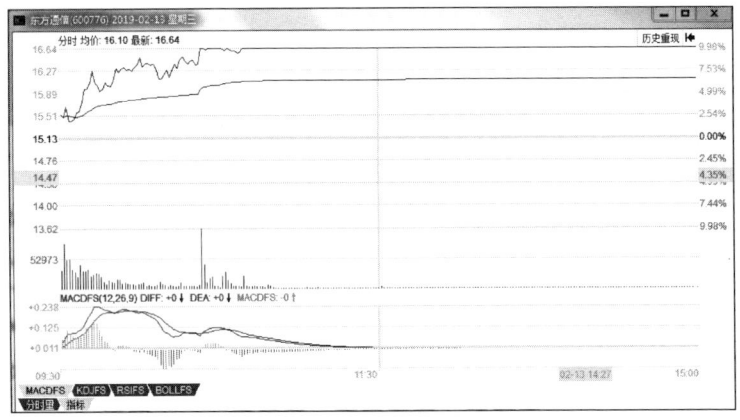

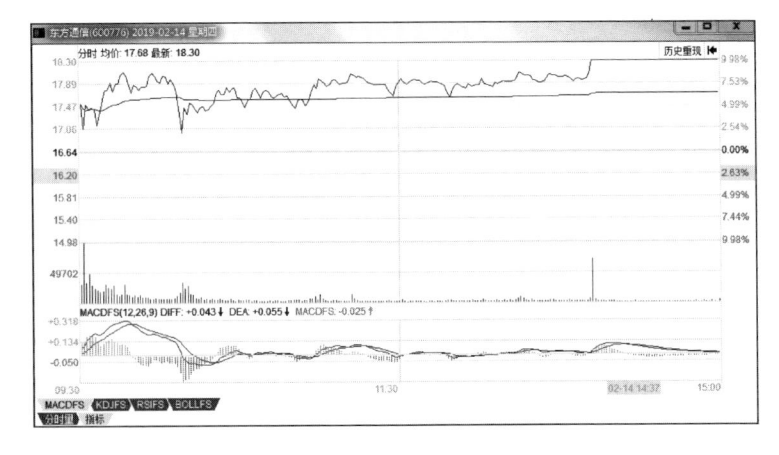

图 2—52 "分歧转一致"示意图

当这种高换手的形态走在 K 线上走到最后，出现缩量一字板或加速缩量板时就要小心了，因为里面锁仓的成本很便宜了，大资金一定会伺机出货，大家可以多找找这类形态的龙妖股看看。实际上在这种分时线上体现的分歧与一致关系，在 K 线上也能体现，比如图 2－53 东方通信前面 9 板都可以理解为在向上高换手的大分歧中，而最后的一字板形成了一致，这个一致导致次日分歧接力的崩溃。图 2－53 所示的中科信息也是如此。

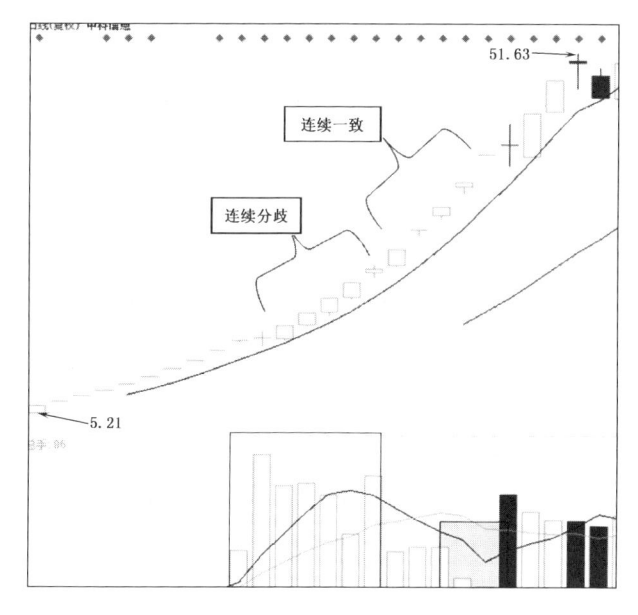

图 2－53 中科信息走势

中科信息连续一字大涨后开盘的第一日，收了一个十字星，成交量很大，这个十字星可以是出货，也可以是收集筹码，具体是什么只有参与主力知道。但可以在次日的趋势中找答案，次日如果下跌就是出货！如果创新高涨停（昨天的筹码可以全部解放）肯定是收集筹码。所以这个板基本是明牌，肯定要追。

中科信息的前五板成交量很大，分歧与一致基本在盘中完成。这五根 K 线可以理解为上涨中的连续分歧，分歧才会有大成交量。随后的五板成交量萎缩是连续走向一致，最后的一字极度缩量，代表行情加速进入顶部。如果打开中科信息这一段的分时图，就可以看到和东方通信一样体现分歧与一致关系的趋势图。

(2)非标准型:恒立实业

个股(板块)的启动有两种:一种是从分歧开始的,个股的第一板是高换手,成交量会很大,当日盘中从分歧走向一致。另一种是从一致开始启动,比如某板块的第一板位非常强势,无数只股涨停。个股的启动也一样,恒立实业第一板就是极强的缩量一字涨停,直到第五板都是缩量"一致"板,第六、七板出现"分歧"板,第八、九板又显"一致"板,第十到十四板又走"分歧"板,最后一日的分歧没有完成一致,放出天量后结束行情(见图2—54)。

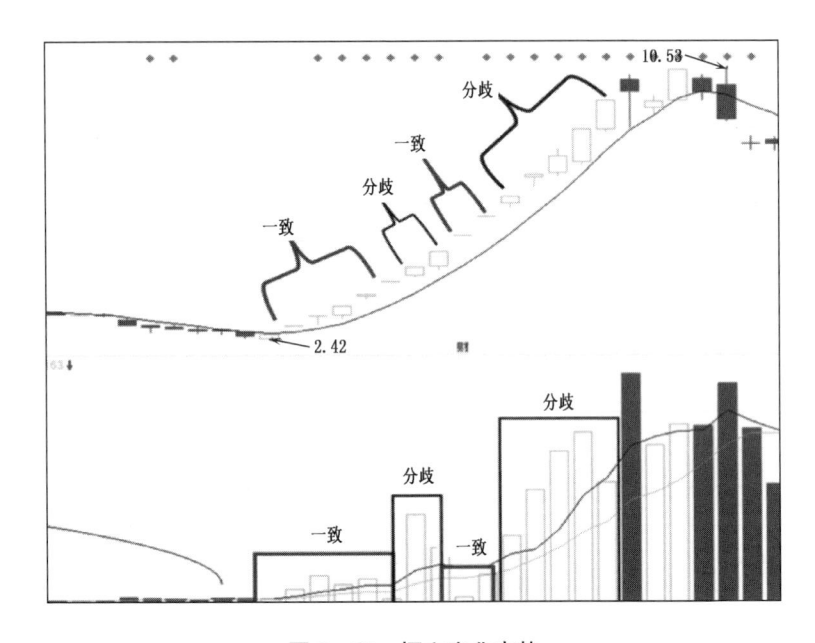

图2—54 恒立实业走势

看一下图2—54所示的个股启动时几个一致板的分时线形态。

第一、二、三、四板如图2—55所示。

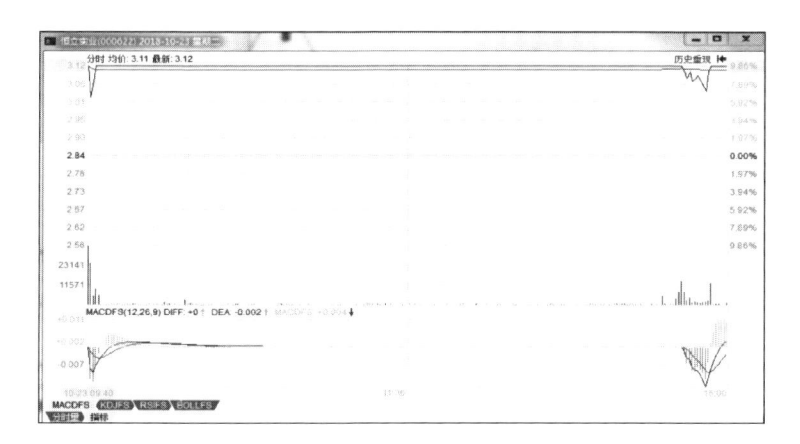

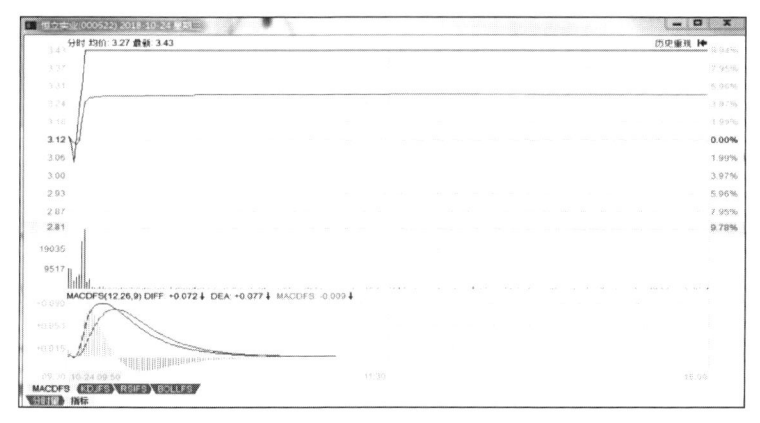

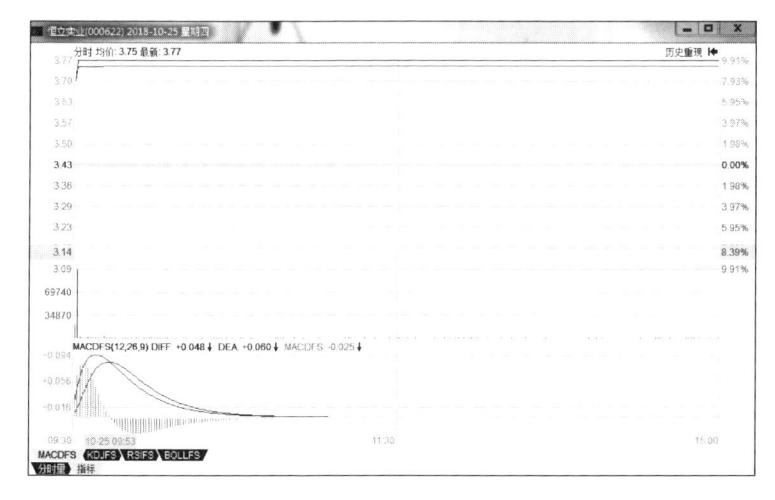

图 2-55　恒立实业分时线形态(前四板)

前面一致性阶段的板上涨非常强势。再看分歧阶段的第六、七板,基本就是在日内完成分歧与一致的走势(见图2－56)。

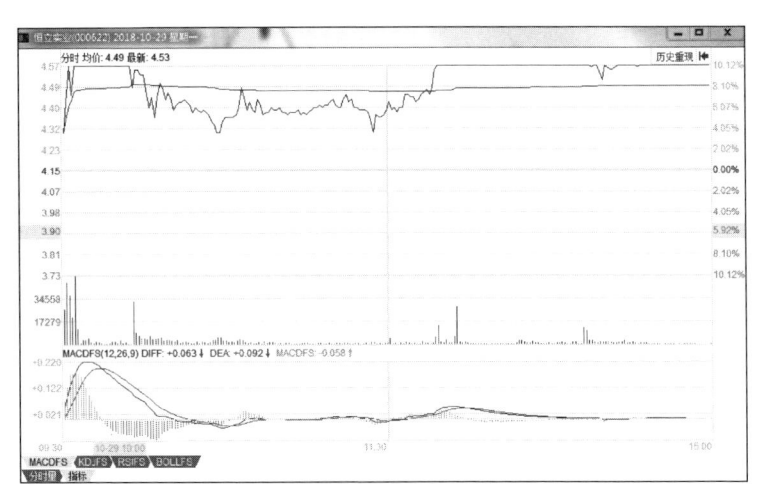

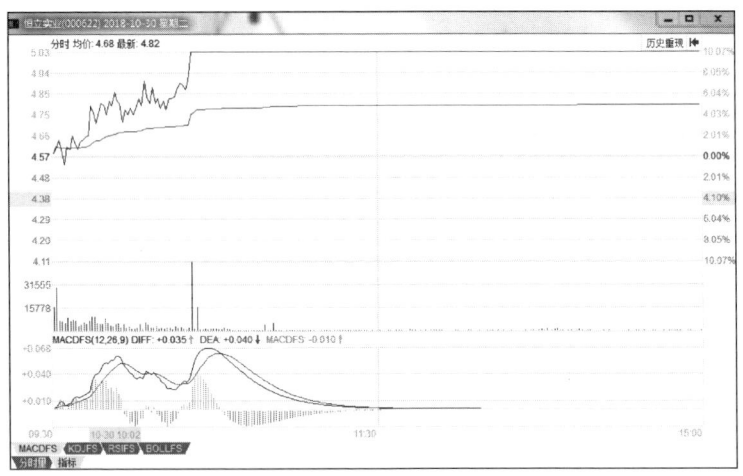

图2－56 恒立实业分时线形态(后三板)

通过上面的案例剖析,应该能清晰地理解盘面上这种分歧转一致、一致转分歧的关系。这是短线炒作最核心的关系之一,因为市场情绪是短线交易的核心,而这种关系是对市场情绪的合力变化最直接的体现。

对于前面提到在上涨段尾部的分歧转一致的斗争中出现放出巨量,且盘中斗争非常激烈的问题要引起关注,这个位置对多方力量的消耗过大后,后面接力就会有问题。

(3)庄股结构的典型代表为国风塑业

一字顶上去,完全没有换手,成交量极低,开板几乎都是顶,这种位置赌性很重,盈亏比极差(见图2—57)。庄股一字结构的盘不参与。

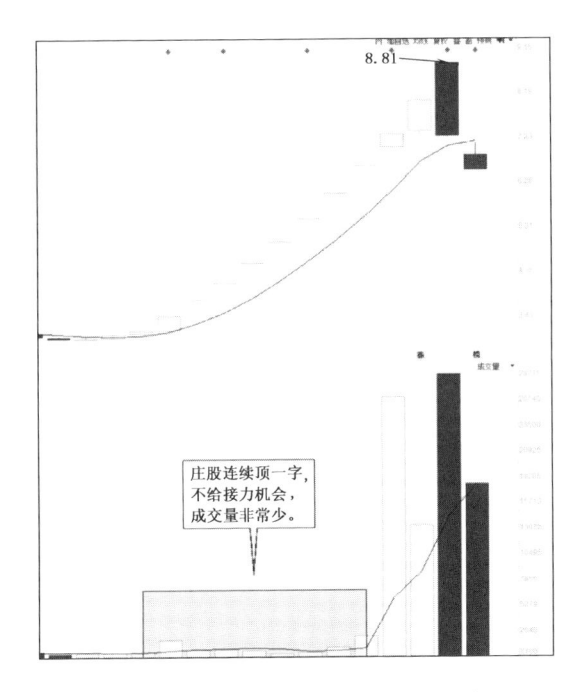

图 2—57 国风塑业:庄股结构的代表

(4)庄游结构,典型的代表是四川双马

四川双马这只股,先是因个股利好公告原大股东宣布退出第一大股东地位,新股东将成为上市公司实际控制人,里面庄家连拉四个一字板后出货。随后"股权转让"题材成为市场最大风口,四川双马生逢其时。股价低到只有几元,位置处于历史底部,市值小,再加上刚被庄家炒过,在市场的人气很足,游资正好可以利用这股人气吸引市场,所以庄家炒过后,游资接下了筹码,直接把四川双马炒成了妖股。

图2—58中,游资接手后,第一波接力非常足,随后从分歧走向一致,在后面出现缩量一字板后结束了第一波行情。但是经过第一波炒作后的股价仍然低,市值炒作空间依然大,股权转让的风口仍足,所以在回调到位后,又炒作了

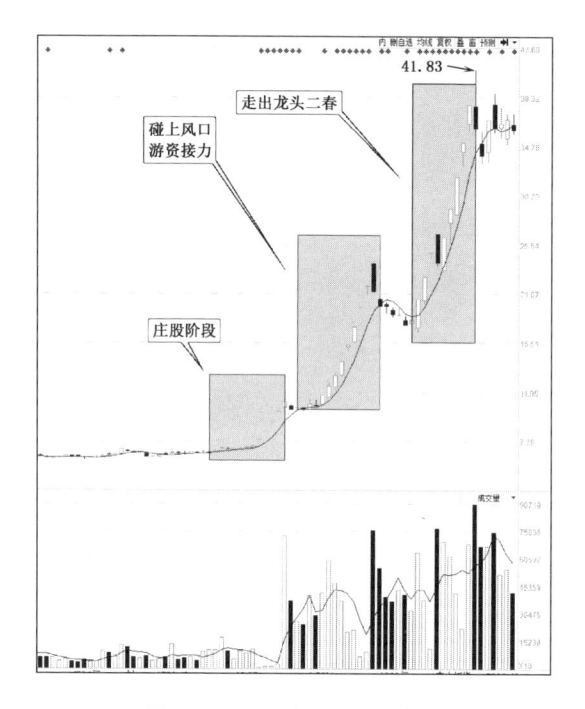

图 2—58　四川双马分歧走向

"第二春"行情。

四川双马的炒作和东方通信有相似之处,都是庄游股,都玩出第二春。二波炒作在成交量上关于分歧与一性的特点也很清晰。先是分歧发酵了两板,第三板一致性的缩量一字上去,随后分歧下跌,再分歧发酵往上涨,后面走出加速缩量板,把行情带到顶部。

在经验上,这种低价、低市值、再加上历史筹码结构压力小的个股,只要情绪周期的时机配合,一旦炒作起来,很容易成龙成妖,把贵州燃气这只股找出来对比一下,就能看到这个关系。

(三)情绪在龙头股演化中的影响

看了龙妖股在成交量上分歧与一致性的趋势关系后,可能会问一个问题:影响这些关系的核心是什么?或者板块龙头走向妖龙的核心是什么?其实就两个字:情绪。这个情绪就是前面所讲的市场氛围与资金的周期情绪,人性的贪婪与恐惧。五板之后的个股走势完全由短线市场的情绪所决定。

前文曾提出，市场的情绪周期、时机比题材重要很多，一个普通的题材打在一个情绪周期的拐点上也能出龙出妖。所以，对于板块龙头股而言，要想上位总龙和妖，市场情绪是非常重要的，这要看它是否生逢其时。

以恒立实业为例。恒立实业能干上十五个板的关键是什么？最核心的就是当时的时机。国庆节之后，市场出现恐慌性下跌，再现千股跌停，在那一时间段不论是管理层面、机构资金层面，还是普通股民，思涨心迫切，维稳心、护市心都很强。这种环境下的游资群体胆子大，最容易出龙出妖，恒立实业就在这种炒作中脱颖而出。

所以，很多人问，龙头股的分时线要怎么看，K线要怎么看，主要就看"成交量、分歧与一致"的关系，把握个股情绪与市场情绪的关系。但是支撑这些关系的是什么？是时机，是市场的情绪，是板块的持续强度关系，这才是要点。因此，在具体分析个股时应该结合五个层面的关系一起考察。第一层面是市场情绪，第二层面是板块情绪，第三层面是个股情绪，第四层面是分时情绪，第五层面是该强不强就是弱，该弱不弱就是强的逻辑。所以，判断龙头股的走势要特别重视这种整体的情绪判断，龙头股的趋势是受这种整体情绪影响的。

如果只是单纯地观察个股分时线走势的强势，是感觉不到盘面的主线和看懂市场与个股关系的。最强的股不是体现在分时线强、K线强，而是体现在它是市场最强合力的关注点，是市场或板块总情绪的标杆。

先说市场情绪。市场情绪要关注两个方面：一是处于赚亏周期的哪一个阶段，二是当日指数的走势对当时盘面情绪的影响，这个必须在盘中感受。比如，龙头当日走在分歧中的波动很大，可能因为市场指数的情绪不好，不稳定。但是当资金感受到指数的趋势开始稳定，甚至反转后。龙头股在盘中可能很快就结束了分歧上的波动，被资金干上涨停。要通过指数的走势感受它对龙头股的影响，也要观察龙头对指数走势反应会不会超预期。有时在龙头股强势时，可能根本就不管指数的情绪，这反过来说明龙头股的情绪非常足。

其次说板块情绪。板块情绪反映的是，板块在市场的主流位置稳不稳定。要时刻关注新题材出现抢位、分流板块的资金。如果主流走成次主流，对龙头会有影响。

在个股层面，重点是要关注与其他板块龙头的上位竞争关系，与板块内个股的竞争关系。在分时层面,重点是从个股成交量、上涨类型、筹码结构观察分歧与一致性的趋势关系。所以,对一只个股的判断,和观察一个社会人是一样的,必然要从社会环境的角度切入,而不能脱离社会环境分析一个人,龙头股也一样。

任何想孤立地从所谓个股的基本面、成交量、技术形态判断龙妖股走势的问题都是门外汉,龙妖并不属于自己,它是属于板块、属于市场。所以,必然从上面五个层面分析、感受市场的情绪。

市场情绪这个东西,有些抽象,可以在实盘中感受。

比如恒立实业这只股,当我们在具体操盘中时,在那个市场经历恐慌止跌之后,那种迫切思涨的环境下,能感受到恒立实业至少十板之内的每一个板,每一天的情绪都是那么亢奋。我们会感觉有一股劲在分歧中把它往上顶,这股劲是什么,就是市场的资金态度,也是资金的情绪。

(四)再解"买在分歧,卖在一致"

"买在分歧,卖在一致"是短线交易的重要理念。

1. 买在分歧

准确来讲,买在分歧是指买在分歧转一致时,这个问题要分板块与个股来理解。

先说个股。

所谓分歧转一致时,就是看到盘中成交量大换手出现分歧之后再转涨停时,如果分歧之后的一致不是涨停而是下跌就不行了。能够在分歧后走一致的多是龙头种子或龙头股,所以,买在分歧是从打板追龙头种子、龙头相股的日内分时线交易的角度来讲的。因为板块内具有龙头相的连板股通过分歧完成接力换手,就有走向一致的可能,一旦出现一致性上板,后面就会有溢价。所以,买在分歧不是对所有股都具有价值。同样,龙头股也还要观察位置,不是所有位置的分歧转一致都是机会。如果位置高了去追板,就要考虑盈亏比的问题。如果能抓到主流板块,在板块的二、三板的分歧转一致中去打板,成功率就会很高。

再说板块。

买在分歧的另一层意思是要等分歧产生后,通过市场的优胜劣汰机制,由市场选出板块或个股后再参与。不要在看到市场、板块或个股在一致性中很强势就去追,而是要等一等,看市场或板块进入分歧后,经过市场斗争能不能走出持续性的机会。所以,板块强不强,要通过分歧后的走势来决定。

2. 卖在一致

市场中的"一致性"含有两层意义。第一层是看好的都买了才会出现一致性的问题,它带来的问题是,看好的都买了,明天谁接盘?第二层是一致的后面必然走向分歧,弱板块与弱股都会被淘汰。所以,一致后的交易会有很大的不确定性。这个问题在龙头股尾期走出高度一致性后,将行情带向顶部的情况经常发生。一致性的问题,普通股民常认为代表了强势,是机会。而实际上存在很大的不确定性,反而在分歧中才能发现真正的机会,这背后是市场优胜劣汰机制在发挥作用。

第三章 趋势战法

第一节　认识机构趋势龙头

从周期上讲,一轮熊牛转换下来,熊末牛初将是产生超级趋势牛股的春天,市场将迎来非常难得的财富机会。这是不喜欢短线,不擅长板学的投资者必须抓住的重要交易机会。市场的交易机会主要是三类:一是游资短线龙妖股;二是机构趋势龙头股;三是反弹股。

这一节介绍机构趋势龙头股。

经常听到一些投资者说,追涨停板的风险太大,短线对盯盘时间的要求太高,我玩不了,我只喜欢趋势股。什么是趋势股?趋势股产生的条件是什么?很多想玩趋势股的人并没有搞明白。很多人以为只要选择一只基本面好,或者业绩面好的个股,在超跌之后进入,或者在价格较低时进入,这就是玩趋势,就可以耐心等到它走出趋势,这是非常错误的。

我们经常说"只要市场稳,游资就敢干",说明游资股的交易机会比较多。但是机构趋势股不一样,市场中要走出趋势牛股的机会是较少的。尤其是跨年级别的趋势大牛股,只会产生在牛市中。所以,在 A 股牛短熊长的环境下,在多数情况下,只有两个环境能产生趋势大牛股。即熊末牛初与牛市初、中期。

特殊情况下,如果有非常大政策面与行业面的政策引导与支撑时,在熊市的环境下,也有可能产生。比如,一些超跌后进入行业业绩恢复周期的板块,在度过大熊市初期进入熊市震荡市后,由于行业处于周期中的业绩恢复期,容易被机构资金抱团,反而在熊市中出现逆势上涨的特殊现象,比如 2017 年的生物医药和白酒板块,但是这种情况非常少。所以,通常只有进入牛市才是产生机构趋势大牛股的核心条件。

细心的投资者会发现,很多人在熊市中说,我不玩短线,我要玩趋势,我要买走中长线趋势的大牛股,因为这样更安全,结果是一路被套。原因就在于市场根本没有产生机构趋势牛股的条件,选中了几只基本面与业绩面好的超跌个股潜伏,顶多出现几次反弹,很难走出趋势。买入之后,如果碰上反弹不出来,还长线持有,一定会被套。所以,机构趋势牛股产生的条件比游资股苛刻很多,要想参与趋势牛股,必然具有足够的耐心才行。

一、"趋势"的含义

在学习中外趋势交易大师的技术时,大家会发现,趋势交易大师不会在个股底部买入股票。原因很简单,因为判断趋势牛股需要确定性和确认条件。

市场趋势的真义可表述为:牛就是牛,熊就是熊。趋势股的真义也一样。如果它是趋势牛股,它只有一个属性,就是股价必然不断创新高,走的是反转路线。如果它不是趋势牛股,它必然不能持续向上冲,走的是反弹路线,短期上去还要下来。这句话的另一个解释是:只要选到真正的趋势股,它就必定是牛股,它就必然带给投资者超常收益,这才叫趋势。所以,"确认"一只股票是不是趋势股是交易趋势牛股最核心的步骤。

在很多趋势交易大师的书里都非常重视论述这个问题,重复讨论这个问题。玩趋势牛股,最核心的步骤就是要理解并确认"趋势"成立的条件,而任何趋势牛股的基因都不可能在个股的底部展现。就如一个伟人,在幼年时期你根本不可能确认它能成为伟人,必须待伟人之光芒现出,才是普通人追随的最佳机会。但是,往往很多人喜欢和希望买在个股的最低价与卖在最高价。喜欢的永远是底部,这些位置恰恰是市场中最不确定的阶段。在这些阶段,根本不可能知道谁会走出趋势。

如何确认趋势?在趋势交易大师看来,一只股票如果不能超越长期牛熊线,如果超越长期牛熊线后不能在线上运行数周时间,如果图形形态没有出现牛市特征,如果从大底最低点起来没有25%以上的涨幅,就不值得关注。

这段话把趋势交易的确认条件表述得非常清楚。

二、趋势龙头股

趋势龙头股在牛市中是市场真正的领涨股,俗称市场总龙头。它不同于妖股,妖股的主力是游资,而趋势龙头股的主力是机构。

趋势龙头股与妖股的核心区别在于主力不同、运作模式和运行轨迹也完全不同。趋势龙头股一旦进入主升浪上涨阶段,就是龙不回头(其间大涨后会有几次回撤,但所有回撤都是为了更好地上涨),一旦上涨,就会持续很长时间,数月或跨年,成为市场的股市明星。

趋势龙头股的产生和市场环境有密切关系。在熊末之后,直到牛市结束,都是产生趋势龙头股的主要环境。熊市的长期萧条让个股的估值在超跌后被严重低估。一旦熊市结束,这些被严重低估的小市值股,由于本身的优秀,行业业绩的恢复,政策的支撑,一旦受机构主力资金群体青睐,就存在巨大的上涨空间,为趋势龙头股的产生创造了条件。

所以,熊末牛初各个股票在出现技术性修复后(普涨之后),确认条件成立后,就容易形成趋势大龙头高发的土壤,这个时期一定要学会抓住市场趋势龙头股,不要错过人生财富的好机会,因为它是市场最肥的肉,体现了市场最强长线资金的合力。

三、趋势龙头的秘密

如何才能抓住趋势龙头股?所有趋势龙头的产生,都存在偶然性与必然性。

偶然性是指每一时期会有不同题材,不同行业,甚至不同启动形态的个股成为龙头股。即,在熊末之后,将逐步走向强势的行业不止 1 个,至少 3 个。但是哪个行业会出市场总龙头,会受到市场青睐,不可预知,到时就看谁最先走出来,而有的市场总龙头会走出独立于板块的行情。所以,从这个层面讲,要想从研究行业或个股的基本面入手发现龙头股,成功的概率非常低。

必然性是指每一时期市场趋势龙头股的出现,都带有很强的共性技术特征。这些特征的出现不是偶然,而是根源于人性和自然法则。人性和自然法则让技术性特征具有了共性。所以,所有趋势牛股都有共同的技术特征。

金融世界的历史总在周期中重复,虽然形态不完全相同,但是周期轮回的至理从来不变,金融世界受人性支配的定律从来不变。所有股票的走势都离不开人性的心理影响,都受人性与自然法则的约束。所以,所有趋势牛股在本质上都呈现了人性与自然法则作用的特征。很多经典技术派大师成功的秘密之一,就是发现并利用了这个必然性——强势趋势股必然遵循自然法则形成共性的技术特征。

很多人不明白中长线股票会遵循自然法则、反身性法则和混沌性法则。他们对个股趋势的认识完全是无序的,无序表明他们无法再深入认识市场。因为他们不相信市场趋势存在有规律的东西。

但是,相信股票遵循自然法则的交易者明白,自然法则中的几何学与力学,如人体的体型对人体会有压力与支撑,这种几何与力学的形态同样作用于市场,任何物质形态的东西都在自然法则的约束之内。自然法则中的几何学与力学在人身上体现的密码是:形态、骨骼和肌肉。

在现实生活中,通过一个人的形态、骨骼和肌肉就可以轻松识别谁可能是运动员,谁经常锻炼,谁的身体状况比较糟糕。一个形态臃肿的人,体型比例失调的人,大腹肥臀的人,是不可能具有较好的体能素质的。

股市之中也是如此。几何学与力学在个股身上也有密码,这些密码就是成熟交易者判断个股体格是否强健的标准。趋势龙头股就是具有这种体格特征的强势股,这些特征正是捕捉趋势龙头股的条件。

四、趋势领涨股效应

普通股民习惯于通过公司研究报告、行业研究报告这些基本面的研究,企图发现有潜在价值的个股。事实上,这种方法非常低效。对于趋势职业交易者,在牛市中任何处于下跌技术形态中的个股,不论其研究报告如何漂亮,都不会关注。职业趋势交易者只会关注已经起航的船,有确定性的目标,而不是寻找躺在港口的豪华邮轮。

普通股民对市场、板块与领涨股相互影响的认识逻辑是:先有指数强势、扩展到板块的强势,最后扩展到个股的强势。即,指数强势催生了板块强势,板块强势催生了个股强势。这种逻辑适用于非主流的板块与普通个股,但不适合于龙头股与主流板块,它们的实际逻辑恰恰相反。

市场的领涨龙头股先于指数和板块走出了赚钱行情,因为它的影响,拉动了板块的上涨,板块的上涨又带动了整体指数的上涨。所以,趋势龙头股的逻辑是:先有市场领涨股上涨,再带动板块启动,板块再影响市场指数行情。所以,明白这个逻辑对于深刻认识趋势龙头股的运行规律非常重要。

当市场出现重要拐点时(不论是下跌趋势中的中级反弹,还是熊牛大底)。强势个股一定是先于指数和板块见底,先行拒绝下跌,随后再先行上涨影响板块与指数。

在拐点出现之前,正是因为出现了一只或几只强势上涨的个股,才为市场拐点的出现提供了加速条件。具有真正龙头潜质的个股上涨会带动市场情绪的转变。这个情绪的转变是由个股树立了市场信心,吸引更多做多资金传递到板块,再从板块传递到整体市场。领涨股效应是拐点效应出现的催化剂或外因。

拐点出现的内因是市场内部周期结构运行的需要。比如市场持续超跌后,就会有反弹的迫切需求。熊市末期,政策大底出现后,市场就有走向牛市的需求。有了这个内因,趋势龙头股就承担了在一个必然与偶然叠加的条件下催化市场改变的任务。这个必然性在于,市场结构已经走到了那个关口。偶然性在于,市场会选择谁作为市场总领涨龙头股不可预测,主力资金自身也不能预测,只有走出后才能知道。

通常在熊市末期的修复期,在经验上会有至少3个以上的行业板块引导进入牛市。这些行业板块代表了不同的主题。比如政策驱动、行业成长、价值、大消费、科技、生物医药、休闲娱乐、小盘股、大盘股等。其中,领头板块会在市场到达底部之前就已经率先修复,而领涨股又率先在板块走强之前已经大幅上涨。

所以,经验丰富的职业趋势交易者喜欢:第一,研究市场拐点,提早发现和判断机会与风险。第二,在市场拐点出现之前,研究先于市场止跌,并已经处于上涨趋势,有成长性或题材性支撑,形态与量价配合的个股。第三,建立强势趋势个股股票池,再由这些个股带到行业,扩展对个股与板块的认识。

往往在拐点之前,首先突破反弹、最吸引人气的那只机构股,最有可能成为趋势龙头股。有了这个判断,就可以顺势进入对个股基本面的研究,再到行业基本面的研究。不断精选趋势牛股入股票池,持续跟踪最先突破历史平台的个股,这类股大概率会成为领涨股。而趋势龙头股在一路的上涨中,都会提供买入的机会

为什么这些个股会强于市场提前止跌上涨?这可以从两个方面理解:一方面,市场(不仅是指标股)的上涨,其实是由全体股票的趋势决定的,尤其是市值比较大的指标股。这决定了在市场整体趋势形成过程中,个体股票的上涨会有

前后差异。个体股票不可能是同步的,它们的上涨必有先后。这就会导致领涨股必然先于指数上涨,而滞涨股又落后于指数。另一方面,形成个股的涨滞有前后的原因是由市场供需关系的根本性质决定的。市场拐点的出现是供需关系经历博弈规律变化后的结果。在市场拐点出现之前,必然有一些股票内部博弈结构已经稳定,资金拒绝再下跌,甚至有一些个股还被主力资金增仓,强势于其他股票,产生先行反弹。要认识这种市场行为,就要理解机构资金的模式。

机构资金不同于游资资金。机构是长线资金,长线资金重质。游资是短线资金,短线资金重势。所以,机构崇尚的是优质和成长,重视估值。估值是机构资金的信心,市场做空力量的充分释放是机构转多的判断条件。

当市场下跌到一定的程度,有先见之明的机构资金就会判断逐渐做多的条件。而当市场中的一些优质个股跌到一定的价格,机构资金认为其估值、成长性、行业业绩空间、竞争力业绩与周期配合都适宜时,机构资金就会做多。而由于市场超跌,持股资金不愿意再卖出,增量机构资金还在逐步进场,个股的供需关系就会发生根本性变化,促使个股上涨。个股上涨这个变化又影响个股情绪,强化情绪走向正面。

理解领涨股的上涨,一定要把个股同板块与指数的关系搞清楚,切不可认为市场必然是指数涨了个股才会涨。实际上,在市场大拐点将出现之前,领涨股已经开始步入上升通道,有时指数往往还在向下寻底。所以,领涨股在市场的拐点期,通常领先于指数上涨。

第二节　掌握趋势战法理念

股票的交易之道可以归结为两点。第一,永远聚焦市场最强资金合力。什么是最强资金合力?最强资金合力不是指资金量的绝对值,而是指资金流在个股、板块或市场中的相对强度与持续性。只有具有市场强势合力的板块或个股才具有最强的上涨动力。趋势选股的核心只有一条,即瞄准趋势领涨股(龙头股)。所以,在市场中要完全聚焦趋势领涨股。趋势领涨股在熊市中出现得比较少,因此熊市的交易机会是有限的。而在牛市中持续轮动出现游资龙头股与趋势领涨股的局面则是牛市的主要特征之一。

第二,顺势交易是炒股的核心。大势超越一切。大势决定了交易机会的大小和成功率,逆势交易其害无穷。不同趋势周期,存在不同的市场机会,不同的市场机会存在不同的资金交易逻辑,不同的交易逻辑需要不同的交易策略,所以,交易必须顺势而为,讲究择时择机,只有抓住股市周期下的大机会,个人财富才有快速上涨的机会。而牛市,尤其是熊末修复期和牛市初期的周期将是股民实现财富倍增的关键阶段。牛市选股的核心就是紧盯并抓住市场每一阶段轮动的趋势领涨龙头股或游资短线龙头股。在牛市之中,因为资金驱动模式的不同,会有机构龙头股与游资龙头股之别。趋势战法的目标就是机构趋势龙头股,这类股票会是牛市大牛股。

那么如何在牛市中判断和抓住机构趋势龙头股?职业趋势交易者非常清楚,任何阶段股票市场的上涨,都具有一种特殊的结构性。这种结构性特点的核心就是"领头羊"效应。"领头羊"效应反映到市场,就是市场的上涨一定是分层次和递进关系的,不是无序的。这个层次代表了完全不同的赚钱效应、上涨空间和安全性。通俗地讲,就是每一轮大涨必然有市场领涨龙头股先出现,而上涨的板块一定会分化为主流、次主流和非主流。而主流代表的就是市场最强的资金合力,龙头股代表的就是市场最具赚钱效应的人气个股。职业趋势交易者要做的主要是以下两点:一是踏对市场周期节奏;二是抓住领涨总龙头,参与市场主流板块。在牛市之中,抓住机构趋势大牛就是机构趋势战法的目标。

一、趋势牛股有两大驱动因素

趋势牛股不同于游资妖股,妖股可以不需要基本面支撑,游资妖股玩的是情绪投机,是短期暴利,快进快出。但是趋势牛股需要长期运行,在技术面满足的基础上,必然需要有强大的或特定的基本面支撑。

所以,趋势牛股受技术性与基本面两大因素驱动。可以说,技术性与基本面对于趋势牛股的判断两者缺一不可。其中,尤其以技术性驱动最重要。因为任何所谓基本面好的股票,如果在技术性驱动上不满足,都证明这只股票仍在沉睡中。一个恰当的比喻是,再豪华的邮轮如果只停泊在港口,它也不能带你去远航。所以,趋势牛股的分析必须以技术性作为切入点,再到基本面。有了技术性的研究,才有基本面的研究。

趋势牛股的技术性驱动是发现趋势牛股的核心逻辑。这个逻辑要满足八个方面的条件:长期均线、漂亮图形、量价关系、盘子大小、市场强度、RSI 强度、周线分辨与日线确认、平台突破。

上面八个方面组成了交易系统趋势牛股的技术判断逻辑。技术判断逻辑是一个固定的技术分析标准。但在这个固定的标准之上,还需要一个关于基本面的补充。但这个基本面的补充不是一个固定的标准。重点要研究当时的政策,政策扶持的行业,还有行业的业绩周期,个股题材和其他信息等。

为什么说基本面的补充是不固定的?因为它必须与当时的环境相一致,必须结合当时的环境研究和确认。每一轮牛市的领涨行业往往各不相同,因为政策与行业周期有区别。

在市场进入牛市后,至少会有 3~5 个行业板块率先上涨带动市场。所以,对行业基本面的研究不能局限于一个行业,而是要多了解几个行业。这些行业研究的要点有两个:首先,有没有政策大力扶持是一个方向,机构主力是政策的忠实追随者,政策会给行业带来巨大的想象空间。其次,有明显的行业业绩复苏,有明显业绩增长预期的行业,机构会重视其估值。有了这两个研究方向,就可以明白,为什么行业业绩增长潜力大,个股业绩持续增长较突出的个股可能成为市场的趋势龙头股。同样,有一些股票业绩增长并不明显,但是因为其具有巨大的政策想象空间,属于热点题材,又在牛市的环境下,它们也可能成为趋势市场领涨龙头股,比如 2014 年的大牛股全通教育。

二、趋势牛股技术判断条件

本小节重点讨论如下问题:一是趋势大牛股通过实践检验的共性技术特征;二是技术的本质是发现功能,不是创造功能。技术运用的核心是多维度交叉验证,交叉发现。判断趋势强势股的技术基因,须立足于多维度的八个技术交叉验证。

(一)长期均线

一只股票要想长期走强,首要的条件一定是要摆脱熊市的压力或者影响。

也可以理解为必须完成市场的技术性修复。只有通过均线的修复后,其内部筹码的结构与情绪才能稳定,才具有长牛的基础。所以分析趋势牛股的第一个条件是长期均线。均线不仅代表的是压力与支撑力,还代表熊牛趋势的根本转变。所以,长期均线是判断趋势牛股成立的第一步。长期均线符合技术要求是产生趋势牛股的第一个条件,凡是不能站上长期均线的股票完全不可能具备长期走牛的条件(长期趋势不成立)。对于趋势牛股最重要的长期均线是10周均线和30周均线。在日级级别是50日均线和200日均线。

1. 判断条件

看趋势牛股的方法通常通过周线观察,使用日线操作。周线观察最核心的指标是10周均线和30周均线。大家要记住,所有趋势牛股的上涨都是贴着10周均线往上涨,而股价(K线)有效站稳30周均线是进入牛市的基本条件。具体判断条件如下:

(1)股价稳定站上10周均线与30周均线。

(2)10周均线上穿30周均线,并与30周均线一起处于多头向上趋势。

(3)10周均线位于30周均线之上。且10周均线与30周均线之间的距离较近,并开始呈向上发散趋势。

需要注意的是,股价在修复的过程中,可能会在30周均线上下震荡,这并不表示已经站稳,因为技术性修复还没有结束。

2. 技术要点

(1)在突破平台上涨后,要注意K线与10周线的关系。最标准的上涨趋势是K线价格贴着10周线,10周线呈曲线上涨。如果K线上涨与10周线脱离,出现较大空间,必然会被10周线拉回,所以会导致K线与10周线脱离,这可以说明两种情况:一是股价在日线上有快速上涨;二是上涨的过程上下起伏会较大。

(2)趋势牛股在上涨的过程中会出现多次整理,这个整理通常发生在偏离10周或30周线较远时。所以,在趋势牛股偏离10周均线或30周均线较远,出现整理段后必然要回避采取波段操作,而趋势牛股在中途整理的最大回撤点就是30周均线,回撤30周均线,周成交量持续萎缩,随后放量反弹,就是波段再次买入点。如果回撤时幅度小,回撤10周均线出现上述特征,也是波段再次买入点。

（3）在突破上涨平台之前，K线可能已经突破30周线，10周均线和30周均线可能呈现纠缠趋势，K线形态收敛，这是强势整理的体现。最后形成多头趋势双双向上，股价放量突破重要历史平台，这就是启动的重要信号。但也有个股在下跌后直接出现V型反转，10周均线上穿30周均线，这类个股的基础就没有强势整理后突破平台的个股牢靠。30周均线最标准的走势是呈40度以上角开始上涨。如果上涨低于40度角，力度会偏弱。

(二)图形特点

经验丰富的交易者都明白，不论个股还是指数，其运行的轨迹都离不开通道、图形和线，这是受制于自然法则的体现。很多散户觉得通道、图形和线没有用，应用起来没有效果，这完全是一个误区。通道、图形形态和趋势线，体现了市场或个股内部筹码结构是否稳定，体现了趋势和规律。凡成功的交易大师都非常重视对图形的辨识。图形如人的外表，外表当然重要。结合周期与环境，再配上量价关系来分析图形，图形就能展现很好的技术指导作用。

所有趋势交易大师都非常重视对图形的研究。趋势图形的分析主要是两个方面：一是K线整体长期形态，二是短期局部K线图形走势。

先说K线长期整体图形。历史图形体现了一只个股从形体上分辨的机会性。尤其是趋势牛股，在突破平台前的整体形态要比较漂亮。这个漂亮体现在三个方面：一是在见底上涨的过程中，其反弹的底部要逐渐抬高，这是主力在建仓整理的走势；二是突破平台前上方没有大的历史平台压制，这种形态一旦放量突破，上涨的空间就没有压力，如果一只股票在突破历史平台后，上面空旷，没有任何的历史平台压力，在牛市中的上涨将一马平川，这比个股基本面重要得多。三是成交量呈现上涨放量，下跌缩量关系，突破平台时呈放量明显的特点。成交量的本质是动力，上涨必须要有动力支撑。历史平台是历史被套筹码的集中地，在这些位置会出现大量的筹码供应，如果个股没有特别大的利好，主力资金通常不会主动碰这些区域，也就不会选择这些个股作为参与对象。所以，有较重的历史平台压制的个股，说明问题较多，不容易成为趋势牛股。这也是强调图形要漂亮的主要原因之一。复杂的图形形态所展现的就是股价上面层层压力和复杂的筹码稳定度。

再说短期 K 线图形。短期图形主要是指 K 线在突破平台前半年至一年的时间内所呈现的 K 线图形形态，如通道、三角形、楔形等。这些形态是判断筹码稳定度与近期走势可能发生何种方向选择的重要信号。这些形态可以帮助我们提高对趋势股短期趋势选择的判断能力。趋势牛股在突破平台前的图形形态往往有不少共同的特征，为趋势牛股的判断增加了很大的辨识度。

（三）量价关系

量是筹码供需关系的直接体现，也是趋势健康度最重要的指标之一。图形形态与成交量的结合，能更好地体现出这种关系。最重要的成交量关系就是在股价整理和底部不断抬高的过程中呈现出的筹码供应在涨时增与跌时减的现象。这种现象表明了上涨前的卖压可控，洗盘到位，条件成熟。

对量的观察，重点在两个方面。一是突破平台前的量，一定要体现健康的整理关系。在底部不断抬高的过程中，上涨时有量，下跌时要缩量。二是最重要的一点，即在突破平台时一定要有明显持续的放量上攻。这个放量是与之前的量相比较。上涨突破必须持续放量，这是确认平台突破的重要指标。这个放量在日线上会明显体现出来，体现在突破平台后几个交易日。而从周线上看应该也明显，但有的个股可能已经在上涨前完成重仓位建仓，在突破时的周量能可能不一定非常明显，但在日线上看一定是非常明显的。

（四）盘子大小

盘子大小决定了市值管理空间的大小。趋势大牛股通常都是小中盘股，尤其是小盘成长型股票。大牛股多数是小盘股成长起来的，小才具有大空间。所以，趋势牛股选择的标的多是小盘股，低价小盘股也正是我们要研究的重点。一只股票如果价格很低，但是盘子不小，这个低价就没有意义，价格必须与盘子结合。

小盘的总市值因时期不同而有较大差异，倾向于突破平台时市值在 50 亿元以下。同样也有例外，如果图形非常好，股价又放量突破平台，上面的上涨空间被打开。市值的条件就可以放宽，但是市值大的股票上涨空间一定有限。

（五）RS 市场强度指标

市场强度是指个股与指数的对比强度。趋势牛股是市场的领涨股，是领涨股影响了市场，领先于指数，而不是指数影响了个股。所以，趋势牛股在突破平台时，在RS强度上一定已经持续强于指数。启动前的趋势牛股呈现的是完成了强势技术修复与整理状态，在突破平台前实际已经启动上涨。所以，其内部筹码与上涨强度一定是强于指数的，我们用于判断个股与指数对比相对强度的指标是RS。

(六)RSI相对强弱指标

RSI和RS是两个完全不同性质和功能的指标。RSI指标属于动量摆动指标，使用RSI可以观察短期内个股多空筹码博弈的超跌与超涨强度，是非常有用的指标。同属于动量摆动指标，RSI指标与MACD指标的不同点在于，RSI指标对趋势具有提前反映功能，而MACD指标的反映则会滞后。不少职业交易者更喜欢用RSI指标观察市场。RSI指标运用熟练，对于判断个股短期趋势的准确率相对高。RSI指标是判断趋势牛股股价突破平台前最重要的观察指标之一。

一只个股如果要突破平台，在短期内(14天)的内部筹码整理一定是趋于相对强度区域，观察这个强度区域的指标就是RSI。突破平台的信号如下：

在突破平台之前，日线级RSI指标通常会开始冲击70值，这是最重要的信号。在靠近平台位置，如果RSI向上突破70，成交量能放大，突破就可能产生，如果RSI站上70，那个点就是突破点，股价上涨空间将打开。

为什么说RSI突破70那么重要？在实战中，在股价的修复整理阶段，可能股价会有几次靠近突破平台的位置，这种突破有真假之分。凡是突破时RSI低于70，或站上70马上就掉头向下的，大概率属于假突破，股价还要继续整理。只有有效站上周线或日线的70值，并突破平台，上涨空间才会打开。这时介入，或等待突破后的第一个回调介入都是合适的。

(七)周线确认，日线操作

寻找趋势牛股通常以周线为观察周期，在一个大的时间周期内观察更方便。在均线指标上设置10周均线和30周均线，结合股价、市值与形态筛选，把符合条件的个股放在股票池中跟踪。还有一种方法是每天观察市场中的强势股，从中观察是否有符合趋势牛股指标的机构个股并将其放进股票池跟踪。

在具体操盘的层面，则需要结合日线观察。在日线中添加50日均线和200

日均线,划出历史平台突破线,结合图形、成交量、RS 与 RSI 值观察趋势强度。建立目标股池后,再通过个股去观察行业,了解个股与行业的基本面与题材。

(八)底部历史平台突破

对于目标池的强势个股,一定要划出待突破的历史平台线。这个平台线是我们观察股价并在整理修复后决定是否强势启动的指标线。这个线通常按股价的上一个历史平台高点对齐划出。当股价在站上 30 周均线(或 200 日均线)后再放量,突破底部的这个历史平台并创出新高,上面很大一段空间就没有了历史筹码压力,其股价的上涨空间就被打开,个股趋势已经确认,参与的机会也就来了。

三、典型趋势牛股解析

(一)奋达科技

下面是奋达科技的周线(见图 3－1)与日线(见图 3－2)。

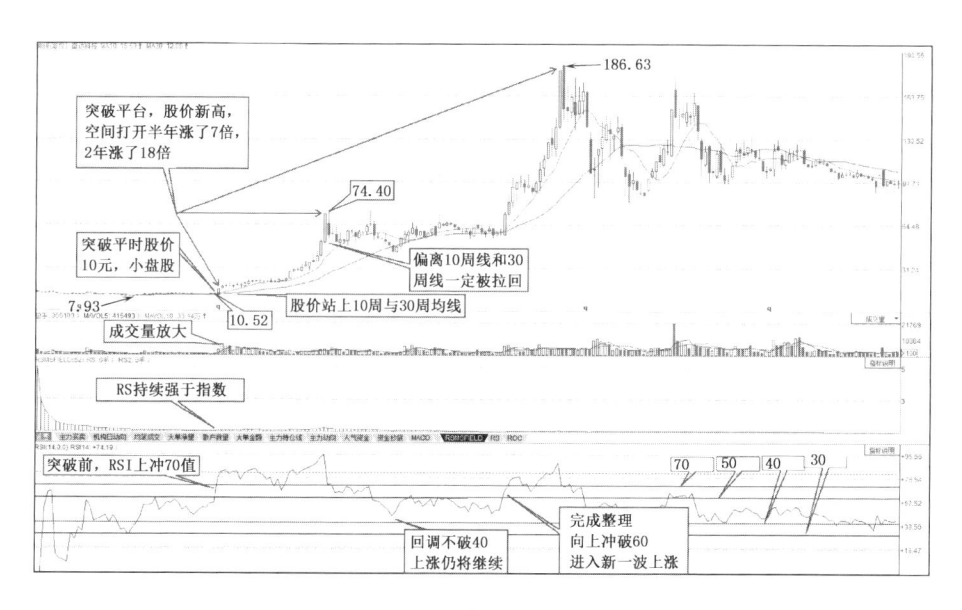

图 3－1　奋进科技周线

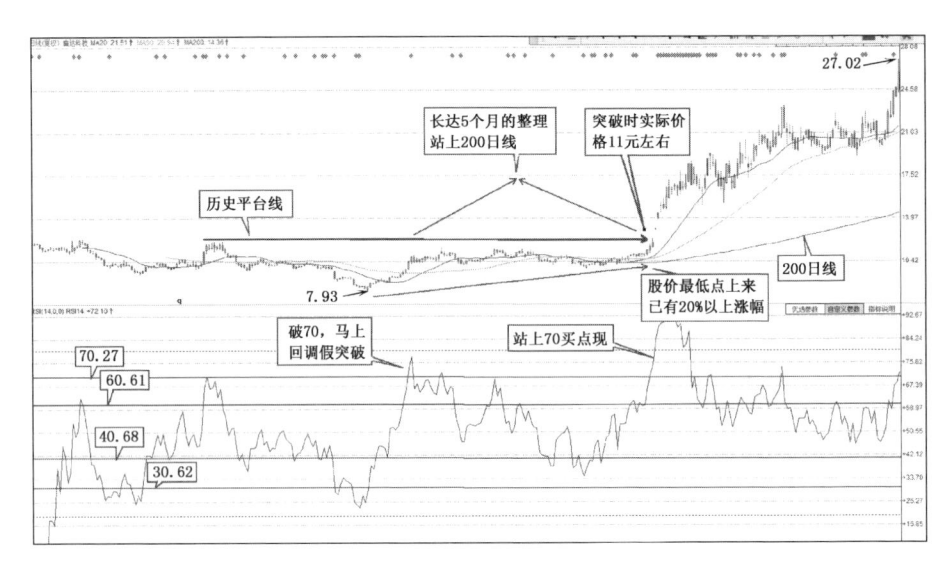

图 3-2　奋进科技日线

（二）中青宝

下面是中青宝周线（见图 3-3）与日线（见图 3-4）。

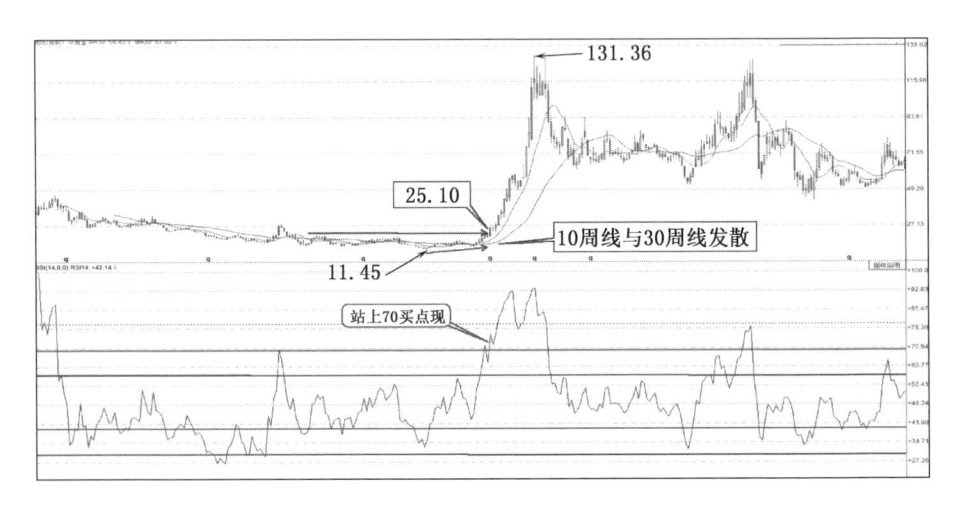

图 3-3　中青宝周线

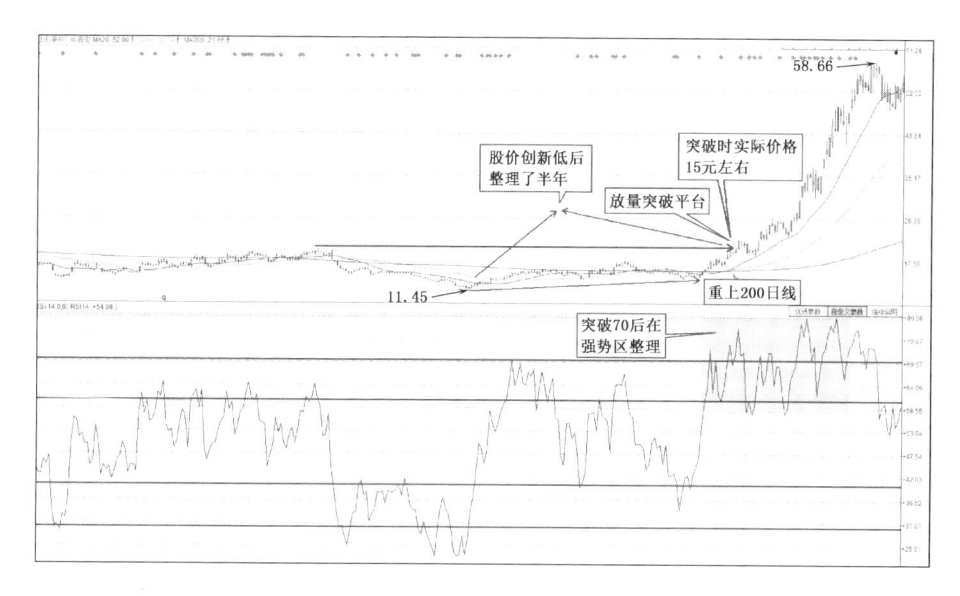

图 3-4 中青宝日线

(三)上海钢联

下面是上海钢联周线(见图 3-5)与日线(见图 3-6)。

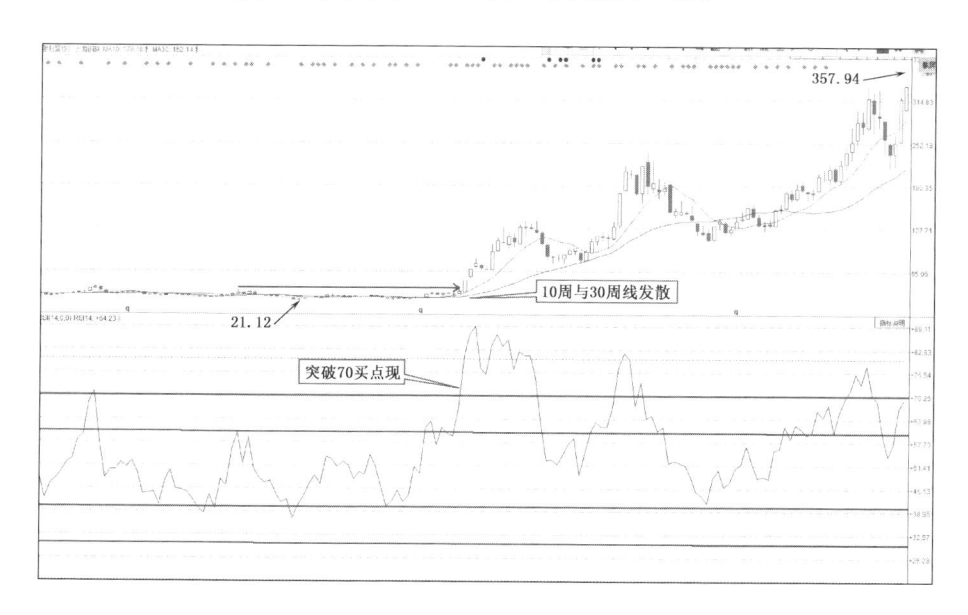

图 3-5 上海钢联周线

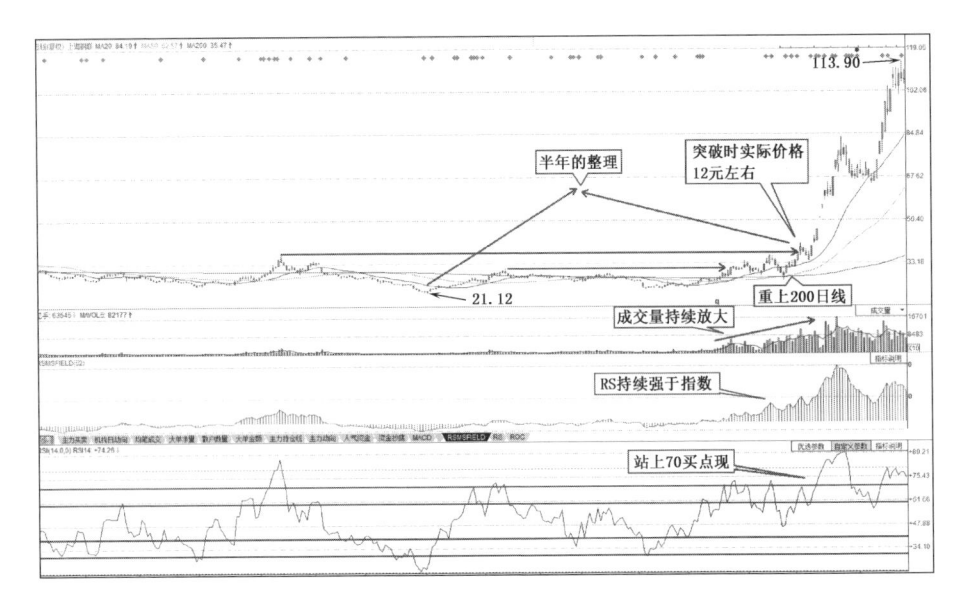

图 3-6 上海钢联日线

(四)上述趋势牛股解析

1.背景分析

2013年6月上证指数出现市场大底,随后进入持续1年的熊末修复期。创业板在2012年12月出现市场大底后,于2013年5月提前进入牛市。市场具备走出趋势大牛的环境。

上述几只牛股中,奋达科技2012年12月出现最低点后反弹,经过5个月整理进入主升浪;中青宝2012年12月出现最低点后反弹,经过5个月整理进入主升浪;上海钢联也是2012年12月出现最低点后反弹,经过5个月整理进入主升浪。

几只个股都是创业板股票,在市场大底现之后,牛股们都经过了5个月时间的整理后才突破平台进入牛市或启动主升浪,这说明确认趋势牛股在见大底后都需要一个修复期或整理期来完成技术指标的改善。

几只牛股在当时都属于小盘股,突破平台时的股价大多在10～15元。按股价从最底部上来看,未突破平台前,基本都有30%～60%的涨幅。所以,在这些牛股最具确定性的买入点是突破平台后位置。

趋势交易大师们不在最底部买入的原因就是要让"趋势"先得到确认然后再参与。

2.技术分析

几只牛股从股价见底到修复,再到突破平台,在技术面上具有共同的八大特征。

(1)都通过技术修复期,完全站稳 10 周均线和 30 周均线,两线在突破平台前后开始向上发散,这是进入个股牛市的标志。

(2)成交量在修复期呈现上涨有量下跌无量、在突破平台时明显放量的特征。

(3)RS 指数在突破平台前由下(可以是 0 值以下)持续向上走强,突破平台时,则处于 0 值以上的正值区,强于指数。

(4)RSI 是最重要的买点突破观察指标。通过对周 RSI 和日 RSI 指标的相互观察,突破平台前的指标通常已经向 70 值线发起进攻,显示内部筹码在短期内的强势特征,这是非常明确的买入信号,也是判断整理期真假突破的重要信号。真突破要么是站上 70 值线,要么在突破 70 值线后,在 70～60 区间内强势整理,凡突破 70 值线又马上拐头掉下 60 值线的,说明仍在整理期,不在上升期。

(5)都是属于创业板小盘低价股,市值空间巨大。

(6)趋势牛股的长期图形都非常漂亮,历史平台平滑,一旦突破近期历史平台,上面的压力全部化解,上涨空间完全打开。

(7)在图上一定要划出历史突破平台。研究个股在平台内的均线与量价配合是否满足条件,突破平台时的均线、成交量与 RSI 基本都要满足要求。

(8)不仅要重视长期图形,还要研究短期图形。短期图形是个股从最低价开始反弹后走出的 K 线图形,用周、日线共同观察。趋势牛股的短期图形基本都是比较强势的典型图形。比如正反三角形、旗形和楔形。这类图形呈现的是典型的,底部不断提升,股价不断规律收窄的突破形态。

以上各股还有一个非技术性的特征,就是要么基本面具有业绩成长性,要么是题材和当时的政策相应,而且所在行业或题材板块的技术形态也不错。

3.图形特征

短期图形逐步收敛(或反收敛)、底部抬高,呈量价健康的重要整理形态(如图 3—7 所示)。

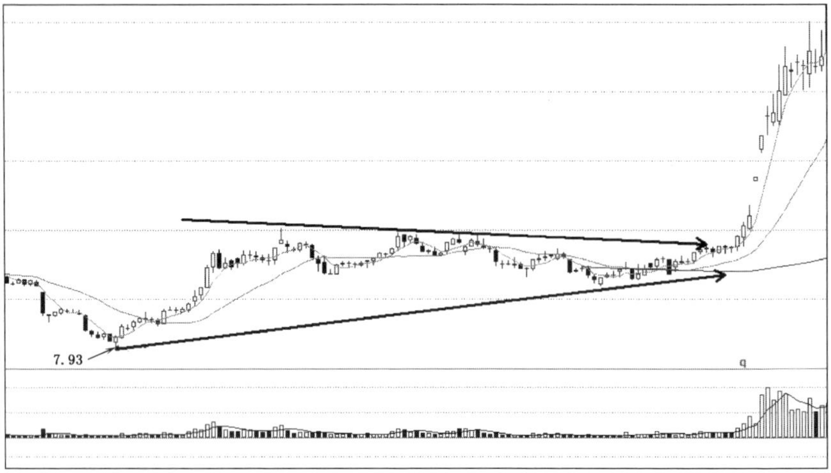
7.93

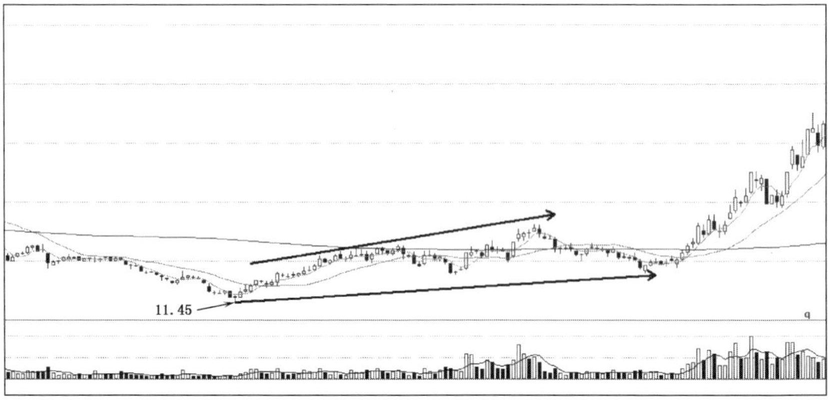
11.45

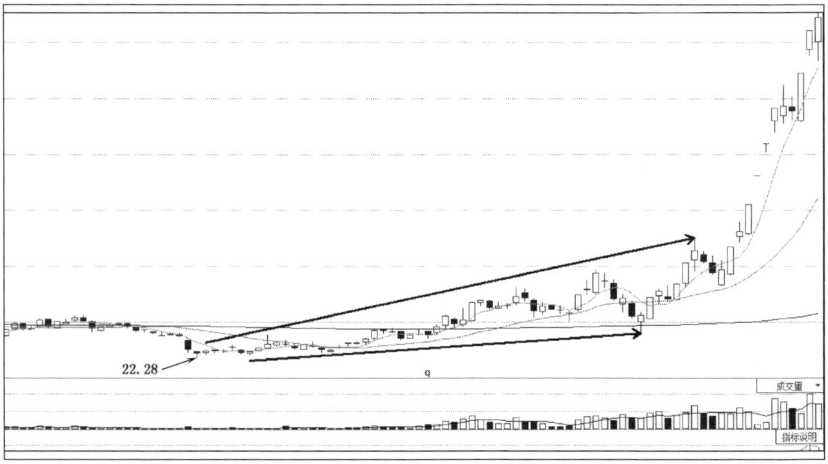
22.28
成交量
指标说明

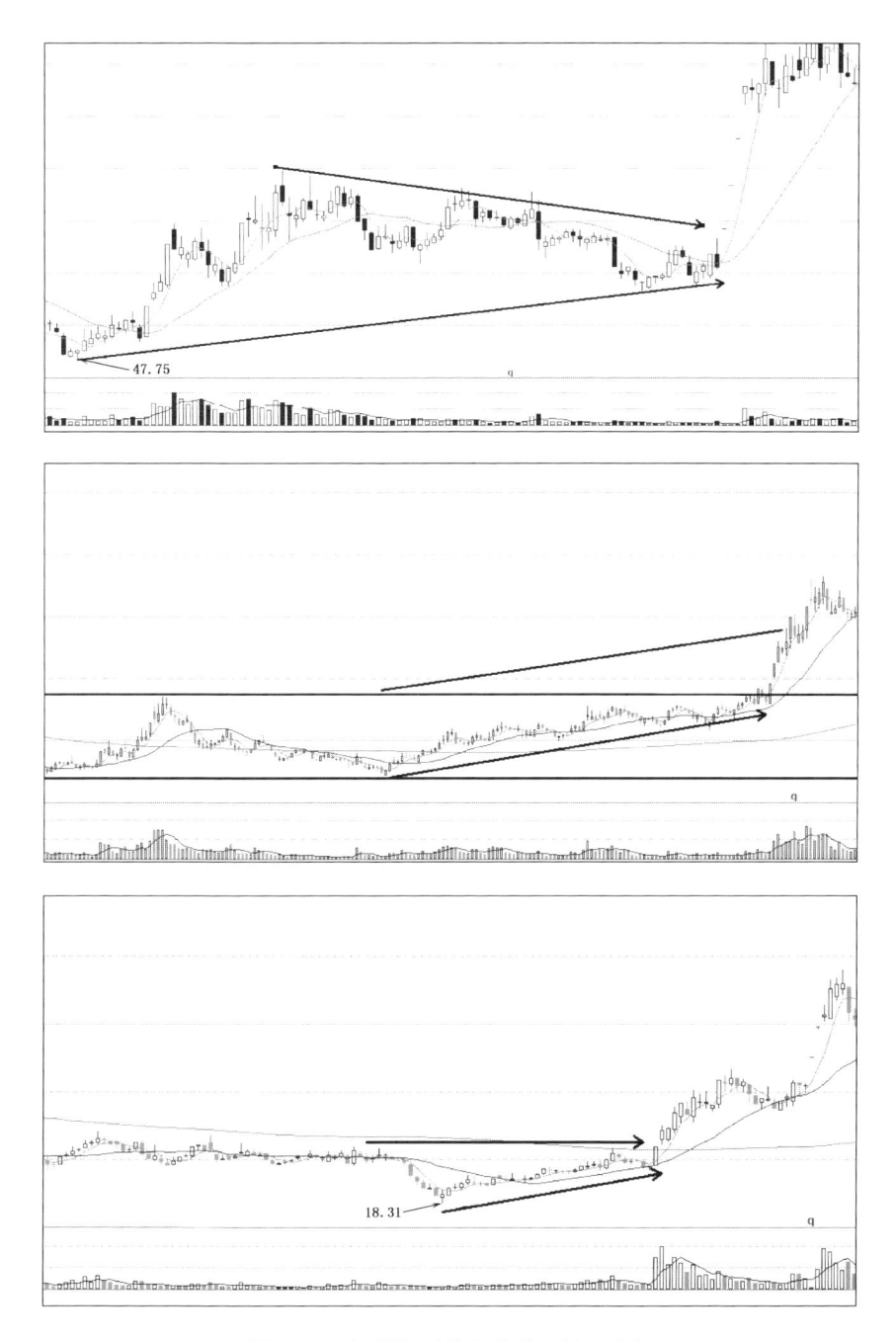

图 3—7 短期图形的几种重要整理形态

图 3-8 中的个股处于大底部,如果周线级别出现上述持续近 1 年的整理形态,一旦出现放量突破平台,上涨的级别就会很大,因为这是底部大级别强势建仓洗盘的图形。

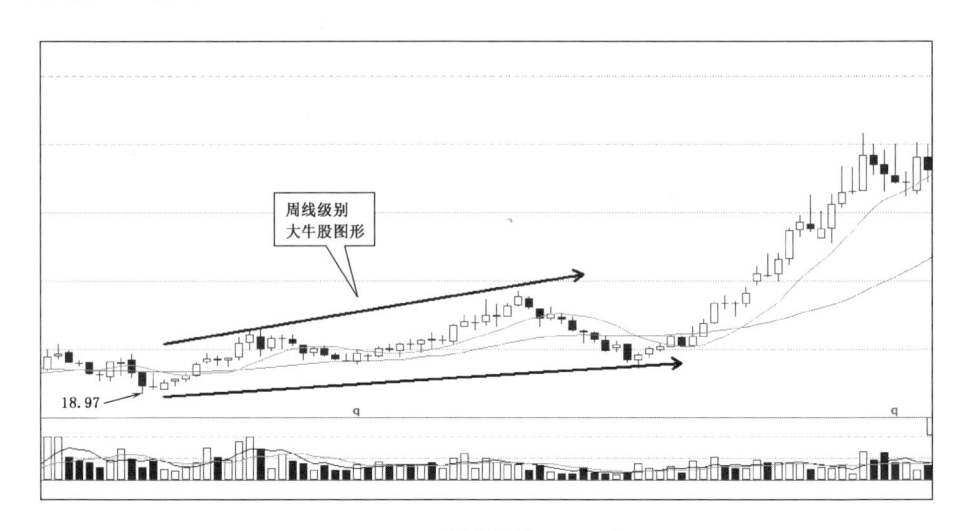

图 3-8 起涨前的图形形态

图 3-8 展现的起涨前的图形形态与量价关系大家一定要掌握。这些形态是趋势牛股在见到历史阶段最低价后走出来的趋势突破底部形态。这些形态为我们寻找与判断趋势牛股提供了重要的决策信息。

第三节 趋势牛股交易策略

交易趋势牛股最核心的问题是选股,买入则相对简单。选股的核心是理解透趋势牛股的八大技术特征和理解基本面问题,最后等待平台突破,完成买入动作。

一、交易步骤

(一)选股方式

其一,只要市场环境能够支撑,就可以直接参与市场中已经突破平台并已经成为市场公认强势趋势龙头的个股(不是游资龙头)。趋势龙头股的行情不会一下结束,其上涨空间需要时间兑现,会给充分参与的机会。

其二,锁定 3~5 个板块主动选股,或每周研究当周上涨幅度较大的行业板块。选择技术特征符合,有政策支持或热点潜力的板块,将板块内满足技术形态与基本面良好的中小市值个股建立股票池,对个股的历史平台线、RSI 指标线和短期形态开展持续跟踪。

其三,选择当期走出强势股形态,具有趋势特征的个股持续跟踪,择机参与。

其四,通过跟踪,把上面股票池中的股票进行再过滤,选出更符合条件的个股,保持在 10 只左右重点跟踪。不符合条件的就剔除,发现更好的就补进。

通过持续选股和持续跟踪,盯上最先或强势突破平台上涨的目标个股进行操作。

只要是趋势牛股,就不怕没有上车的机会。

(二)保护好仓位

突破平台的首次买入一定不要满仓,可以先半仓,待判断趋势成立,前半仓有盈利再加仓。不要贪心,也不要担心,趋势牛股是机构主力上涨模式,所以会给投资者补仓的机会。建仓的方法有两种,一是突破平台时买入,二是突破平台后出现回调时买入。

机构类主力玩的股票,很少出现连续涨停或一字板上涨,而是以涨涨调调的方式上行,这类股票上涨的特点就是不愁买不到。所以,首次买入一定不要满仓。

(三)在上涨中做好波段

1. 个股波段

趋势牛股在突破平台的上涨运行中,通常会有 2~3 个大浪调整,这些调整通常发生在偏离 10 周均线与 30 周均线(或 50 日均线与 200 日均线)过大时,且调整会有一定的深度。所以,在出现调整时,应该在一只股上进行波段操作。而回调 10 周均线与 30 周均线或 50 日均线与 200 日均线,通常是回调买入的重要位置,可以结合 RSI 指标操作。

2. 换股波段

如果买入了一只个股,并完整参与了这只个股的第一轮主升段,在个股进入大浪调整期后,如果另外有个股突破平台进入主升浪的,可以换股参与这一只股的主升段。换股的要点必须是参与完一个主升,出现另一个进入主升时才

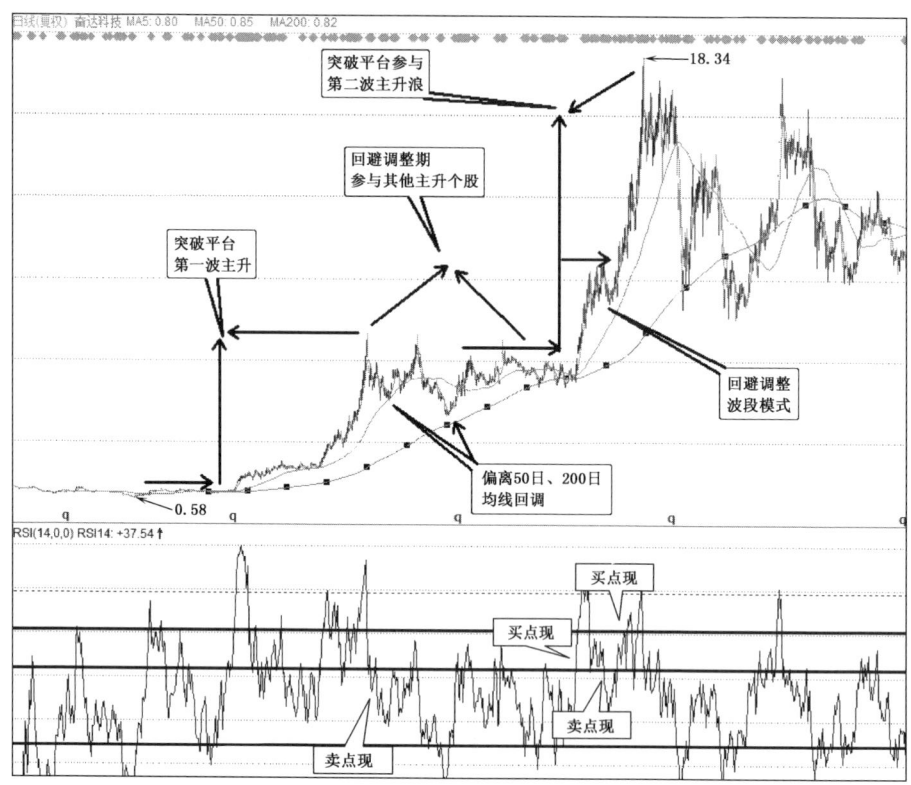

能换股。否则还是建议在一只股上波段(见图3-9)。

图 3-9 换股波段

二、须关注的几个问题

(一)克服畏高情绪与便宜心理

(1)什么是畏高情绪

就是个股从底部上来后,到要突破平台前,可能相比最低价时已经上涨了30%~80%时反而不敢买入。更多的人更喜欢追还在底部实际上却没有确定性的个股。所以,只要条件满足于八个技术特征,在牛市中要敢大胆在个股走出趋势后买入。

(2)牛市与熊市买股的区别

熊市不能追高,而在牛市则要敢于买"贵"的,买已经启动突破平台上涨趋势中的股票,牛市初期真正的趋势股必定带来大收益。

(3)K线的形态与位置

在实战中,在突破平台前,我们看到的图其实并非如此,而是像下面的两只股一样,这时就需要克服畏高情绪(周线与日线图)(见图3－10)。

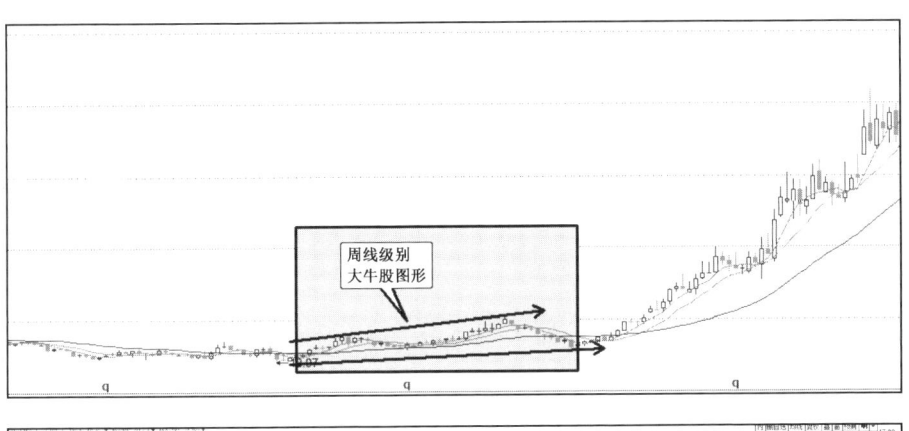

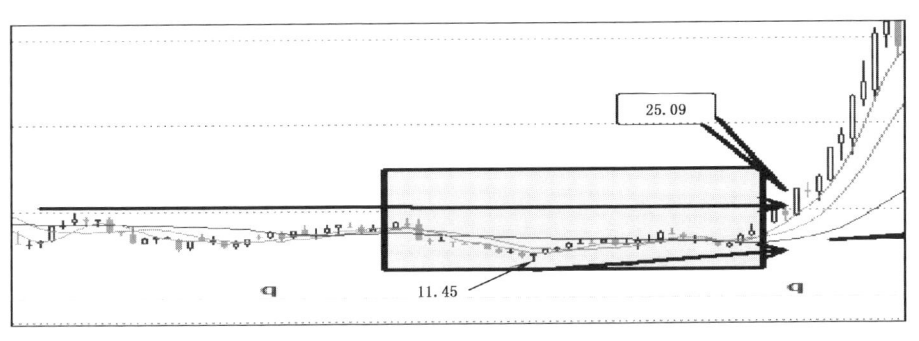

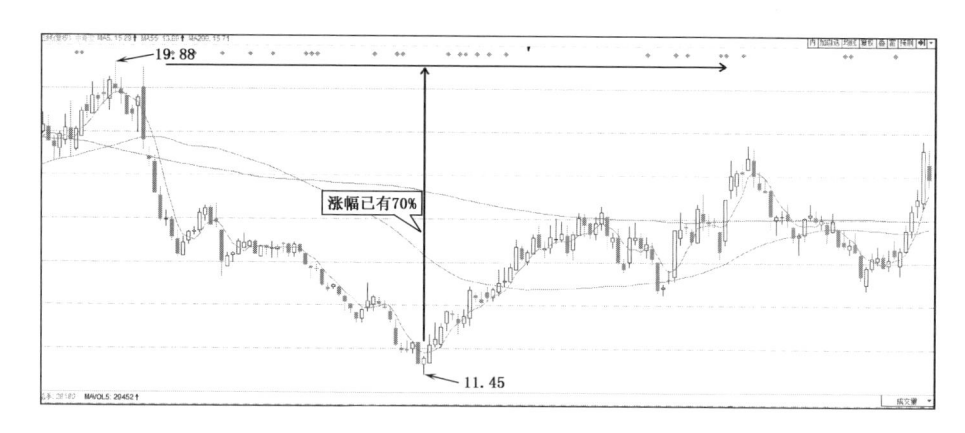

图 3—10 要克服畏高情形的两只股票走势

图 3—10 中的两只个股的周线和日线视觉上的差别还是比较大的。日线级别的形态，对于畏高的人难以接受，但这恰恰是职业交易者的机会。

（二）注重小市值

趋势大牛股多数产生于小市值股中，最好观察在最低位时只有 30 亿～50 亿元盘子的个股，因为只有小市值才有翻倍空间。但是，满足八个技术特征更关键。

所以，一只个股如果突破平台线，其市值在 50 亿元以下，平台上面的图形已经没有压力盘，就是一只趋势非常漂亮，潜力巨大的个股。当然，不能把市值绝对化，有些中市值机构股也存在走出趋势牛股的潜力。

（三）掌握 RSI 与 RS 指标运用

RSI 指标在判断个股短期趋势强度中有非常重要的指导意义。所以，务必要学习 RSI 指标的使用技巧，对于波段买卖点的参考才有把握。在趋势牛股突破平台前后，RSI 周指标或日指标必须上攻 70 值，并站上 70 值。RSI 指标要与 RS 指标配合使用。在突破平台前，RS 必须处于 0 值以上的正区，并且趋势向上。

（四）理解站上长期均线的作用

趋势牛股必须站上 10 周均线与 30 周均线。这里面需要理解"站上"二字。在实战中很多人面临的问题是：在熊末修复期，可能有些股在底部上来后，K 线就已经突破 30 周均线，就误认为已经站上 30 周均线。是否有效站上 30 周均线不能这么简单地理解,必须结合阶段性与图形形态来认识。

股价在底部上来第一次穿越30周均线的实质是开始进入技术修复期。并不是真正的站稳,大家从形态上就可以辨识,技术指标是需要修复的。只有通过反复在30周均线与10周均线上下交叉震荡收敛,短期图形走势健康,10周均线与30周均线在底部开始纠缠,最后股价开始走出图形突破平台,10周均线上穿30周均线,两线呈向上发散形态,这才叫稳定站上30周均线,图3－11显示的10周与30周均线的震荡走势,可以让大家更好地理解"站上"的含义。

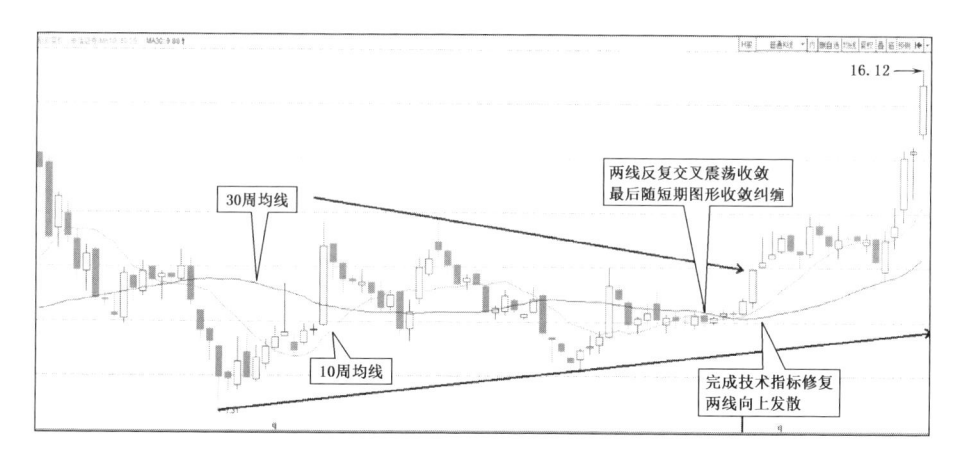

图3－11　站上30周均线示意

(五)掌握突破平台时的K线形态

股价突破平台的形态主要有两类:一类是直上型,另一类是回踏型。直上型是在突破平台线后,股价就直接往上走,暂不回调。而回踏型是突破平台后,短期内股价需要整理回踏20日均线,然向再往上走,这种形态较多(见图3－12)。

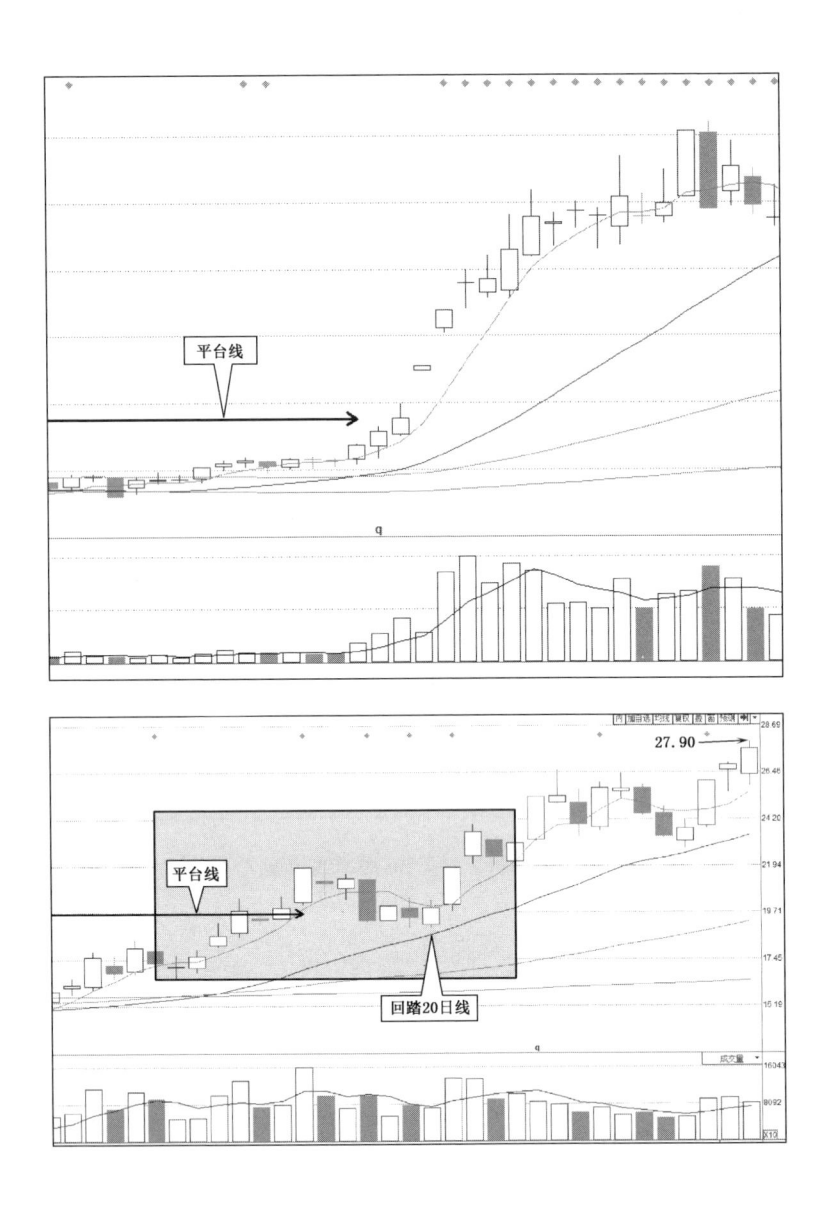

顿悟股道：龙头战法的逻辑、体系与策略

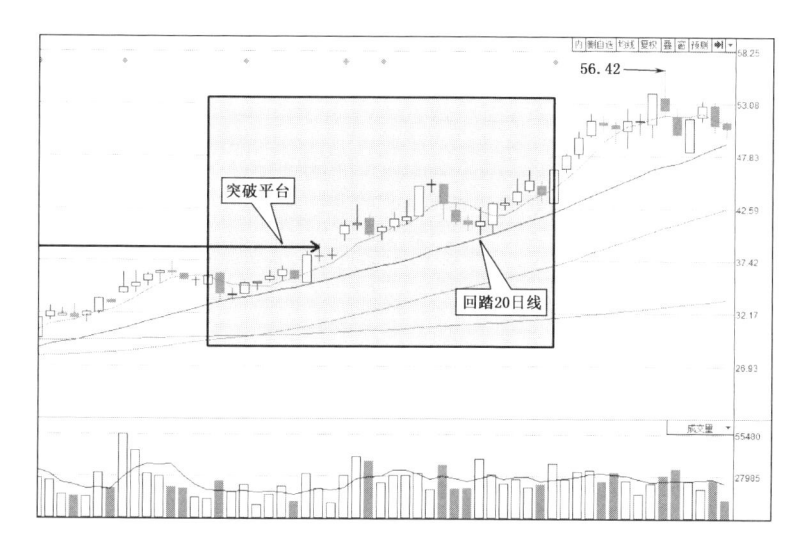

图 3－12　直上型与回踏型平台突破

不论是直上型,还是回踏型,趋势股都会给买入与补仓的机会。

(六)研究更多趋势大牛图形形态

上述案例都是非常典型的实战例子。在市场中,历史上的趋势牛股很多。要对趋势技术有深入的掌握,需要大家对更多历史趋势牛股的形态进行研究。对形态研究有深入功底的交易高手,可以一眼就能识别出个股的主趋势和质量。

很多不懂图形的人认为图形不重要,这是非常错误的认识,一定要区分环境和个股。在熊市中,图形没有那么重要,甚至可能是坑。但是在牛市中,在趋势股的判断上,图形就显得极为重要。

三、一种简单高效的方法

除了上述策略外,对机构趋势大牛股趋势的判断还有一种简单高效的方法,就是运用布林线与波浪结构分析。所有中长线趋势大牛股,在趋势上都有两个共同的特征。一是所有中长线大牛股一定是在布林线周线中轨之上运行的,且中轨的方向向上,呈角度逐渐加大的上涨态势,且布林线多呈喇叭花的开放形态。二是所有中长线大牛股一定会呈现波浪结构上涨,这是必然的。

图 3－13 是 2019—2022 年 3 只 10 倍趋势大牛股的趋势与波浪结构。

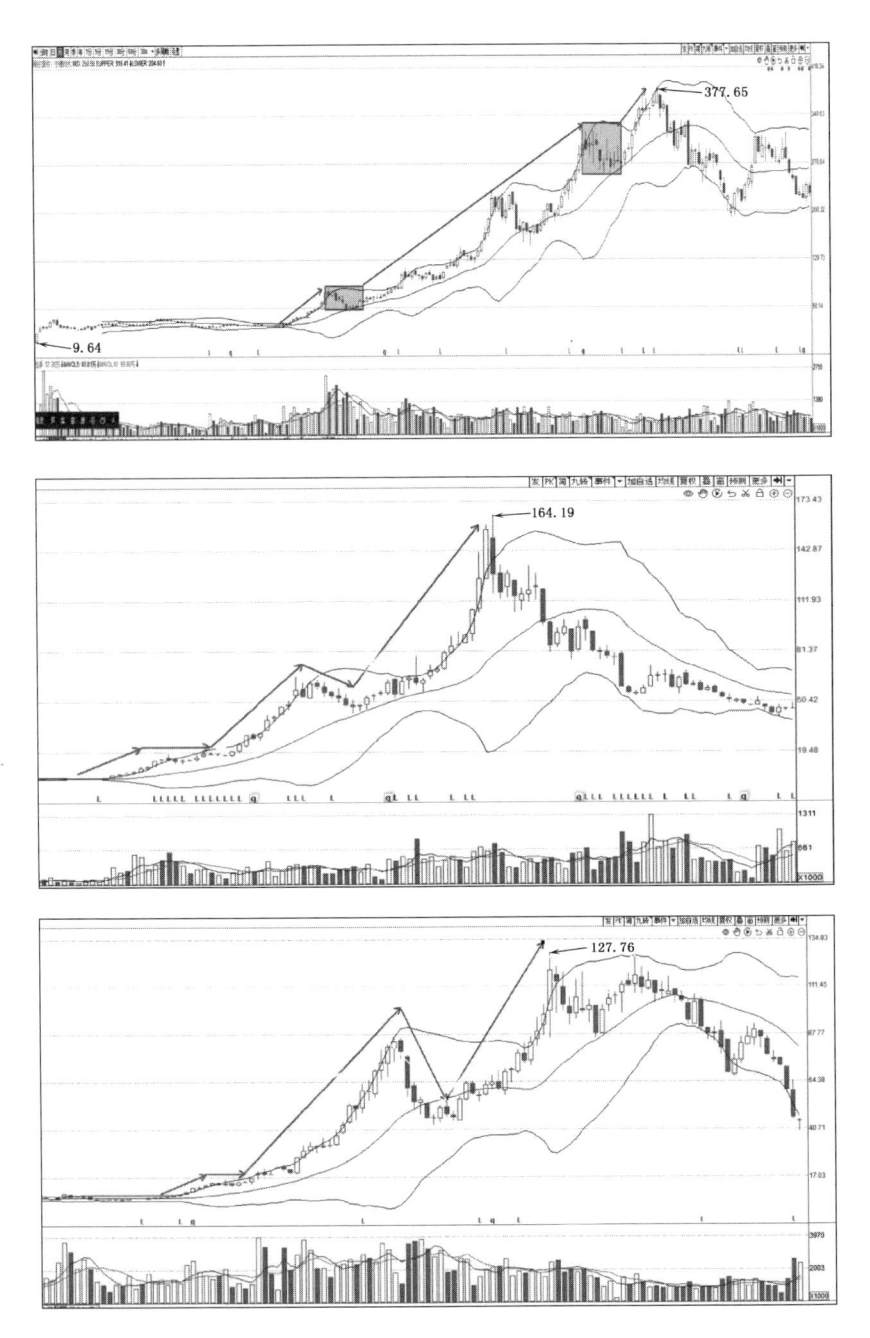

图 3-13　2019—2022 年 3 只 10 倍趋势大牛股的趋势与波浪结构

当某只个股走出上涨趋势时,通过把握上述两个特征,就能对中长线趋势大牛股的运行特征做出预判。比如,某只股票突破历史平台位,如果它将走成趋势牛股,它的K线就一定是在布林线周线中轨之上运行,布林线周线的中轨一定是向上运行的,我们只要切入周线观察这只个股是否具有上述特征,就能在早期把握住趋势牛股的特征并积极参与。同样,如果一只趋势大牛股涨高之后出现了大幅调整,通过对其所在阶段可能对应的波浪结构进行分析,就能为具体的波段买卖点提供可信的决策信息。而将个股的波浪结构与布林线的形态结合时,可以预判K线可能的走势。

总之,趋势大牛股具有非常明显的技术性特征,而这些特征发挥作用的基础,是市场处于熊末牛初与牛市阶段。当市场进入这些阶段后,大胆参与符合技术共性特征的个股,就能抓住重要的财富机会。

第四节　牛就是牛,熊就是熊

趋势决定一切,这是所有交易人入市都要明白的第一个道理。市场中唯一的真神是市场本身,所以在市场中的所有逆势交易行为都无异于以卵击石。历史上曾经辉煌无比的股神,比如利弗莫尔,皆因忘记了对市场的敬畏,认为自己可以战胜市场,而被市场所灭。所以,敬畏市场,就是尊重趋势,就是保护自己。理解市场和趋势是建立市场理解力的第一步。市场是一个整体,也是一个系统。要理解市场必须有大局观,在头脑中要有整体的框架,从上往下来把握,从整体到局部认识会更清晰。但要理解市场和趋势的真义,对于很多人而言,看似简单,其实是非常困难的一步。很多人对市场与趋势的理解只是局限于字义上明白,实质上并不明白。理解市场和趋势不仅要有正确的理念,还需要有丰富的经验。而这些都是普通交易者所欠缺的内容。趋势所含的内容非常丰富,并非字义所能参透。下面从几个方面来阐述:

一、趋势绝对性与相对性

若单纯从字义上理解趋势,熊市不适宜操作,只有牛市才能炒股,凡熊市中的所有操作行为都属于逆势而行,熊市就没有操作的价值。但实际上,市场完全不是这样。熊市中也有非常好的操作机会。同样,在牛市中也会有杀人的回撤。所以,逆势交易应该建立在对趋势绝对性和相对性的深刻认识上。

(一)什么是趋势的绝对性

牛就是牛,熊就是熊,这一句是我们对市场趋势的根本理解和经验总结,它对我们的交易有根本性的指导意义。

用一句话概括:只要市场还是牛市,它就一定会创出新高;只要市场还是熊市,它就一定会创出新低。

这句话对交易的意义在哪里?

如果处于牛市之中,牛市没有结束。那么牛市之中任何程度的下跌都属于回调,在我们回避之后,必须清楚,市场还会创出新高,要积极参与。同样,如果处于熊市之中,在熊市没有结束前,熊市之中任何幅度的上涨都属于反弹,在我们参与之后,必须清楚,市场还会创出下行的新低,要主动回避风险。

对这个绝对性的认识为什么很重要?以2017年年末为例,上证指数走出了一波强势反弹。由于熊市已经有两年时间,因此很多不明趋势绝对性的人开始发出"牛市来了"的声音。实际上,熊市中的任何上涨都是反弹。熊市要结束,必须见新低或大底。

所以,这波有力的反弹结束后,面临的将是更有力的下跌。结果进入2018年后,市场出现了持续10个月的深度调整。反弹和反转的含义在于,反弹不改变原有趋势,上去了还会下来。反转是指趋势的改变。

从图3-14可以清楚地看到,每一轮熊市的产生,在各阶段完成下跌见底后,任何的上涨,不论级别大小,都只是熊市中的反弹,熊市最后必将完成往下寻底的过程,这一过程之后熊市才会结束。熊市绝对不会在反弹中结束。所以,两轮熊市中,在持续几年的熊市震荡行情后,在市场出现明显的反弹时,往往会给没有经验的人一个错觉,那就是牛市来了!图中的两个时点,就给人产生了这种幻觉。为什么熊市的结束一定要在下跌中完成,而不是反弹中,这里面有很深的逻辑,后面解释。

"牛就是牛,熊就是熊。"市场有其绝对性,这段话正是对市场绝对性的阐释。

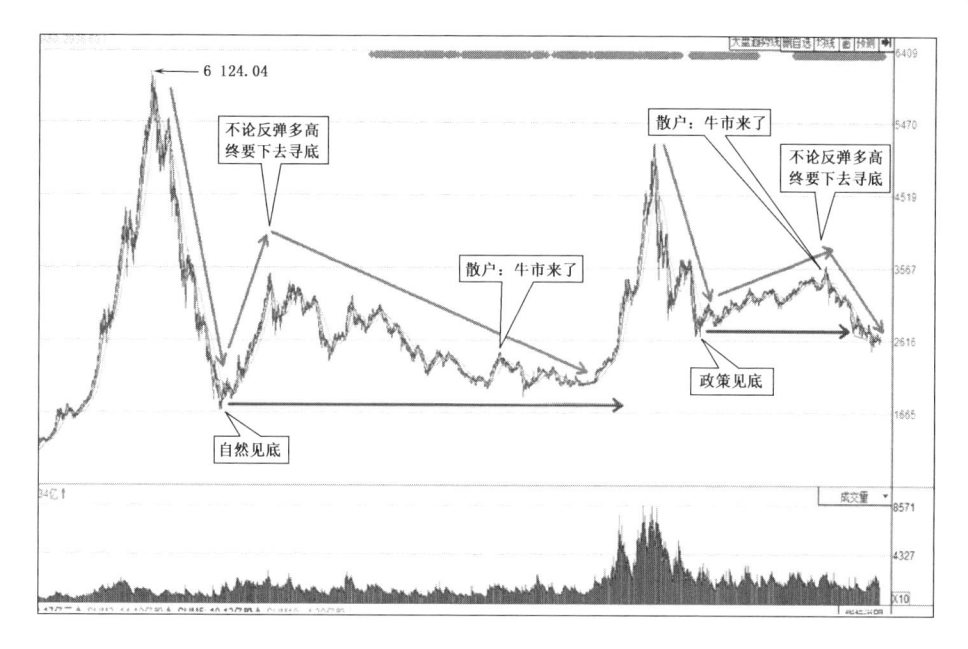

图 3-14 大盘趋势

(二)什么是趋势的相对性

任何市场的走势都不可能是直线型的,而是波浪型的。上涨有回撤,下跌有反弹,这是市场的真正属性。市场不会是直线型,这是因为市场是由人组成的。

不论是牛市还是熊市,只要有人参与,市场就会受人性贪婪与恐惧的影响而产生波动。所以,市场总是呈现波浪型的走势,这些走势会被人的情绪影响而产生比较大的波动。

因此,在牛市之中,经过长时间和空间上的上涨后,会出现大小回撤。而熊市之中在经历长时间与空间上的下跌之后,也会有大小反弹。这就是趋势的相对性。这种相对性不仅适用于指数,还会展现在行业与个股之中。

在牛市之中有走熊的板块和走熊的个股,而在熊市之中也有走牛的板块和个股。比如,在 2017 年的熊市之中,绝大部分行业都处于超跌状态,但市场中仍有生物医学和白酒板块因为业绩周期性复苏的原因出现了逆指数大涨。在 2015 年的大熊市中,也出现了短线资金炒作出的数倍大妖股特力 A。

所以，理解趋势存在绝对性与相对性的道理，就应该明白趋势的机会与风险同存于绝对性与相对性之中。牛市的大回撤能杀人，熊市的大反弹也会很丰富。把这个问题理解透彻，对机会与风险的认识就不会陷入唯牛熊论，就会明白为什么职业交易人可以一直在战斗、一直有机会。

二、周期是决定命运之轮

周期对于人生与万物都是非常重要的概念，也带给我们一个极其重要的认识：不明周期的本质，根本不可能长期在市场中很好地生存。经济有周期，股市有周期，人生有周期，万物均有周期。周期代表了最核心的趋势。但是很多人没有这个意识，包括一些在其他行业成功的人。

已故中信建投首席经济学家周金涛先生对经济周期很有研究，他认为人生财富的积累与衰败主要和经济周期有很大关系，人生就是一场康波，周期的影响超越个人能力的观点。这种观点非常值得认同。

在股市中要明白以下几个问题。

（一）在周期的繁荣期一切真的很好，而在萧条期一切都是灰色

周期与人生的财富命运息息相关，对于企业如此，对于股民也是如此。任何人的命运都逃不开经济周期的影响。

我们这代人是伴随中国改革开放的进程成长起来的，所以对经济周期的认识和感受特别强烈。在经济的上升周期与换档周期，周围的人经历的一切，都加深了我们对周期更深刻的认识。在经济周期的繁荣时期，只要选对了行业并参与其中，就会踏上财富快速积累的快车道，不但人非常风光，自我信心也很强大。但是，当经济衰退期出现，市场开始萧条，一切就会发生改变，世界马上变成灰色。个人能力在周期面前脆弱不堪，逆势而行只能自取灭亡。

前两年还身价上亿元的企业老总，可能一下就负债累累，上亿的资产在几年中就变成负债，造成这种后果的一个重要原因是他们没有明白趋势的转变，在趋势转变后越挣扎会越被动，陷得越深。

关于经济周期的影响，这里不再深入讨论。但是，希望大家能认真查阅相关资料认识它的威力，这对于一个投资人非常有必要。

当一个经济周期出现换档时，最明智的做法是什么？孔子的话最具指导性。孔子说："不知天命无以为君子。"就是说，君子应"知天命"而行事。人生要懂取舍，得时而动，失时而守，才能趋吉避凶。只有顺势而为才能为君子，成为成功的人。

如果生不逢时，还逆时而为，留下的只会是无尽的痛苦，这就是周期的威力。所以，在股票周期发生根本变化时，说明趋势的根本力量已经向对面倾斜，在这个时候最需要的心态是什么？知道"失时而守"，而不是攻。

在实体经济中，常常看到很多朋友在经济进入萧条期后深受其害，又总想翻盘，最后被趋势的力量完全压倒。逆势而行，只能越挣扎越痛苦。股市同样如此。

2015年股灾发生后，市场在2016年1月见2 638点开始反弹，这实际上表明股市已经完全进入萧条期，步入了熊市中段，这是最迷惑人的时段。很多朋友在熊市初期的暴跌中深受其害，资产大幅缩水，现在终于见到市场止跌反弹。此时，很多个股已经从高点大幅暴跌50%以上。对财富失去的恐惧和认为跌幅够大的惯性心理，让很多人决定向股市宣战，希望挽回损失，他们开始筹集资金向市场发起进攻，结果做出了错误的选择。熊市不言底的规律告诉我们，市场的低点无法预测，个股从高点下跌80%、90%，包括走向退市都有可能。

如果个人对股市的认识只是一知半解，技术并不成熟，在熊市中还要筹集资金不顾一切向前冲，一定会被市场狠狠地收拾。

2016年1月上证见2 638点股灾底时，大量股票跌幅超过50%。随后上证指数出现了反弹，最高到3 587点，然后又跌下来。到2018年10月，上证破2 500点时，市场是什么情况？

3 553家A股上市公司的收盘价与历史最高价相比：83只股票跌幅超90%；1 018只股票跌幅超80%，占比28.65%；2 125只股票跌幅超70%，占比59.8%；3 150只股票被腰斩，占比88.66%。

不论是在最高位买了这些股票的股民，还是在2 638点后买入的股民，其损失都大到难以想象。

从市值来看，23家公司市值不到10亿元，最低的金亚科技仅2.65亿元。651家公司不到20亿元，1 356家公司不到30亿元，超过100亿元的公司仅剩719家。

这就是熊市中惊人的数据,这就是趋势绝对性的力量。

通过这些数字,大家应该理解"在周期的繁荣期一切都好,而在萧条期一切都是灰色和痛苦"的含义。所以在市场中绝对要看清周期的主趋势,牢记"不知天命无以为君子"的警示。

这时我们可能会明白,很多人在经济的繁荣时期或牛市中赚了很多钱,其实并非完全源于自己真正的实力,而是碰上了风口。有些人不能理解小米创始人雷军提出的风口论(只要站在大风口,猪也能飞起来),而是相信过去财富的积累是自己真有非凡的能力。然后不知进退,在周期拐点出现后不服输,盲目扩张或投入,结果陷入悲剧,而每一个周期的轮回,悲剧总在重复发生,这是人性。

所以,希望看了本节的朋友一定要清楚这个道理。当周期发生变化,真正的裸泳者必然被市场淘汰,强者自会趋吉避凶,保存好自己的势力待机而动,或者提前在拐点出现前转型到其他复苏的行业。

这让我们想起从2015年股灾到2018年的这段时期,不少人放弃了自己原有的职业,放弃了在其他行业的拼搏,一头扎进股市,想走职业之路。这个决定和宝贵的三年时间对于多数朋友而言,可能会是一生的痛苦,这种痛苦的根源都是在错误的周期选择了错误的行为。

当然还有一些朋友,在经历如此巨大的变化与痛苦的考验后坚持了下来,这段经历反而会成为其走向成功的宝贵财富,这类朋友属于少数。

(二)萧条期仍有机会,但都属于反弹与个体性机会

趋势的相对性告诉我们,熊市中也有交易的机会,再大的熊市也会有反弹,但那只是结构性的反弹机会,而且只属于其中一部分股票,不会是普涨。有一些行业会出现明显的赚钱效应,但是大部分行业一定是在持续的下跌中。

比如2016年年初到2017年年末的股市,市场90%的个股均处于下降趋势中,在不断的小反弹中创出新低,但是市场仍然有2%的个股(上证50指标股)推动指数上涨,出现了明显的赚钱效应。白酒板块在贵州茅台的带领下甚至还走出了一波大涨行情。

这就属于结构性反弹行情。这种行情的性质同样是熊市行情中的反弹行情,在熊市周期完成前是不可能走成牛市的。当反弹到一定的高度,它必然要

下去寻底。这是周期的规律,而且是反弹越高,跌幅越大,大家的期望越强,失望也会越大。

看清了熊市的周期规律,就能为交易提供有效的策略指引。首先,熊市中的所有交易机会都属于反弹机会,切不可像在牛市中一样长线操作。吃完反弹后要及时离开,否则后面会有很大的杀伤力。其次,熊市的反弹对股票的要求很高,如果选不对股票,没有这个能力,宁可不要参与。再次,必须紧紧跟上政策和领会管理层的要求与意图,因为熊市的很多市场机会通常就产生在对管理层和政策的领会上,比如上面讲的上证50指标股的行情。

所以,人生绝对是一场康波。炒股要在熊市中提升技术回避风险,抓住反弹机会,实现财富的稳定积累,为牛市到来做准备,在牛市中实现财富的增值。

要炒好股票,在认识周期重要性的基础上,必须对股市的所有周期要有一个更完整的认识、推演和细化,以此来提高我们在不同周期下发现不同的市场机会和市场风险的能力,从而采取不同的交易策略。

总之,在任何行业的萧条期不知进退、不知趋势的绝对性与相对性,一味奋力进入市场,都可能造成人生的悲剧,而在行业的泡沫期全力参与才能实现人生的财富目标。所以,想在股市中有所作为,必须详细了解股市周期的特征及其运行规律。聚焦股票市场的6个子周期(牛市初期、中期、末期;熊市初期、震荡期、末期)详细研究,从中梳理出不同市场阶段的特性和交易策略,以提高对市场的认识。

实际上,股市大周期就两个,一个是熊市,一个是牛市。震荡市是熊市中段的组成部分。

第五节　熊底与牛市选股思考

先讲熊市末期的原因有三个:一是2024年下半年市场正在完成熊末牛初的趋势,刚好完整参与了一轮熊市,对于趋势周期的理解会更深刻。二是只有大家理解熊末牛初的各种市场特征,才能更好地理解牛市产生的条件。三是熊市末期和熊头一样都具有很大的杀伤力,又比熊头有很大的麻痹性,希望大家能正确认识这个阶段。

一、定义熊市末期的核心特征

(一)熊市末期核心定义

熊市有两轮股灾,一在熊头,二在熊尾。熊市尾期必须见到一轮类似股灾的危险来临,必须出现最恐慌的下跌,否则不会是熊尾。

熊尾必然出现熊市的最低点或较低点。如果不满足于以上条件,熊市就不可能见大底。如果股灾底是自然见底,下跌充分,那么熊尾的最低点可能不低于这个点,而在此点之上,比如2008年的情况。而股灾底如果是政策底,那熊末的最低点一定会低于这个点,比如2016年的情况。

(二)熊市见底核心逻辑

前面章节中讲了熊市要结束,市场必须下来,这里面的逻辑是什么?核心逻辑在于:熊市推进的过程,其实质就是对股市深层问题充分暴露的过程。熊市结束的过程,必须见到管理层出台强有力的政策,以解决这些深层问题。所以,产生大底的核心逻辑只有一个:市场正在形成威胁金融体系的系统性风险,倒逼管理层出台强有力的救市改革措施,以化解在熊市中产生的深层矛盾,这里面包含了周期的规律与作用。

如何理解深层问题的暴露?熊市周期通常会伴随经济调整到来,市场越往下跌,问题会层出不穷,企业也将越发困难,市场越来越没有信心。业绩差,股价低,融资难,尤其是民企会受到沉重打击,最后影响金融体系安全。所以,熊市的大底必须是在恐慌中倒逼管理层出台强有力的市场改革措施来修复市场信心,促进企业发展,化解金融风险。从这个根本逻辑上讲,没有新低,没有恐慌,也就不会有熊市的结束。熊尾要完成的就是这一步。

(三)熊中期到熊末期的特点

在经历熊市震荡市阶段后,市场就会步入熊市的末期。震荡市的时间有多长,没有办法量化,但是通常时间不会低于2年。

根据以往经验,市场有两种方式进入熊市末期:一种是指数持续反弹到一定的阶段,达到一定的历史平台位置后往下走,比如2018年1月,上证指数从2 638点反弹到3 587点后见顶下来。另一种现象是2012年底的上证指数在持续 3 年不断创出新低后进入末期阶段。

在由熊市中期进入熊市末期前,有一个特征要引起重视,市场可能会有一波较好的诱多上涨行情,让市场出现见底或已经转好的幻觉,然后再跌下来,正式步入熊市末期,把人们从希望破灭中拉入恐慌。

理解了熊市的定义与逻辑,就能从根本上消除我们在熊市中产生对牛市的幻想。我们要明白在熊市末期出现之前,所有的上涨都只是熊市中的反弹。反弹的含义是指每次上涨都是为了下一次的下跌,涨得越高跌得越深。而熊市到牛市的过程,必须有市场最恐慌一跌的出现,这一跌要恐慌到倒逼管理层出台强有力的市场改革措施来修复市场信心,熊市才有结束的条件。

而正确认识熊末,是正确认识牛市产生的基础。

二、熊底选股逻辑

我们把熊市分为三个阶段:熊头、震荡市和熊末。熊市末期又分为三段:开始段、恐慌段和修复段。修复期是由熊转牛的最后一段。

按以往的经验,修复期最快要 5 个月结束,长一点要 10 个月结束。对于职业交易者而言,市场政策大底出现之后,思维就应该发生根本性变化。

从熊市思维中走出来,应谨慎看多,而不需要苦等市场底,因为没有谁知道市场底在哪里。但是在政策底出现后,市场就会慢慢产生阶段性赚钱效应,将给职业交易者带来非常好的短线交易机会,所以这是最明智的做法。

熊市修复初期的核心作用在于完成技术性牛熊指标的转换,为市场走上牛市创造技术条件。所以,熊市修复期在政策底企稳之后,市场会出现很多个股的反弹,因为市场压抑太久。在这一阶段,机会最大的股票是游资股票。游资股票会抓住这种否极泰来的机会玩出大妖股,比如 2023 年的捷荣技术。什么样的股票会走成妖股?机会最大的是超跌股票+低价+政策题材。在这个阶段,游资会借政策支持的题材做文章,所以这一类股票会产生暴利。而机构股票也会有反弹的机会,但是暴利的程度要远弱于游资类股票。机构股票属于中长线股票,具有中长线交易机会,这一阶段的任务是完成建仓与洗盘。在机构股的反弹中,券商板块值得短线关注,这一板块会出现一波非主升浪的上涨行情。但是,希望机构类股票在修复期能出现大的行情是不现实的。只有完成修复期后，机构类股票中才会出现一些个股突破平台进入主升浪。

机构类股票不是修复期最有价值的股票，但是大盘走牛最重要的股票，因为它们的资金规模和作用在市场走牛中起了决定性作用。所以，在熊末修复期很多股票因为跌太久太深都会反弹。市场上的大部分股票都已经处于超跌阶段。比如，2018年恐慌期时，市场60%以上的股票较最高点下跌了70%。股市有一句话，机会是跌出来的。如果要在这个阶段有暴利，就必须选择游资妖股玩，当然风险也很大。这种风险一方面是来自个人的技术能力，游资股是短线股，涨也快跌也快；另一方面来自监管的不确定性，游资股票是纯投机的游戏，受监管政策影响很大。

经过熊市的洗礼，大部分行业的估值已经很低。其中有不少处在业绩已经走出低谷、处于复苏周期中的行业，行业中的优质超跌个股的股价具有很大的上升空间，机构资金也会有很大的信心。很多优质的机构类股票将会慢慢走出底部，提前完成技术性修复的个股，很有可能在市场进入牛市后走出趋势大牛股。

机构类股票在这个阶段的任务是建仓和洗盘，完成技术性修复。在操作上就一定要懂波段，不然很可能出现过山车行情。所以，修复期机构资金的交易逻辑，一定是业绩增长潜力较大的低估行业中的优质超跌个股，或热门题材中的优质超跌个股。这些股票是修复期选股最大的优势和便宜货。在这个阶段，机构主力资金和游资主力资金的选股方向都是"题材＋超跌"。但是，两者对超跌股的选股理念是完全不同的。机构重质，游资重势，这是两类资金模式的根本区别。这一时期，很多人最迷惑的是，全场均为超跌股，如何选择？

第一，机构超跌股的选择。一定要牢记，机构永远关注的是市场最强合力股。散户和机构主力资金相比，最大的优势就在于可以等机构资金搭好桥后再上桥，而机构主力资金则需要自己搭桥。在这一阶段，各种类型的机构资金，会在各个潜力行业广泛布局。牛市初期前的潜力行业至少在3个以上，交易策略是：(1)牢记抓领涨股的要义。一定要把精力放在紧盯市场中的领涨股，不断把符合技术标准的个股补充到目标股票池。(2)把握住重仓交易的核心：重仓一定是参与领涨股的主升浪。所以，修复期在领涨股还没有出现和进入主升浪之前只小仓位玩波段，或中仓位交易强势股的反弹。在修复期，领涨股会在哪一个月突破平台进入主升浪是未知的。在没有出现主升浪领涨股前,不要浪费市场中的波段反弹机会,可以玩好中小仓位波段,等趋势牛股出现。(3)如何判断牛股出现,这需要理解趋势牛股的八项技术基因,并运用技术系统分析和判断。

第二,游资超跌股的选择。游资重势,玩的是短线资金的情绪和强度。所以,其选股标准和当时政策与题材有非常大的关系。

三、牛市初期选股逻辑

市场从修复期进入牛市初期的技术判断是什么?是指数的长期均线。只要指数站上10周和30周均线,两线交叉向上,10周上穿30周线,就表示牛市已经开启。

进入牛市后,必然会有3个以上板块带头带领市场迈入牛市。通常券商板块一定在里面,最有可能成为领头羊板块。因为牛市到来受益最明显的一定是券商股,而且在熊市中券商股跌得很惨,估值很低,最容易受机构资金追捧。所以,牛市初期最需要关注的板块是券商板块。

当然,其他带头板块也会有不错的收益。这一段要选的股票一定是这几个领头板块中的领涨股。其他非领涨板块也会出现上涨,但是和领涨板块个股上涨的差距会非常大。

除了券商板块外,在修复期结束前,在牛初来临前,最应该关注的还有一类股票,即趋势独狼股。在修复期结束前,必然会有一些个股完全不受指数与板块的影响,走出特立独行的行情(可称其为独狼)。这类股票从底部起来完成技术修复,随后放量突破重要历史平台,在市场中脱颖而出,上涨空间完全打开。这类股票是熊末修复期走出的特有股票,是经历多年熊市之后才会出现的机会,所以一定要把握,属于趋势牛股。

从修复期到牛市初期,超跌的低价股仍是市场最有潜力的品种,会出现轮翻上涨,优质低价的概念会持续。这里重点需要把握的是"轮动"二字,它代表了超跌低价板块的轮动。这种轮动一定和当时政策影响的题材有关。

四、牛市中期选股逻辑

市场进入牛市中期后,市场实际已经进入轮动上涨行情,这是市场进入主升浪的标志。所有股票都开始轮动步入主升浪，市场赚钱效应非常强，最大特征是全民炒股。

这一时期的交易特点就是持股上涨，完全参与个股的主升浪，技术水平普通的人在主升浪中不要轻易下车换股。但是，在这个时期次新股板块可能会暴发较强的赚钱效应。进入牛市之后，市场的赚钱效应非常突出，资金情绪高昂，资金充足。作为游资主战场的次新股板块，将会有短线爆发力很强的牛股出现。尤其是题材非常好且价格与形态配合也便宜的次新股，它们将受到游资资金的攻击。

当然，在牛市之中，不仅游资模式在次新股板块中会暴发大牛股。机构主力同样会在这个板块中出现长线大牛股。在牛市中，受益最大的就是机构资金，新基金不断发行，机构资金不缺钱，只有一个字：买！机构资金会抱团炒作出大牛股。这种大牛股持续时间长，一点不输于游资炒作的短线暴涨股。比如2015年的大牛股全通教育，从2014年6月的7元开始启动，一直炒到2015年5月的99元，1年涨幅超10倍，赚钱效应巨大。

在进入牛市之后，不论机构或游资都会制造大牛股，有时还会混合推动，游资与机构共同接力。所以，在牛市之中一定要关注趋势强劲的市场领涨股和次新股板块中的强势股。

五、牛市后期选股逻辑

市场进入牛市末期，有很多征兆，也存在一些判断标准。下面重点讲解牛末的选股逻辑与策略。

牛市末期的一个特点是市场龙头领涨股出现滞股和下跌。所以，在牛市末期不要再执着于机构领涨龙头股。市场下跌的顺序会是市场龙头股先行下跌，再影响板块与指数，指数再慢慢影响补涨股。而领涨股出现滞股期间，市场不会马上下跌。相反，上涨滞后的板块或个股会出现补涨。这时就需要从滞涨龙头股中退出，把资金流入补涨板块或个股。同时，要非常小心市场熊市特征的出现。比如，2015年市场领涨大牛股全通教育在2015年5月18日见顶下跌。上证指数当日在4 300点。随后到6月15日时上证指数涨到了5 178点，创业板从3 286点涨到了4 037点，两大指数都继续上涨20%后才开始下跌。而在此期间,出现补涨的医药行业中的白云山从 5 月 18 日的 25 元左右涨到 6 月 15 日的 47 元,涨幅为 88%。

所以,在牛市之中踏准行业的上涨节奏是非常重要的。在牛市末期,一定要以波段投机为主,所谓的机构价值股在这一段已经失去意义,且风险增大。

牛市的板块轮动也存在一些规律。比如 2015 年的牛市,在牛市初期钢铁板块涨幅靠前,而牛市一旦确立,表现最好的无疑就是券商板块。券商板块虽然爆发力强,但是持续性不够,到了牛市中后期表现最好的反而是次新股板块,而到了牛市的末期,表现最好的再次变成了钢铁板块。

这里面可以看到一些内在逻辑,在熊市里钢铁煤炭等板块跌幅是比较深的,牛市初期的时候,资金会优先挖掘超跌的板块。而一旦牛市确立,机会就是券商的,券商业绩变好的预期使得券商股票大涨,券商股票大涨进一步推动指数上涨,让牛市的感觉更加明显,这是一个良性循环。券商出现滞涨后,资金就会找股价弹性最大的品种,即最容易被炒的品种,那就非次新股莫属。涨到后来,大家发现次新股都已经炒上天了,又回过头去找调整已经充分的钢铁,这样一个周期下来,市场发现实在已经没东西好炒了,一轮牛市也就到头了。如果出现政策性的打压,熊市会来得更快。

上面是过去牛市中出现的规律,后面的牛市不可能完全重复,但是里面的一些经验与逻辑还是有很大的借鉴意义。

第四章

炒股即炒心

第四章 炒股即炒心

第一节 炒股心态的修炼

一、不得贪胜

韩国围棋国手李昌镐在围棋之道中提出的"不得贪胜"四字让人印象深刻。股票交易上有些事不能急,财不入急门。常言道:小富靠勤、中富靠诚、大富靠命。在股市通过努力,实现比工薪阶层更富有是完全可能的。但要想实现十年百倍、千倍这样的暴富梦想,单靠勤奋、靠技术,没有运气的因素,恐怕很难。在股市里技术水平接近的人,其财富间的差距会很大。有时技术稍逊,但运气更好的人,可能赚得更多。所以,在股市成功的路上,市场、技术、心态、运气缺一不可!技术好,市场不好,周期不对,等于没有用武之地,没有机会发挥。市场好,技术也行,但是心态不好,老是太急,等不到市场最佳买卖点的出现,会买太早卖也太早,对收益的影响就会很大,对心态的破坏也会很大。而市场好、技术好、心态也好,但是在关键战略上遇到了黑天鹅,运气不好,那也没办法。反而技术差、运气好的人可能在吃大肉,而你可能却吃大面。但是,只凭运气吃饭是不行的,一次运气好,二次运气好,终究还是会吐回去。

所以,交易要用平常心,一定不能急,不要制定不切实际的目标,严格按自己的交易体系与技术正确操作最重要。总之,在交易的路上,贪婪与臆想如一杯毒药,它们会迷惑你的心智,交易一旦被臆想所左右,就会失去正常判断能力。只有具有持续复利的能力,才能带你实现财富梦想!

二、杜绝个股思维

成功源于正确的认知与交易,而非臆想。

在实战中一定要杜绝只看个股的思维,这种思维对交易危害极大,很多人在这种思维下吃尽了苦头。但是,这种以个股为中心的思维之毒又很难清除。对这个问题,一定要高度重视,如果想交易成功,就必须清除这种错误思维的余毒。交易一定要建立在可靠的技术分析体系之上,不能臆想。

使用技术就一定要相信技术体系,这是运用技术的前提。所以,在日常交易中,一定要以技术判断作为买卖决策的核心原则,只有这样才能保障把精力集中于思考正确的事上。

技术分析还有一个重要原则,就是任何交易都必须服从于实际趋势。当技术分析与逻辑推断和实际的市场趋势或个股趋势不一致时,必须保持高度的警觉,一旦发现自己站在了市场错误的一边,就要快速对仓位或交易策略进行调整。在实战中及时调整策略本身也是技术应用的一部分。

在投机交易中,要时刻牢记一点,交易的核心必须围绕"大势、主线、龙头"研究。必须与市场炒作的主线保持高度一致。必须把所有精力与思想统一到炒作主线上。股票交易是一场围绕主线玩的炒作游戏,要始终抓住市场的核心主线,所有分析与决策都应为主线交易让道,一定要远离杂毛。

要坚决杜绝个股思维,牢牢把握住主线思维、龙头思维,坚决不动摇。

三、建立应对策略

很多人有一个错误的认知,那就是把市场分析与交易画上等号。实际上,分析是不等同于交易的,分析只是交易的一个组成部分。交易还有一个重要部分叫策略,分析+策略才能构成交易体系。

如果我们把分析等同于交易,对交易的认知就会止于分析,就会给交易造成很大的缺陷与风险,这是不少人没有认识到的重要问题。

股市交易中,所有分析在本质上都是基于主观上或逻辑上的一种推测。因此,市场分析与事实之间就会存在差异。即使是高质量的分析也只是提升了贴近事实的概率。所以,市场分析不能代表事实,一定要铭记这一点。

每一个人的分析水平不一样,每一次分析的质量就不一样,这告诉我们一个道理:不可以将分析等同于交易,不可以完全依靠分析进行交易,否则会带来很大的风险。因此,要解决这个问题,在分析之外就需要加入应对策略。应对的策略越完善,对防范交易风险就越有保障。

职业交易人对这个问题的认知是非常清晰的。买入之前,市场分析是主角,交易的决策一定是建立在个人充分的分析之上的。但是,一旦买入,交易的行为就要由分析转为实施应对策略,以最大限度贴近市场的事实来保护资金安全。所以,一旦发生交易行为,就需要启动应对方案,买对了如何处置,买错了如何处置,趋势未明如何处置等,目的就是在交易发生后,能尽量抓住机会提升收益,减少损失。

市场应对策略至少包括寻找买卖点、波段、做 T 和止损等几个问题,这是交易必须掌握的重要技能。

四、寻找买卖点

(一)买点

一个好的交易一定是从一个好的买点开始的。通常用交易体系寻找机会,用技术指标组合寻找买卖点。对于买卖点的理解要跳出一个误区,就是绝对的顶底问题。买卖点是相对的,不是绝对的,买卖点不是要求我们买卖在绝对的顶底,而是市场相对的顶底。市场是活的不是死的,市场变化万千,要能每次都抓住绝对的顶底是完全不可能的。所以,交易没有每次都能买在最低点,卖在最高点这种要求与技术。只要能买在相对的低点,卖在相对的高点就很好了。

一个好的买点不是买在最低点,而是买在起涨的临界点。什么是相对的顶底,比如说一波流式的牛股,你很难买在第一板、甚至第二板,那么只要它是龙妖股,第三板、第四板为什么我们不能参与呢?比如圣龙股份,三板之后,都给了我们很好的参与时间和机会(见图 4－1)。

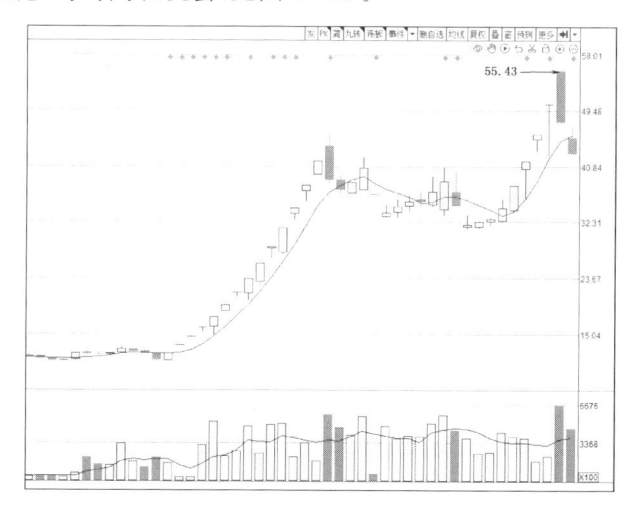

图 4－1 圣龙股份走势

圣龙股份属于一波流龙头股，一波流盘中的临界买点有两种：

一是在5日均线低吸。5日均线是所有短线一波流龙头股不能随意跌破的趋势支撑线，是短线的生命线。你只要复盘短线一波流龙头就会发现，盘中洗盘时，通常不会破了这根线，偶有下破也会快速拉回。所以，5日均线成为每日盘中低吸的最佳临界点。

二是追涨停板。分歧之后的涨停代表了个股强势趋势的继续，代表了明日继续上涨的可能性。所以在个股将要涨停前追涨停板是一波浪流龙妖的第二类买点。

5日均线低吸与追涨停板二者还可以混合使用。比如，开盘前在5日均线上面设定好价格，开盘后如果下跌就在5日均线附近低吸一部分，后面如果回调结束盘中冲击涨停，在涨停价再追入一部分，就完成了当天的建仓。经验丰富的投资者不需要追涨停价，在盘中就知道要不要加仓。从大盘情绪、个股成交量、个股的地位就能看出来。大盘情绪好，资金供需不差，热点必然强，个股处于龙头地位，且在换手暴量上涨，成为市场龙妖的概率比较大。

从分歧日的盘中特征看，股价通常会快速下跌或回调5日均线洗盘，洗盘结束后会快速上拉脱离5日均线向涨停位冲击，当天的成交量与前几板一样暴量放大，说明换手充分，盘中冲向涨停时，代表了高换手后，走势由分歧转一致，多方完胜空方。分歧时的量很大，所以拉涨停时的量就不会太大。

什么样的个股容易走成一波流？通常是小盘游资股，20亿～30亿元较常见。

一波流龙头股在技术指标上的买点简单，卖点判断也简单。股价只要保持在5日均线之上运行就持股，如果5日均线破位，且在高位放出天量的阴线马上走人，或先减半仓观察，有效破了5日均线一定要走，高位出现跌停板也是见顶的特征，都要及时走人。

通常参与波浪结构龙头时，起初（一浪时）并不知道它会不会是波浪结构。所以，第一浪通常按照一波流式牛股的方式处理。当一波流式开始演化为波浪结构上涨，就要按波浪式处理买点问题。

波浪式上涨，能够在第一浪就开始持股当然好，但是第三浪和第五浪起涨的临界位置，都是好的买点，千万不能因为没有在第一浪参与就放弃。多数短线波浪式结构中，最肥的是第三大浪，其次是第五大浪，只有少数个股第一大浪最肥。

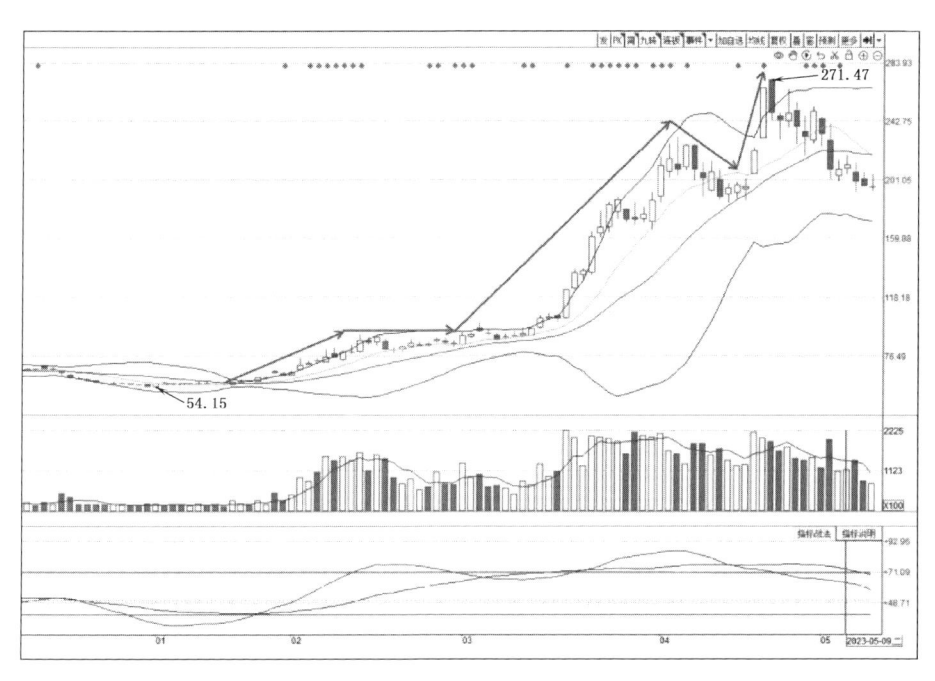

图4-2中,寒武纪、剑桥科技的第三大浪最肥,西安饮食的第五大浪最肥。

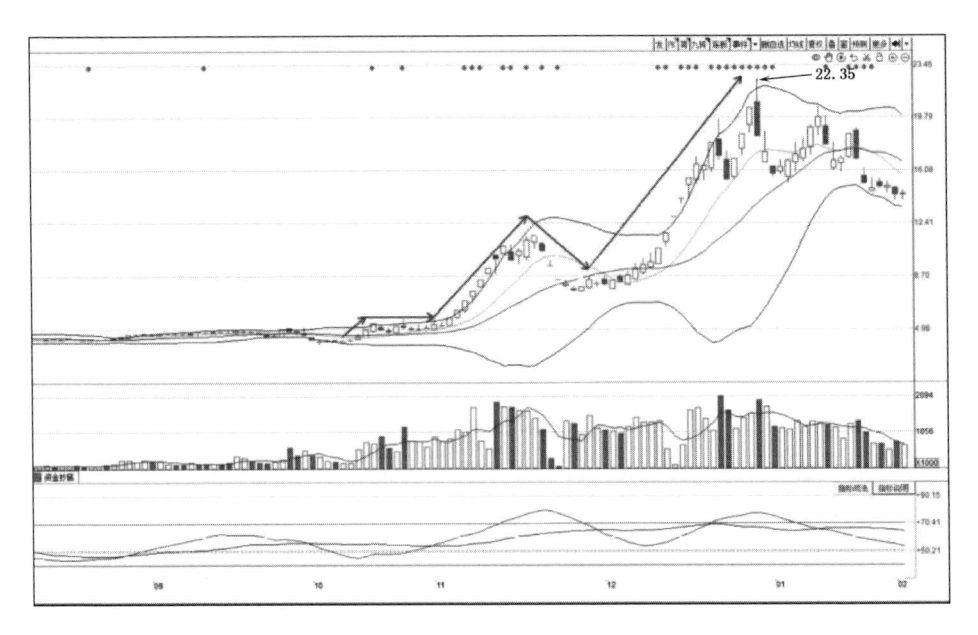

图 4—2　寒武纪、剑桥科技与西安饮食走势

接力短线波浪式牛股时,研究第三大浪与第五大浪的技术性临界参与点是重点。我们通常可通过均线、布林线日线、RSI 相对强弱指标、特殊 K 线形态、成交量等来找波浪结构的临界点。

第一,短线波浪龙头若第一浪不是最强浪,第二浪的回调通常在 10 日线止跌,开始回调或横向整理,并靠向布林线中轨,布林线呈现由收敛向喇叭花走势初期的形态。如果一浪不是特别强,多数二浪的回调会在布林线中轨止跌。

第二,短线波浪龙头的二浪回调时,在 RSI 相对强弱指标上通常不会下破 40 值,股价会在 40 值支撑位之上震荡,震荡时 RSI 的值越高(比如 50 值之上、60 值之上),代表趋势越强。在震荡数日之后,出现特殊的 K 线形态(T 型、倒 T 型、十字星等小 K 线),同时成交量萎缩明显,K 线处于 5 日均线之上,可以在尾盘建仓,建仓后出现放量拉升可加仓。若建仓三日均无表现,可先出来。

对于短线牛股,若一浪上涨结束后,不能确定是在走二浪的趋势,只能在二浪调整结束后再次出现放量拉升时建仓,在放量拉升突破前高后适时加仓。这时,要观察布林线中轨、均线与 K 线、RSI 的关联。布林线上轨与中轨的角度应该向上展开,K 线应在 5 日均线之上,均线方向向上,RSI 正开始突破或已经突破 70 值。

另外,还可加入波浪结构二浪与四浪交替的特点找这个临界点。二浪简单、四浪复杂。在二浪的位置,观察与思考它会是一个复杂的二浪还是简单的二浪。如果二浪已经走出来,对于四浪回调的判断就更清晰了。

如果一、三浪已经结束,一浪与三浪的涨幅情况为预判五浪行情的幅度给了方向。三浪如果强势是延长浪,五浪就不会强势,对五浪的判断与期望就弱于三浪,五浪还可能等长于一浪。如果一、三浪都不是明显的强,五浪的力量就可能强,五浪就可能是延长浪,是三个浪中最强的浪。

以上规则都属于波浪理论的内容,非常实用。这些技术现象也验证了一个特点:有强势资金运行的个股,都会出现明显的技术特征。

(二)卖点

短线波浪式上涨的第一个卖点是第三大浪结束时,以回避第四大浪的回调以及主力的一切强力洗盘。波段操作涉及三个关键位置的技术性判断,一是第三浪的顶部,二是第四浪的底,三是第五浪的顶。技术判断的指标主要是布林线、K 线与 RSI。

第三、五浪顶的特征如图 4—3 所示。

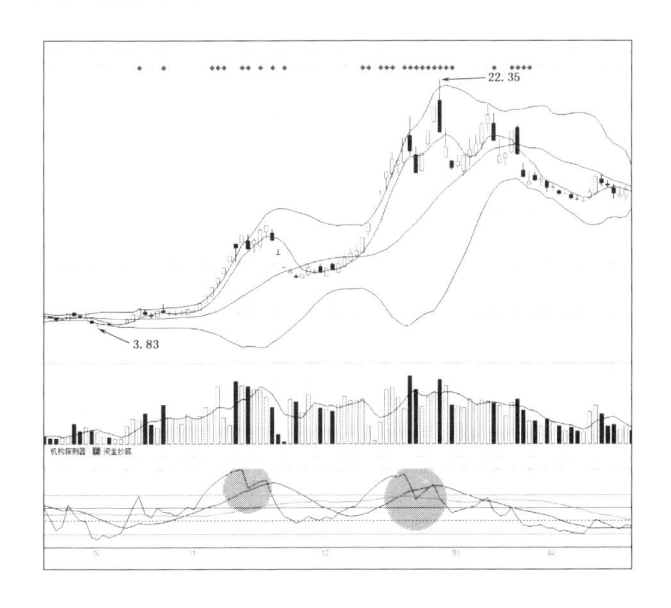

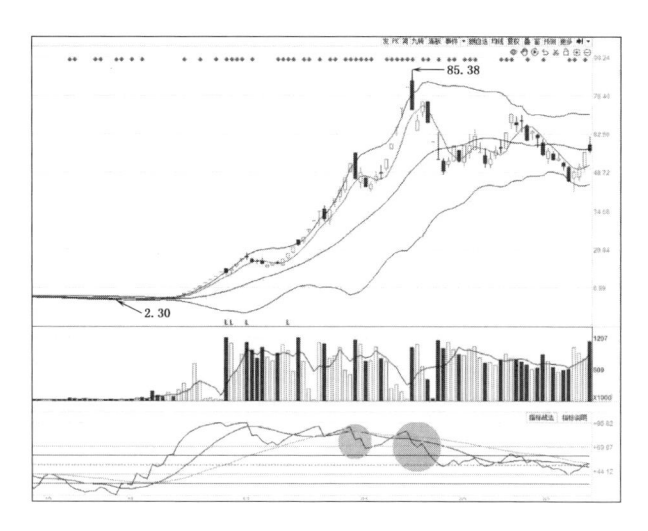

图 4—3　第三浪与第五浪顶的特征

　　第三浪顶的特征。K 线在一段大涨后出现阴线，甚至大阴线，股价不再创新高，跌破 5 日均线，RSI 指标出现顶背离，这些都是三浪见顶的典型特征，需要减全仓或半仓回避。

　　第四浪底的特征。对四浪的判断，必须结合二浪来观察。通常四浪简单的回调，位置会在布林线日线中轨之上，四浪属于复杂回调的，多数回调会在布林线中轨之上，少数会回调到布林线下轨之上，RSI 指标回调到 60 或 50 值止跌。当 K 线重新站上布林线中轨或重新站上 5 日均线时，5 日均线向上，可建首仓，如果后面出现放量拉升进入第五浪时可加仓。

　　第五浪顶的特征。对五浪的判断，要结合一、三浪的涨幅，再配合技术指标观察。比如，第三浪强的，通常第五浪和第一浪可能等长。第五浪强的会有延长结构，观察五浪延长浪的次级 5 小浪的结构是否走完等判断趋势是否结束。五浪的顶部还有几个明显的技术特征：RSI 指标出现顶背离，K 线出现放量大阴线，K 线刺破布林线上轨后收大阴线回调到上轨之内。这些都是技术性的观察指标，不是绝对的指标。市场的趋势是多变的，也可能出现第 5 浪失败，早早就结束行情的情况。在实际趋势中，只要在高位出现天量高开低走的大阴线，先出来不会有错。

　　大家可结合上面讲的技术指标特征，对市场中的短线波浪结构龙头进行复盘，对比看看上面讲的买卖点特征是否符合。

中长线波浪龙头。中长线多为机构趋势龙头股,如中国电信、英科医疗、宁德时代等。中长线龙头需要结合周线判断买卖点与波段。中长线牛股不可能一直涨,上涨的途中会有多个阶段顶底需要判断并做波段交易。

中线股:中国电信。中国电信这类大市值股票,波段的难度对于普通股民比较大。因为市值大,其上涨形态不会像中小市值股那么流畅,结构也不那么清晰。这类中线股有技术经验的,可以在日线级别上偏离10日均线过大时出来,回调到10日均线或布林线中轨进入,反复波段,但是会很辛苦!如果能看明白它的波浪结构,操作起来就要相对容易些。对于这类股没有波段交易经验的只能死守。方法是采用周线观察,只要它不破5周均线,就不出来,破了5周均线就清仓,或者等高位出现放量大阴线并下破5周均线时出来(见图4—4)。

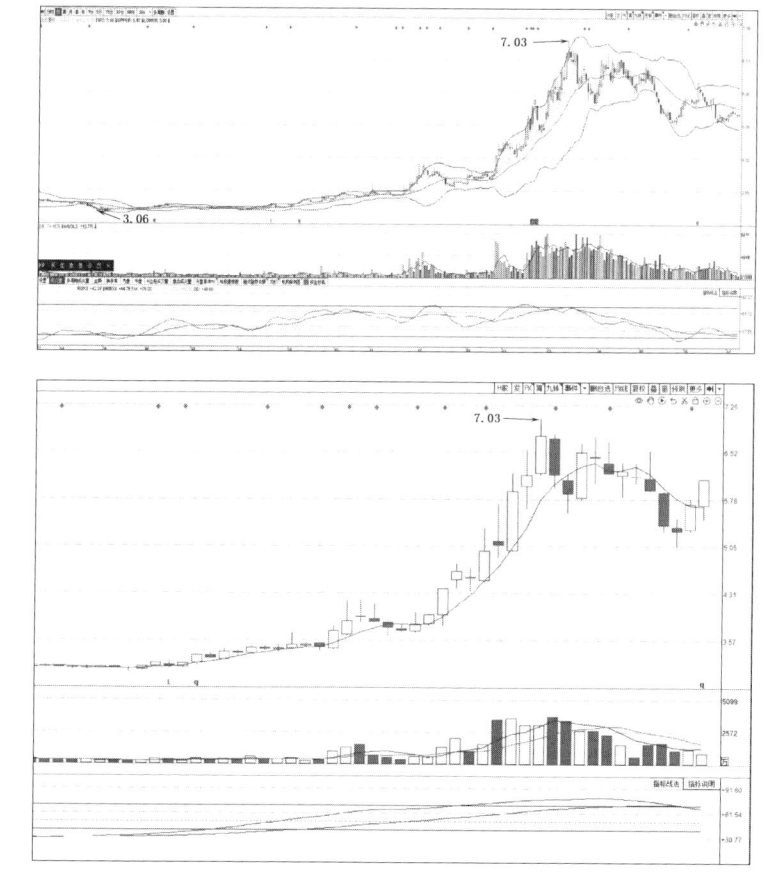

图4—4 中线股中国电信走势

长线牛股:英科医疗、宁德时代。长线股主要通过周线观察,长线大牛股在周线上会有非常明显的波浪结构特征。长线与超长线龙头股通常是跨年大龙头,通过日线观察与做波段的难度较大。将日线与周线的技术指标结合才能更好地看清趋势与结构。

一是长线趋势股的波浪用周线指标观察,在周线上可以预划出波浪结构。具体的买卖方法与短线波浪结构相同,第三浪、第五浪顶的判断也一样。只需把指标由日线改为周线。比如,短线波浪结构是下破 5 日均线卖出,长线波浪结构就是下破 5 周均线出来。

二是凡趋势牛股,不论中线或长线,其走势一定是在周级布林线的中轨之上大涨,布林线中轨角度向上,角度会呈逐渐加大趋势(具有先缓慢上涨、随后拔高上涨、再加速陡直上涨的特点),布林线中轨通常是每一浪回调的极限(偶有下破也会快速收回),所以当 K 线回调到布林线周线中轨时要引起注意,这会是每一浪(大浪或次一级浪)波段进入的买点。此时段,选择在日线布林线中轨之上出现成交量大幅萎缩的小 K 阴线在收盘时建仓,建仓几日内若出现股价放量上涨超过建仓成本,可逐步接力加仓。趋势股的买入要低吸,切不要追着分时线大涨的股价买,即趋势牛股要在小阴线低吸,而非追涨买。

三是长线趋势股的 RSI 指标在波浪回调到位时,在周线上要高于 50 值线,这个值越高越好,低于就有风险,说明股势在减弱。长线趋势股一定要在三、五浪的顶部出来,要坚决回避洗盘。长线股的大二、四浪的回调幅度通常不会小,并具有二浪简单、四浪复杂的特点。

宁德时代属于超长线龙头股。多个阶段顶部的位置,在 RSI 指标的周线上都呈现了明显的特征,给各个阶段顶部的卖出提供了重要信息(见图 4—5)。

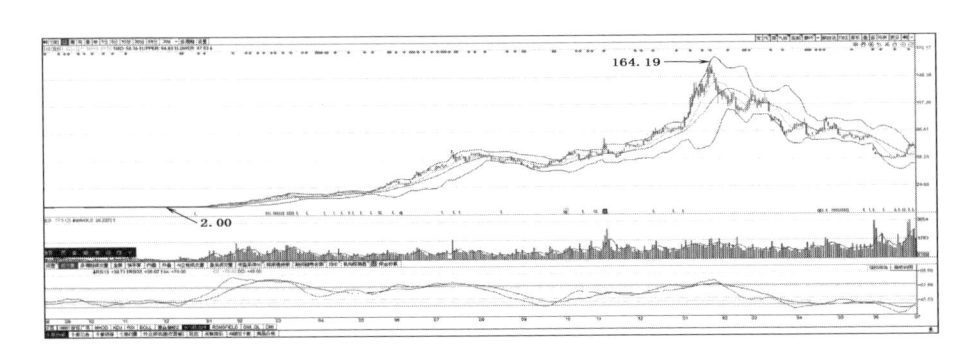

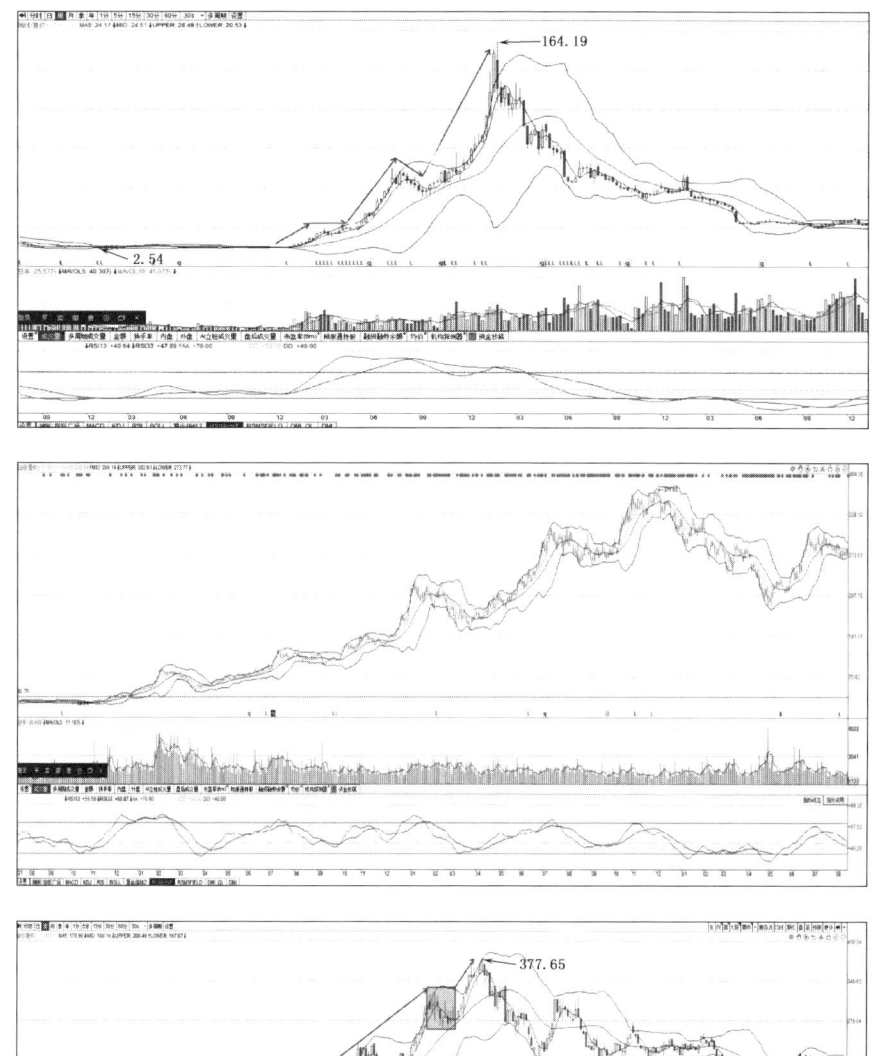

图 4—5　超长线龙头股宁德时代走势

买入周期,卖出技术。买入一定不能只依靠对个股技术指标的分析,且要坚决回避开以个股为中心的分析模式,要从大势、热点切入,重点要分析交易的大势周期、市场的情绪周期。卖出刚好相反,必须坚定严格按技术指标提示的信息操作。所以,平时对于主要技术理论与指标的学习和积累就很重要。比较重要的技术指标有波浪理论、RSI 指标、布林线、成交量、均线和 RS 等。

上面的方式都属于接力龙妖股的买卖方法。

接力有几点最关键的因素要强调一下:一是大盘的机会与风险,二是板块的机会与风险,三是个股的地位与位置。如果大盘给的机会比较好,板块若是主线或板块结构处于上升趋势,这两点成立,代表了"时与机"没有问题,这时买股相对就是安全的。即感觉到这两"势"越好越安全。再次,看个股的条件。两个"势"成立,这是接力的底气,如果个股具有龙头的特征,就可以按上述操作方式大胆建仓。满足上述条件,基本是安全的。如果买错了,就用下面的做 T 和止损策略应对。

五、掌握做 T 技能

做 T 是防控风险与仓位调整的需要。做 T 是因为股市交易的风险太大。做 T 与止损都是防控风险与仓位调整的需要。这是职业炒手的家常菜,也是职业炒手最基本、最核心的技能之一,更是交易策略的重要组成部分。

盘中做 T 的技能,我们称为"看中做短"。什么是"看中做短"?"看中做短"就是采用中线级别的空间来保障机会的概率,用短线的交易模式来加强对风险的防守。看中是指分析市场机会时,要看到中线的空间有多大,空间看得越大,赢率才会越高。做短是指具体操作要按短线或超短线来玩,这样能更好地防控风险。要应对市场的快速反应就必须掌握做 T 技能,这比学习基本面与公司研报的分析方法重要得多。

(一)如何在盘中做 T

任何个股的交易都存在做 T 的需要,做 T 是短线交易必须掌握的技能。如何在盘中做 T?

比如,短线上看好一只股票,等到一个计划的临界买点出现后(预判明日会上涨),在当天买入。当日在收盘前买入首仓 30%～50%(根据机会大小与资金规模安排),次日会出现三种走势:下跌、震荡和上涨。买在临界状态的个股,次日的走势应该是明显和强烈的。

第一种走势:次日下跌。

说明判断可能有误,或买早了。如果判断是买错了,就全部清仓卖掉,这样可以把亏损控制在3%以内。如果是判断买早了,先卖掉一半,保留一半仓位观察,若后面感觉买入仍是错的,再清仓另一半。这样就算买错了,损失也可控(因为买入的首仓不大)。然后沉下心来,认真总结买错的原因,不再盲目操作,而是耐心等大势机会,大势机会对了,主线对了,这次这点损失,下次可以轻松赚回来。

第二种走势:次日震荡。

次日的价格涨跌不大,代表方向不明,暂时不要操作,或先卖掉一半持仓观察。后面如果下跌,发现判断错了,快速卖掉另一半。后面如果上涨了,按下面的上涨方式处理。

第三种走势:次日上涨。

开盘后如果上涨,且是放量上涨,判断可能买对了,在开盘上涨后,择时在早盘的上涨途中加仓20%。如果收盘前继续大涨,收盘前可再加仓20%,就进入了大仓状态(一个好的机会出现,仓位过小,抓住了也没有意义)。但是,如果在早盘加仓20%后发现加仓是错的,个股并不强势,就要在当日择机减掉上日买入的全部仓位,只保留今日加仓的20%仓位,风险就降为20%的仓位,这样风险就可控了。如果当日操作好一些,上日的仓位有盈利,还可以抵消一些损失。在减仓次日,如果发现这笔交易还是错了,就将这20%的仓位清仓,让损失与风险都可控。如果减仓次日发现个股又走强了,仍持续看好,昨天20%的仓位还在,就可以再加仓20%,这个加仓如果是对的,收盘前就有了40%仓位。若是加仓后次日再大涨,又可按上述办法继续加仓。若当日加了20%仓位后,发现加错了,当日收盘前再卖出昨日的20%仓位,只留下当日加的20%仓位,次日开盘后清仓,就确保了风险可控。

上述是盘中做T加减仓防范风险的方法。

需要强调的一点是,虽然做T可以反复操作,确保多日内控制风险,但正常情况下,一只买对的股票,上行中调整的时间应该是快速短暂的,上涨应该是快速流畅的。如果买入3日内仍未大涨的股票,通常笔者会放弃,不再臆测,先走人保障资金安全,切不能为做T而做T。

图4－6是一个做T案例。

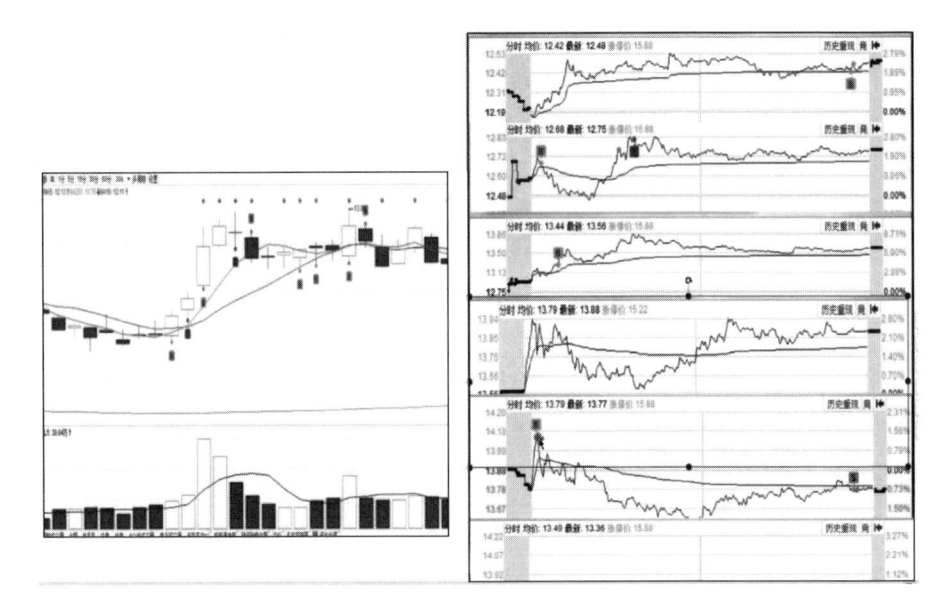

图4－6 一个做T的案例

该股友在预判的临界点当日收盘前买入了30％仓位。目标是押个股次日开始上行趋势。

次日股价早上开盘后上冲符合预期,这位投资者继续加仓20％(这个加仓显然有些早,上冲的涨幅也不大,趋势并不明了)。加仓之后,个股却开始回调到上日收盘线位置,未出现大跌,随后股价开始反弹,因为开盘呈现弱势,为了本金安全,投资者反弹之后卖掉了上日20％的仓位防范风险,收盘后整体的仓位变成了当日加仓的20％,确保了整体风险可控。

第三日,开盘后股价大涨,气势较好,早盘加仓20％。整体仓位上升到40％,全天涨势不错,收盘在6％以上。

第四日,开盘后股价上冲,但是涨幅不大,早盘上涨后出现回调,未破昨日收盘价,继续持有原40％仓位观察,全天未操作。

第五日,开盘后股价上冲,又加仓20％(加得太早,不能看到上冲就加仓),

随后股价回调下破上一日收盘价,股价有走弱的可能,收盘前为防风险卖掉了前面的仓位,只保留了当日加仓的20%仓位,整体仓位变为20%。但是,减仓锁定了前两日的利润。

第六日,(分时线没有截图)股价下跌,盘中快速卖掉昨日加仓的20%,进入空仓状。

整体上,这六日的做T操作虽然没有首日满仓买入后在第六日清仓的收益大,但是能加强买入后的风险防范,培养盘中做T的能力与盘感。交易是在风险与机会中追求平衡,如果首日满仓交易,次日出现大跌,交易的心态和操作都会变坏,甚至被套进去。这种做T的方法既防范了风险,又保证了稳定盈利。

图4-6中,清仓几日后,看个股未跌,保持横盘整理,该股友继续看好后市,再次进入做T。但从短线交易的原则,买入三日后不大涨的个股,说明买点过早,或趋势并不强,不应再参与。对势弱的个股频繁做T,不是正确的处理方法。

六、坚定止损

止损是交易中非常重要的原则。职业炒手如果不能正确对待止损,不能严格做到止损,一定是不合格的交易人。从能否止损上,可以看出一个人走职业之路是否合格。

交易和做生意一样,一定是有亏有赚。不可能每一笔交易都是赚钱的。所以,遇到亏本交易是很正常的。没有哪一名职业炒手,尤其是做短线的职业炒手在每年的交易过程中,没有出现过不止损的情况,一定有多次止损的交易。

对于短线职业炒手,止损是非常果断干脆的。不会去算已经亏了多少钱如何心疼,只会告诉自己,这笔交易可能错了,就要赶紧走人,止损就是这么做,发现错了马上就走,不用想卖出涨了怎么办,损失是不是等涨回来等——不需要有那么多想法。

如果确实止损卖错,找机会买回就是。买不回来,也没什么好纠结的。股票是投机,是周期性炒作,龙头会周期性地出现。不要认为错失一只强势股票就再也不会遇上,股市没有千年等一回的事。所有股票都有可能在周期轮回炒作中成为龙头,错过了等下一轮机会就是。

如果老止损,那点本金没多长时间就玩完了,怎么办？如果老止损,说明方法一直是错的,说明投资者根本不知道什么是机会,也不知道如何把握机会,这种情况下不管止不止损本金都会玩完的。所以买股票错了一定要快速止损,这是对一名短线炒手最基本的要求。会止损,能止损,就有未来。不能止损,不甘心止损,就没有未来。

第二节　理解"炒作"的真义

股票的核心就在"炒作"二字。行情是一场炒作游戏,所以一定要理解透"炒作"二字的真义。股市是资金推动市,只有资金扎堆干,市场、板块、个股才会被炒作起来,才能吸引更多资金推动其上涨。所以,炒作思维是股票交易最重要的思维之一。

一、剖析炒作思维

有获取利益的可能,就会有资金炒作。只要有利益点的存在,市场就一定会有资金炒作。炒作并非都会成功,存在成功与失败的风险。

万法归一,炒的这个"一"就是"势",借势是炒作的要点。"势"是立体的、多维度的,是对相对最小阻力运行方向的理解。势有短期之势,也有中、长期之势。势是炒作的根,炒股票就是要学会解势与借势,只有对市场的各种势有丰富和深刻的理解,才能更好地借势,更好地参与市场。

如果说炒作之根为"势",那么炒作之叶就是K线结构、资金强度与市场情绪。

炒作必须以势作为背书和基础,并通过K线结构、资金强度、市场情绪、经济与社会的基本面情况结合起来实现。势的炒作与四者之间存在强关联关系。如果对于"势"的理解不深或错误,也不考虑四者的因素,炒作的表现定会不尽如人意！反之,有好的K线结构、资金强度、市场情绪与经济和社会基本面的配合,炒作的表现就会突出。所以,在"势"具备的环境下,炒作资金必然要选择有好的K线结构与反映经济、社会、政策、产业等能成为市场焦点的板块,这些基本面的逻辑因素是构成最小阻力方向的因素之一。但是仅有K线结构与基本面逻辑因素的支撑是不够的。炒作还需要有资金强度与市场情绪支撑。

这里面资金强度影响最大。没有资金强度支撑，结构再好、情绪再好也难演绎好的行情。结构好、情绪高、有逻辑，再有强势资金的接力，自然会走出好行情。对于资金强度的理解，有宏观和微观两个层面。同样的大势环境下，由于经济、政治、卫生、政策、产业、市场等周期的不同，货币资金的供需环境会有很大不同，资金强度也会有很大不同，这对于整体市场的涨跌影响很大。这是宏观层面的理解。在宏观资金强度不算很强时，只要存在短期势的支撑，有限的资金会集中流向某一个方向与板块，也可以形成结构上的、局部的相对资金强势，从而抱团推动某个板块大涨。而这种结构性的行情，在股市中属于多数。所以，资金强度是相对的，要从宏观与微观两个方面理解，如果宏观与微观一致走强，就是非常好的机会，但这种机会很少，通常属于强势牛市。这是微观层面的理解。

有了根、有了叶，炒作的内容与方式就可以出现百花争艳的局面。炒作资金会结合当时环境、条件与市场周期的不同，选择炒估值、炒周期、炒概念、炒政策、炒事件等，这些是构成另一类最小阻力方向的因素之一，也是点燃炒作之火的催化剂。炒作选择催化剂的要点在于：能被炒作的东西，一定要符合大众理解力、人性的情绪特征和博弈的条件。能炒作的东西，在博弈与大众的理解上，正常情况下不会是普通之物，常规之物。它一定具有：稀缺与独特性、巨大的想象空间、远超预期、重要事件的信息差、当下社会供需矛盾的焦点、行业的周期性因素等，离开这些因素，炒作就失去了支撑。这些因素还具有以下特征：充满未知性、突发性、巨大性、肯定性。

未知性可以让市场充满无限想象力，有想象力就可以炒作。尤其是题材类的炒作，尤其需要想象力。突发性有利于主力快速炒作，不给散户及时参与占据博弈优势的时间。巨大性才能吸引市场形成共识，才有炒作的价值。肯定性是指必然的结果，主要是指微观行业存在周期性的趋势特征，比如价值重估、进入涨价周期、进入特殊的需求紧缺期、大熊市后的行业龙头股估值回归等，可以有明确预期的情况，但最终条件还要利于主力的炒作才会有主力群体运作。

从理解炒作的真义认识股票，比单纯从价值的角度理解市场更有实战意义。炒作时，既要吃透炒作的道理，更要对当下的炒作思维与主线有敏锐的观察力，保持灵活的思考度。炒作的环境合适时，如果市场没有非常突出的消息面、事件、题材等优选时，炒作资金也绝不会放弃炒作机会，市场可能先炒起来再套题材套故事，或者对一个普通的社会热点问题也能进行纯筹码与纯情绪的炒作，也能炒出妖股。

比如，2017年冬天，在市场的炒作环境支撑下，市场没有太好的题材，贵州燃气因为冬天供气紧张这个极普通的热点炒成妖股。一个普通股为什么能成妖，这里面最核心的因素是大势支撑下贵州燃气当时的条件容易炒作：新股上市、股价极低、市值小。一旦炒起来，情绪与氛围都容易调动，情绪一旦被充分调动，基本面因素就是次要的，妖气才是主要的，市场环境支撑才是主要的，这次炒作的核心特征同样满足沿最小主力方向发力的原则。

炒作思维的培养是有门槛的，不明白炒作思维，只懂价值思维，会很难理解市场的涨跌行为。为什么单纯的业绩很难成为大涨因素，为什么多数"明牌"没有主力愿意参与，原因就在于股市是炒作市场、利益市场。主力行为是建立在炒作条件、炒作特征与可获利基础上的。不利于主力博弈，没有利益的事主力不会干。把这一问题看明白之后，我们就可以敏锐地感受每天市场涨跌的行为，感受市场为什么会产生大涨，板块为什么会产生大涨，个股为什么会产生大涨，培养敏感识别炒作机会的能力。每天市场都会有板块轮动上涨，一些板块是因为超跌，一些板块则是因为概念或消息。只要板块的结构配合，消息面配合，轮动就会发生，但是轮动并不代表机会，板块的单日上涨并不都有价值，弱反弹式的上涨，往往是陷阱，参与反而是风险！有些资金就要玩那种风险大的一日游涨停游戏，多数人没有必要参与。所以，对于板块每天的轮涨，要敏锐洞察是机会还是风险。一要识别上涨的性质代表的是机会或风险，二要识别机会的强弱是否具有持续性或大反弹性，这是能否参与的要点。要结合实际的走势与强度洞察，不能凭主观的逻辑推断就去定义，更不能看到有股票涨停就一定要追涨停。

投资者可能主观上会认为题材与消息的级别大，就认为行情一定大。但是，实际走势可能并非如此，走得并不强，市场并不认可。为什么市场不认可，原因是多样化的。可能是炒作的条件不成熟，比如大盘的结构不支撑，也可能是市场的资金强度不支撑，还可能是市场不认可炒作的逻辑等，有时市场的因素是非常复杂的。所以,交易必须以实际趋势为主。最重要的机会一定是大势性质、大盘结构与资金强度给的机会,一定不要用主观意识固执主导自己的决策。

二、对炒作与基本面问题的思考

对于个股基本面的理解,重点是围绕炒作的主线挖掘和认识,而不仅仅是公司实际业务与业绩,这是理解炒作个股基本面的重要角度。符合炒作主线的基本面与概念,比单纯的业务与业绩更重要。当然,如果业务与业绩符合炒作主线,并且存在巨大的收益,预期就更好,比如主力群体在对疫情治疗概念炒作中,就把生产连花清瘟的以岭药业炒成了龙头。但从实际情况看,炒作概念、炒作想象力的情况比较多。这是很多人难以理解的地方,也是很多人理解个股基本面难以接受的障碍。可事实就是如此,股票交易的是利益,并不是单纯企业的基本面情况。所以,在分析个股时,首先想到的应是这只股票是否具有炒作成好标的的逻辑条件,在形态与量价上是否有强势资金在运作。

(一)个股是否具有炒成好标的的条件

在个股所属板块确认为热点或潜在热点后,这个条件要从两个方面判断:

一是外在的形体条件,就是形态、价格、量价。考虑的因素可以分为两类:一类是量价已经充分调整。价格触底、成交量持续见底,跌无可跌。另一类是在多项技术指标上呈现强势运行特征,比如:站上布林线中轨、上涨角度相对陡、RSI指标运行在50值及移动均线上方,还有形态走势呈现有明显规律的主力运行特征,历史平台套牢筹码压力小等。

二是内在基本面是否有炒作因子。外在条件满足的情况下,主要看个股基本面是否具有炒作主线上的概念与想象力。这个条件要结合炒作主线的特征来思考。如果炒作主线重概念就看概念,重业务就看业务,重业绩就看业绩,侧重点在于炒作的关注点在什么上。概念的炒作越朦胧、越有想象力越好,业务与业绩的炒作预期空间越大越好,如果一切都趋于或已经明牌,就要关注出货的时间,而不要再用传统的一级市场思维理解。主力只有出货才能兑现利益,牌已经明了就是兑现利益的最好时机。

(二)是否有强势资金在运作

这个要从整体的形态与量价关系上分析。一只有主力运行的个股,在形态与运行上会具有一些共性特征的。比如形态结构相对流畅,具有建、洗、拉上的一些特征,成交量呈现典型的价涨量增、价跌量缩的特征,特别是走周期趋势型的股票。如果形态与量价具备了条件,差的就是催化剂(事件与消息)的信号。

第三节 案例分析

一、案例一:牢记 2024 年"缩影牛"的宝贵经验

2024 年 9 月 24 日—10 月 11 日,市场经历了一轮波澜壮阔的暴涨(见图 4—7)。

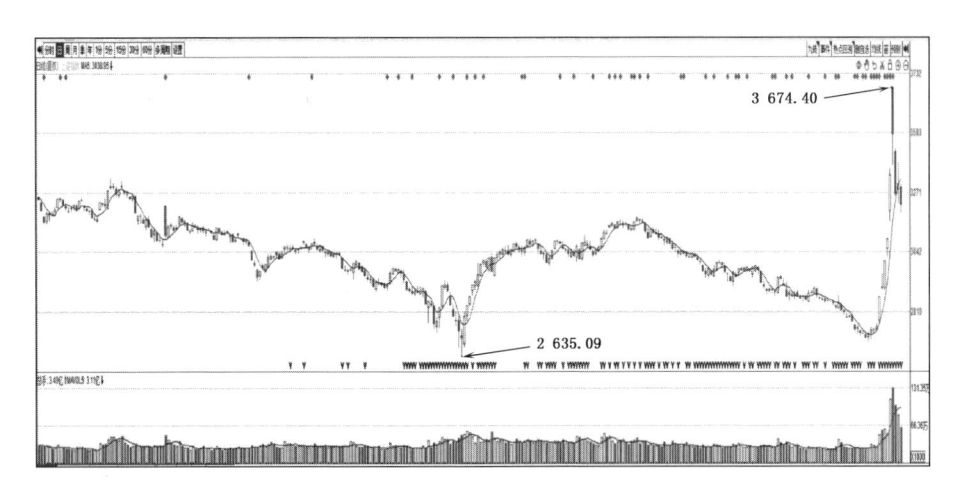

图 4—7 2024 年 9 月 24 日—10 月 11 日大盘走势

上证指数从 2 749 点涨到 3 674 点,大涨 925 点仅用了 6 天,极为罕见。

从 6 天的暴涨到 10 月 8 日—11 日 3 天的回调,市场经历了一波完整的由牛到熊的心理变化,这一波大涨从开始到结束的经验,对于新股民极为宝贵,我们称这波行情为"缩影牛",意为一波牛市的缩影。国庆节前,无数人疯狂入市,惊呼买不到,根本买不进股票。千股涨停、板块涨停、指数涨停的奇观相继出现。节后,无数人惊叫再也不玩股票!跑不掉,真的跑不掉!大批在 8、9、10 日

追板买入的资金被套在高位出不来！所以，这是一堂非常宝贵、也非常昂贵的市场教育课。

不到10天时间，市场经历了一波从极度兴奋到悲观情绪的强烈变化，从暴涨到暴亏的变化。这种变化透射出了人性在市场中的多变与贪婪，更验证了市场只会让少数人赢的真理，验证了行情及市场的本质。

这种变化，在未来的任何牛熊市中都必然轮回出现。这波缩影牛回调结束后，若2025年能走出牛市，缩影牛的现象与结果也必将在后面的牛市中呈现。这是股市的宿命，宿命的背后实际是市场与人性的关系。

1. 认识人性

市场情绪从熊到牛的转变只需要一根大阳线。

从2022年年初到2024年9月的近三年时间，市场一直处于熊市之中。从常识上说，这一时间段的熊市思维应该非常牢固。但是，从2024年9月24日的那根大阳线开始，全市场的情绪一下就从熊市转向了牛市。最快转入的是入市不久的新股民，第二、三根阳线与市场赚钱效应的出现，则让老股民快速动摇，也转变到牛市思维中。所以，情绪在市场中是一个极为脆弱和易变的东西。只要存在足够强的赚亏效应，这种变化就很容易发生，因为大众股民在市场中是非常容易从众的，而这种从众的情绪极易被主力群体所利用。

2024年9月的这波行情能够快速扩散的原因之一是网络媒体的传播速度太快，一天的时间，就能让全网甚至全社会知道"牛"来了。整个国庆假期，市场与社会都在谈论牛市。而网络上那些渲染这轮牛市将改变命运的小作文，对于行情的暴发也起到了推波助澜的作用。这一切使得这波行情的时间快速被空间换掉，成为"空间换时间"的典型案例，快速地发生，快速地结束。

那么，行情发生时，个体的情绪与思维迅速从熊到牛的转变有没有问题？其实没有问题，因为我们大多是投机者！如果市场真由熊市转向牛市，这种转变不仅没有问题，而且转变得越快越好。市场是后手为先手埋单，转变越快，下手越快，就能成为先手！

把握这波行情的要点在于：是否明白股市的真相和行情的真相？

正如索罗斯所说，资本的世界本身是一场游戏，关键在于看清假象后，一要敢于参与，二要能在假象被大众识破前，快速兑现利益脱身。所以，当整个市场要开始狂欢时,必须大胆参与,这是多么好的交易机会。关键是在狂欢开始后,千万别迷失了自己。别天真地以为,牛市真的能让所有人改变命运。牛市,永远只会改变少数人的命运。

2.领悟行情的本质

为什么牛市只会改变少数人的命运?

不管多么疯狂的行情,不管多么强烈的牛市,不管市场涨幅有多大,最后都要有一个结局。这个结局就是利益的兑现和财富的再分配,这是由股市零和游戏的性质决定的。所以,所有市场行情的本质最终都是利益的再分配,这是每一轮行情出现时必须清醒认识的问题。牛市上升过程中,为什么没有输家?为什么多数人都在赚钱?那是因为过程没有结束,结局还没有出现,行情还未到收网时。当结局出现后,最后的输家与赢家才会站上台面。那个时候,一定是赢少输多的局面。

这一轮行情在节前,胆肥的人赚得不亦乐乎,一天几十万元、几百万元入账,钱好似流水般进来。但是,当节后市场行情突然结束,很多人才发现,自己最后不过赚了一个"寂寞",吃进去的肉,又吐了回去。

这就是不知进退,在市场中太贪婪的结果。不到结局出现,所有账户中的钱都只是一个会变化的数字而已。所以,经历这一波行情后,请务必把"行情即收割"5个字刻到脑子里,会让你在交易中终身受用。

3.看到人性的贪婪与自信会在市场中无限放大

这一波行情起来时,最憋屈的是老股民,最得意的是新股民。老股民受过伤,总是犹豫,新股民胆最肥,而且是越赚越肥,感觉自己就像股神,恨不得把家里所有的钱,所有能借到的钱全投进去,亲戚朋友的、卖房的、高利贷的、加杠杆的,唯恐失去这个千载难逢的改命机会。

但是,熊扑过来时是极其快速的,非职业股民很难避让,这时加杠杆与借钱炒股者,就会承受非常深的伤害。

所以,一定要评估自己面临的风险,千万不要轻易加杠杆,千万不要借钱炒股,千万不要认为牛市都能赚钱。牛市其实也有杀人夜,牛市也只能吃自己能力内的肉。

节前,很多新股民快速赚了一大笔后,都在劝家人把全部存款取出来,把房卖了,准备大干一场,迎接这突降的泼天富贵。有人感觉这一波牛市之后,自己财富自由的梦想就能实现。但是,现实无比骨感。

国庆节后几天时间,直接让加杠杆的人由盈转亏,背上巨大债务。有人说,节前来钱太快,赚得不敢相信。节后亏麻,不敢相信钱就没了。所以,在股市中千万要虚心,要冷静,别盲目夸大自己的能力,否则将给自己和家人带来本可避免的痛苦。

4. 懂得交易周期与资金的重要性

经历这波行情后我们应该明白,股票要大涨或暴涨,不是简单个股基本面与技术面的问题,而是周期与资金问题。

这一波股市的暴涨,主线是互联网金融,次主线是半导体。两个板块大涨的核心原因是它们的基本面变化了吗?9月的基本面较前几月实际没有变化。大涨的核心在于碰上了重要的交易周期,市场出现了久违的技术面、情绪面、政策面、资金面的共振,它们才有了表现的机会。没有交易周期的支撑,两个板块的基本面即使再变化,也出不了那么大的行情。

当然,仅仅是交易周期的出现,指数6天能暴涨900点吗?不可能,必然要有非常强势的资金面的支撑。市场出现了1万亿、2万亿、3万亿元的单日恐怖交易量,才会导致市场出现如此快速的涨幅。没有强势资金面的承接,仅是周期到位,行情也会变为巧妇难为无米之炊。所以,周期与资金供需对于大行情是缺一不可的。

通过上述总结可知,每一轮大行情的产生,都是一次利益与财富的再分配或转移。参与市场不能贪婪到在高位做无脑的接盘侠;而有了盈利,要懂得适时止盈。不要盲目放大自己的能力。再疯狂的行情,也要看清本质,明白"行情即收割",交易即博弈。

这一波行情的结束,给新股民带来了沉痛的教训。但是,为后面市场能健康上涨打下了重要基础。让大众清醒地认识到,股市的风险是巨大的,在股市中盲目自信与疯狂是要付出代价的。疯牛不适合A股,牛有多疯狂,结果就会有多悲惨。健康的市场是慢牛,是各板块与个股的轮动上涨,推动市场走出趋势,这样牛市的时间才能延长,各个板块与个股才能有在市场中轮流表现的时间与机会。

二、案例二：银之杰——龙头的尽头是鸡毛

市场上流传一句话：龙头的尽头是天空。而在我们看来，龙头的尽头是鸡毛。

2024年国庆前这波行情的主线是互联网金融，龙头股是银之杰（见图4-8），中军股是东方财富（见图4-9）。

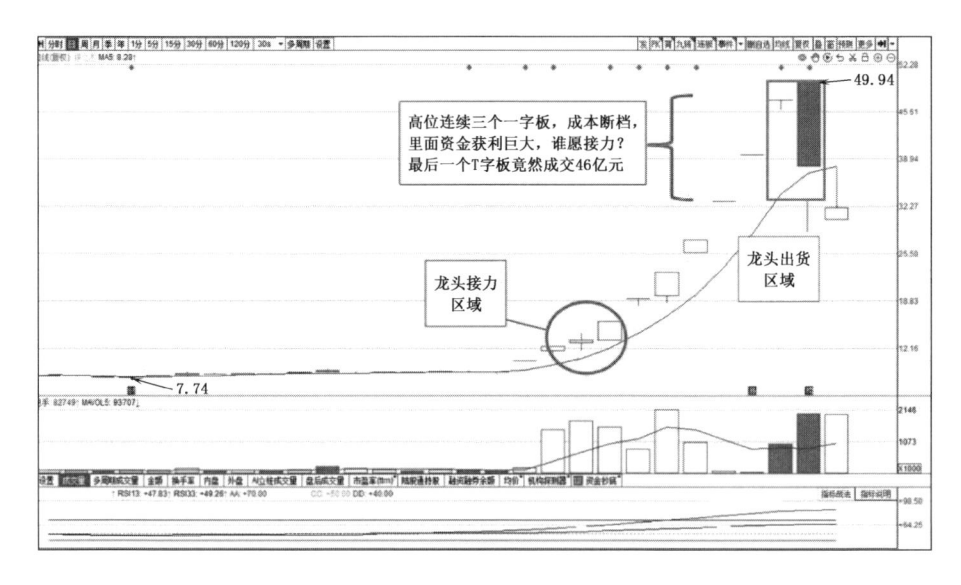

图4-8 龙头股银之杰走势

银之杰的起涨实际是在9月19日，9月24日市场暴涨之前已经出现了两个涨停板，呈现的是放量接力形态。在板学逻辑中专门讲过一条，当行情突然在熊市中出现时，市场中当时的高标股、板块中的高标股，很容易被资金接力炒作。因为它们最有人气，也最容易吸引人气。所以，9月24日市场暴涨开始时，银之杰进入第三个高换手的涨停板，已经生出龙头相。而这个板是最佳的接力位置。前面章节中强调过，市场龙在二板、三板、四板、甚至五板位接力都是很好的位置。为什么很多人觉得龙头股买不到，实际上不是买不到，而是不敢买，或者错过了最佳参与的时机。

以上所指参与龙头股的板位通常是指10CM的涨停板。银之杰是20CM的涨停板，它是以20%的速度在暴涨。在它的第四、五、六板都是以高换手的标

准龙头形态向上推，同时也给了参与资金充分的机会，而在这些位置的股价实际已经翻倍，利润已经不低了，机会风险比在降低。

后面七、八板位缩量一字板的出现，代表了里面的资金在锁仓，接力成本断档了，2个20CM的无量一字板是40%的断档空间，让里面的锁仓资金获利非常丰厚，那么场外的主力资金有谁愿意接力呢？第九板又是一个一字上板，锁仓资金的获利已经超过60%。股价已经从10元涨到49元，10天翻了3倍，暴涨速度非常惊人。连续两个锁仓一字板之后，再涨停的第九板位还去接力的资金，只能用几个字形容：太贪，非常贪。里面的锁仓资金正想着如何出货，外面的资金还想着进去吃肉，接力就变成了高位接盘。

第九板的这个T型一字板，当日成交量高达46亿元的天量。这个数字代表了什么呢？代表了后面需要超过46亿元的承接才能让这个位置进入的资金出来，才能让这个位置的资金解套。

一只200多亿元市值的个股，10天暴涨3倍之后，还会有46亿元以上的资金接力往上做，去解放上一日的盘吗？龙头是群体的博傻，任何聪明的资金都不会冒这个险。所以，银之杰大涨第10天的第九板位46亿元的成交量，出来的只会是主力资金与职业资金，进去的只会是散户资金。没有想到的是第11天的跌停板上，成交量高达78亿元，第12天的暴跌中，成交量高达64亿元。里面的资金在疯狂向外逃，外面的资金在疯狂向里冲，想赌反包的出现。

这个位置即使反弹1~2板又如何，机会风险比非常不匹配了。所有短线龙头的暴涨，都是纯粹的投机行为，是炒作行为，是利益的兑现。所有个股中最不能谈恋爱的、最需要抛弃的一定是游资龙头股。因为游资龙头的尽头不是天空，而是一地鸡毛！

交易学是资金群体的博弈学，交易时我们一定要思考里面的资金在如何想，机会与风险比是否匹配，是否值得。同样，当东方财富见顶的那根K线出现900亿元天量成交时，就应该清楚，在那个高位，谁在卖，谁在买，后面还有能承接900亿元天量的资金吗？真的是开了眼，东方财富一天也能成交900亿元。

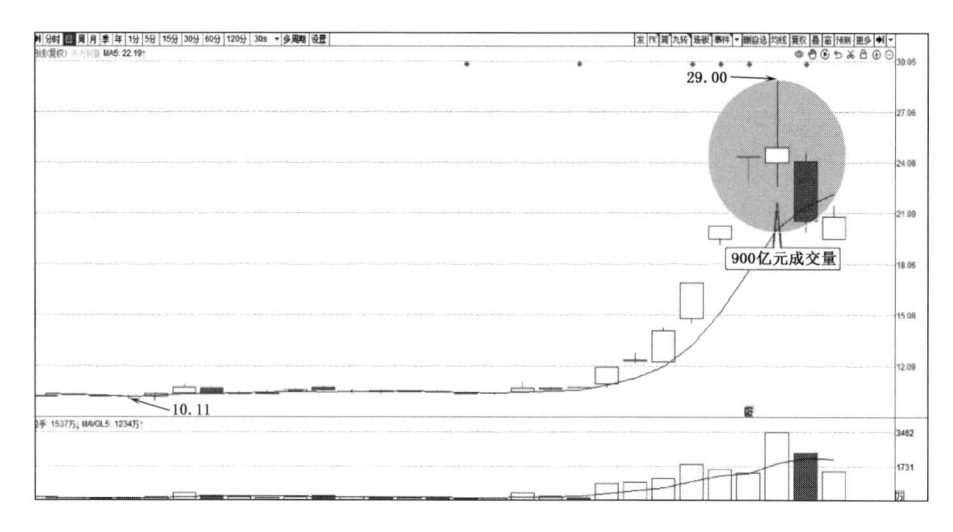

图 4—9 中军股东方财富

其实，交易上的很多问题，都是常识的问题。但是在股市里最简单的常识问题，往往会被人性中贪婪与恐惧的心理遗忘。这让我又想起韩国棋手李昌镐的那句话：想赢，不得贪胜！

这种短线龙妖股如何卖？

任何一只短线龙头股，只要在高位出现放量跌停或跌破 5 日均线的情况，一定要走人。

5 日均线是短线趋势的生命线，破了这根线，代表了主力群体已经放弃了趋势，出货无疑。

交易不可能买在最低位，卖在最高位。从第一板开始就抓到龙头，能在最高点出货，这些想法都是不现实的。龙头的参与位置，板块龙的首仓是二、三板位；市场龙的首仓可以是二、三、四、五板位。而要想卖在顶部，在龙头上涨的途中不被洗出来，就需要接受不可能卖在最高位，必然要牺牲一定利润的问题。比如，放量跌停出，破 5 日均线出，都需要牺牲一定利润，但是值得。